O INTOLERÁVEL DO PRESENTE, A URGÊNCIA DA REVOLUÇÃO

Maurizio Lazzarato © 2022 — *L'intolérable du présent, l'urgence de la révolution. Minorités et classes*
n-1 edições © 2022 — *O intolerável do presente, a urgência da revolução: minorias e classes*
isbn: 978-65-86941-92-0

Embora adote a maioria dos usos editoriais do âmbito brasileiro, a n-1 edições não segue necessariamente as convenções das instituições normativas, pois considera a edição um trabalho de criação que deve interagir com a pluralidade de linguagens e a especificidade de cada obra publicada.

COORDENAÇÃO EDITORIAL   Peter Pál Pelbart e Ricardo Muniz Fernandes
DIREÇÃO DE ARTE   Ricardo Muniz Fernandes
ASSISTENTE EDITORIAL   Inês Mendonça
TRADUÇÃO   Flavio Taam e Pedro Taam
PREPARAÇÃO   Flavio Taam
REVISÃO   Renier Silva
PROJETO GRÁFICO   Leonardo Araujo Beserra – *GLAC edições*

A reprodução parcial deste livro sem fins lucrativos, para uso privado ou coletivo, em qualquer meio impresso ou eletrônico, está autorizada, desde que citada a fonte. Se for necessária a reprodução na íntegra, solicita-se entrar em contato com os editores.

1ª edição | Março, 2022 | *n-1edicoes.org*

TRADUÇÃO
FLAVIO TAAM
e **PEDRO TAAM**

O INTOLERÁVEL DO PRESENTE, A URGÊNCIA DA REVOLUÇÃO: MINORIAS E CLASSES.
MAURIZIO LAZZARATO

n-1
edições

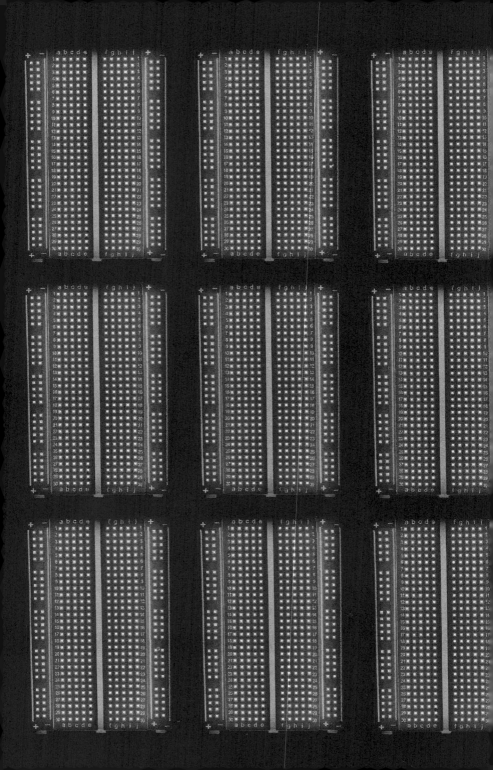

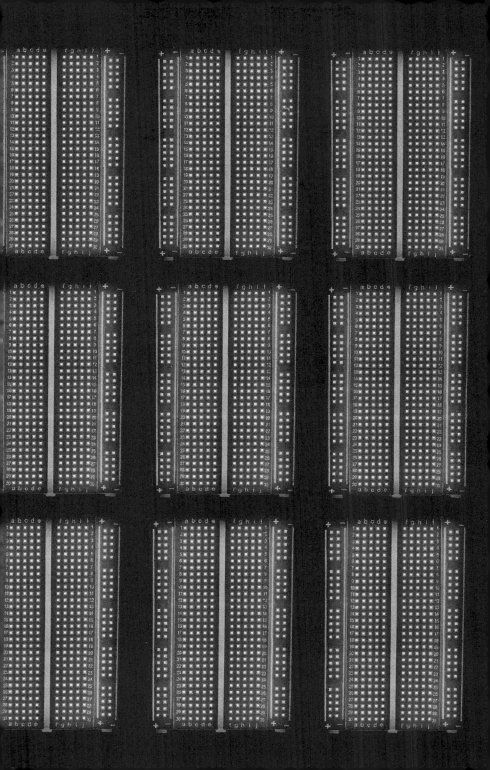

INTRODUÇÃO 9

I   DA LUTA DE CLASSES ÀS LUTAS DE CLASSES   18

II   O TRABALHO "GRATUITO" DAS MULHERES E DOS RACIALIZADOS NA GLOBALIZAÇÃO E NA REVOLUÇÃO   44

III   A EUROPA E AS REVOLUÇÕES NO SÉCULO XX   86

IV   FEMINISMOS E COLONIZADOS: AS NOVAS LUTAS DE CLASSES   118

V   CRÍTICA DA EXPLORAÇÃO E DA PRODUÇÃO DE SUBJETIVIDADE   172

VI   A REPRESSÃO DAS LUTAS DE CLASSES   212

VII   O SUJEITO IMPREVISTO E OS TEMPOS DA REVOLUÇÃO   246

VIII   LUTAS DE CLASSES E DE MINORIAS, CATÁSTROFE, REVOLUÇÃO MUNDIAL   286

INTRODUÇÃO

> *Não podemos negar que a sociedade burguesa viveu, pela segunda vez, seu século XVI, um século que, assim espero, a conduzirá ao túmulo, tal como o primeiro lhe deu a vida. A verdadeira tarefa da burguesia é a criação do mercado mundial [...]. Como o mundo é redondo, me parece que, com a colonização da Califórnia, da Austrália e com a abertura para o comércio da China e do Japão, essa tarefa foi cumprida. Para nós, a difícil questão é: no continente, a revolução é iminente e tomará imediatamente um caráter socialista. Mas será que ela não seria necessariamente esmagada nesse cantinho do mundo, uma vez que o movimento da burguesia é, em regiões muito maiores, ainda ascendente?*
> — Karl Marx

Este livro se pretende um comentário às linhas acima, de uma carta de Marx a Engels de 8 de outubro de 1858. Nela, Marx estabelece três coisas sobre a revolução: o espaço de onde ela surgirá (a Europa), seu enquadramento (o mercado mundial) e a força subjetiva que a conduz e a encarna (a classe operária).

Mas no capitalismo tudo é muito rápido, até a revolução.

Pouco mais de cinquenta anos depois da escrita dessa carta, uma história totalmente diferente começa: a revolução vitoriosa estoura ao longo de todo o século XX, pelo mundo todo, exceto na Europa (e no Norte). A classe operária não é o sujeito que a conduz e a encarna. O enquadramento permanece inalterado (o mercado mundial), mas o perigo para a revolução vem, nesse momento, da Europa, "esse cantinho do mundo" que financia e incita todas as contrarrevoluções e guerras civis possíveis para destruí-la.

Dois ciclos de revoluções se sucedem, de maneira igualmente ofegante, às revoluções socialistas de que trata Marx.

Às margens do capitalismo (Rússia em 1905 e México em 1910), nas colônias e semicolônias (China, Vietnã, Argélia etc.), as revoluções dos "povos oprimidos", dos escravos e dos colonizados tomam o poder, mas fracassam as revoluções lideradas pela classe operária!

As revoluções produzidas onde não eram esperadas – revoluções "contra o Capital de Marx" (Gramsci), conduzidas por sujeitos que eram "subdesenvolvidos" em relação à classe operária do centro – geraram, para o bem e para o mal, formidáveis máquinas políticas: a soviética marcou o "destino" da humanidade no século XX e a chinesa marcará o do século XXI, enquanto as revoluções anticoloniais lançaram o primeiro ataque verdadeiro e sério contra a organização do mercado mundial.

Embora os partidos comunistas tenham dito que os camponeses, os proletários, os pobres, as mulheres e os colonizados agiam sob a liderança da classe operária, sua hegemonia política já estava fissurada. Com o terceiro ciclo de revoluções, após a Segunda Guerra Mundial, as rupturas e as subjetivações políticas se modificam ainda mais. Um novo sujeito político se impõe, o movimento feminista, que encerra definitivamente a centralidade da classe operária no processo revolucionário e afirma a multiplicidade. Cinquenta anos após a ruptura soviética, a revolução muda novamente, sem encontrar as forças subjetivas capazes de atualizá-la.

Uma vez perdida essa arma estratégica, as lutas só podem ser defensivas. Elas buscam salvaguardar aquilo de que a máquina Capital-Estado se apropria metodicamente, sem encontrar resistência real. Sem revolução, o conteúdo da luta, o terreno e o *timing* do confronto estão nas mãos do inimigo. Até mesmo o reformismo e a social-democracia dependiam da atualidade da revolução.

A continuidade que o processo revolucionário havia mantido desde a Revolução Francesa parece ter sido interrompida!

Este livro não pretende afirmar o que será a revolução do século XXI, tampouco se ela ainda será possível. Mais modestamente, ele busca fazer um balanço, cuja elaboração ainda falta, das rupturas revolucionárias no século XX e definir as condições a partir das quais se poderia começar a falar novamente de revolução.

Apesar da extensão e da intensidade dessas lutas, que, ao investir o conjunto das relações de poder (as relações homem-mulher, as relações coloniais e toda forma de hierarquia e de subordinação, inclusive entre humanos e não humanos), vão além da relação capital-trabalho, a revolução dos anos 1960-1970 sofre uma derrota histórica, que fará desaparecer da paisagem política tanto o conceito de revolução quanto sua realidade. As lutas cumulativas dos colonizados, das mulheres, dos estudantes e das novas gerações de operários tornam inoperantes as modalidades de ação, as formas de organização e os objetivos do movimento operário sem, no entanto, produzir e organizar nada de comparável em eficácia e determinação às revoluções no leste e no sul do mundo.

As hipóteses postuladas para tentar explicar o desaparecimento da revolução esclarecem igualmente as condições para começar a repensá-la.

A *hipótese das duas revoluções*: o ciclo de revoluções que se inicia com os soviéticos em 1917 teria fracassado porque, no fim das contas, ele separaria a revolução política da revolução social. O jovem Marx entendia que a articulação das duas era a chave da revolução. Esta, por sua vez, permanece restrita (e o mesmo acontecerá na China, Vietnã, Argélia etc.) aos limites da revolução política, que rapidamente se transforma numa renovação dos dispositivos de Estado.

O ciclo da revolução mundial do pós-guerra termina nos anos 1970 com uma evaporação tanto da "revolução" quanto do "devir revolucionário", conceitos que traduzem na linguagem do pós-68 as categorias do jovem Marx. A relação entre as duas modalidades de revolução, mudar o mundo e mudar a vida, jamais foi encontrada!

A hipótese da revolução mundial: Marx afirma muito claramente que o êxito da revolução depende das relações entre forças na escala do mercado mundial. A revolução será mundial ou não acontecerá. Hoje, o internacionalismo é ainda mais necessário que na época de Marx. Há, no mercado mundial, uma defasagem: apesar de a estratégia capitalista se encontrar globalizada desde 1492, as forças revolucionárias só considerarão esse problema a partir da segunda metade do século XIX.

É nisto que Marx insiste quando fala do mercado mundial, a força "revolucionária" do Capital, enquanto os revolucionários do Sul e das margens enxergam o mesmo processo do ponto de vista dos oprimidos. A ruptura com o imperialismo deve ocorrer "aqui e agora", sem passar pelo desenvolvimento de forças produtivas, a recuperação dos "atrasos", o crescimento da classe operária, colocando assim em discussão o historicismo do movimento operário e sua filosofia da história.

A hipótese do trabalho gratuito: na raiz dessas derrotas há uma lacuna teórica e política, trazida à tona e problematizada pelas lutas das mulheres e dos colonizados.

A organização do trabalho pressupõe uma dupla condição que Marx e os marxistas parecem subestimar: a divisão entre trabalho abstrato (assalariado) do centro e trabalho não assalariado das colônias e a divisão entre trabalho remunerado dos homens e trabalho gratuito das mulheres. O racismo e o machismo não são fenômenos de "não reconhecimento" do outro ou simples discriminações, mas dispositivos que produzem trabalho gratuito e assujeitamentos (mulheres-escravos) que o legitimam. O racismo e o machismo são os motores de dois modos de produção (escravagista-servil e patriarcal-doméstico-heterossexual), simultaneamente irredutíveis ao modo de produção capitalista e implicados em sua organização. Eles não estão contidos nos conceitos de Capital nem de Marx nem dos economistas, mas são indispensáveis para seu funcionamento.

A *hipótese da força política do trabalho gratuito*: os marxistas definem o trabalho "não livre", gratuito ou sub-remunerado, como "improdutivo", diferentemente do trabalho industrial. Esse trabalho seria igualmente não produtivo do ponto de vista revolucionário, já que ele seria mais importante politicamente que economicamente. Mas, durante todo o século XX, ele conduzirá suas revoluções, enquanto as inovações teóricas mais significativas serão desenvolvidas pelos diferentes movimentos feministas.

A *hipótese da remodelação do conceito de classe*: segundo essa hipótese, a evaporação da revolução política e da revolução social vem acompanhada do abandono da luta de classes. Pelo contrário, a partir do feminismo materialista francês, consideraremos as mulheres como uma classe, apropriada pela classe dos homens e submetidas a seu poder. É assim que também se fará necessário considerar as relações entre brancos e racializados. A afirmação das classes é correlativa à perda de sua homogeneidade. As classes são compostas, atravessadas, divididas por minorias. A classe operária é, desde sempre, constituída por minorias raciais e sexuais. A classe das mulheres manifesta grandes diferenças internas (as mulheres brancas burguesas, as mulheres proletárias, as mulheres do Terceiro Mundo, as mulheres negras, as lésbicas) que podem se transformar em oposições. A classe dos racializados é constituída por homens e mulheres que estão numa relação de comando dos homens e de subordinação das mulheres.

A articulação das classes entre si, a articulação das minorias com as classes e a relação desse conjunto diverso com a máquina do capital são um verdadeiro quebra-cabeças que a revolução mundial não será capaz de resolver. Ela será incapaz de operar a passagem da *luta* de classes (capital-trabalho), no singular, às *lutas* de classes, no plural.

A *hipótese dos diferentes modos de produção*: o modo de produção doméstico, patriarcal, heterossexual e o modo de produção escravagista/servil não são progressivamente subordinados ao modo de produção capitalista. Todas as relações sociais pré-capitalistas estão destinadas a se dissolver, diz Marx, mas a raça e o sexo parecem desmentir essa previsão. A máquina capitalista é um híbrido de trabalho abstrato e de trabalhos arcaicos que não se tornam propriamente capitalistas. O assujeitamento "mulher", assim como o assujeitamento escravo, colonizado e racializado, não é redutível ao assujeitamento operário. Tampouco seus modos de organização e subjetivação.

A *hipótese da violência que funda, da violência que conserva e da força que ameaça*: o que essas classes têm em comum é o modo de formação. Elas são o resultado de uma guerra de apropriação cuja violência dividiu quem manda e quem obedece, quem trabalha e quem se beneficia do trabalho alheio. As classes não preexistem ao ato de força da apropriação. É só quando a força divide os vencedores dos vencidos que se implementam a organização do trabalho, os dispositivos de assujeitamento, as normas e as instituições capazes de transformar os vencidos em governados (operários, mulheres, escravizados, colonizados). A ordem normativa é orientada pela força.

A conversão e a reversibilidade entre violência que funda (apropriação) e violência que conserva (lei, norma) é o funcionamento normal do poder. A construção de uma força que ameaça essas violências é a tarefa da revolução.

A hipótese da colonização interna: as revoluções do século XX atacam primeiramente a divisão entre centro e periferia, trabalho abstrato e trabalho gratuito (muito mais importante que a divisão entre trabalho manual e trabalho intelectual, pois ela diz respeito apenas ao trabalho "produtivo"), enquanto os movimentos das mulheres se mobilizam contra uma outra face do trabalho gratuito e do assujeitamento.

A resposta do capital foi redesenhando essas linhas de ruptura política numa nova divisão internacional do trabalho, instalando a dupla territorialidade centro-periferia e trabalho abstrato assalariado-trabalho gratuito não assalariado em cada país. A precariedade, a vulnerabilidade, o empobrecimento e o trabalho gratuito ou sub-remunerado de mulheres, colonizados e escravizados são impostos a uma parcela crescente da antiga classe operária e do novo proletariado (migrantes, indígenas, precarizados, pobres etc.).

A hipótese do "sujeito": a revolução esbarra na transformação da multiplicidade das classes e das minorias em sujeito revolucionário. O sujeito político é desconcertante, no sentido em que, diferentemente da classe operária (em si, ela deve se tornar classe para si), ele não é algo dado. Ele não existe antes de sua ação política, podendo ser definido apenas pelo "*presente*" do processo revolucionário em curso. O presente é o tempo dos movimentos políticos porque as classes nada esperam do futuro da revolução. A construção das relações entre "sujeitos" livres (revolução social) não deve ser adiada para depois da revolução política. A revolução deve acontecer "aqui e agora".

A revolução será ao mesmo tempo a afirmação da multiplicidade das classes (e das minorias que as compõem) e a negação que as abolirá, conquanto articulem-se revolução política e revolução social, revolução e devir revolucionário.

A *hipótese da catástrofe*: desde a Primeira Guerra Mundial, o capitalismo se caracteriza pela reversibilidade de produção e destruição. Todo ato de produção é, ao mesmo tempo, um ato de destruição. Ele produz não apenas crises, mas também catástrofes ecológicas, sanitárias, climáticas e políticas (os fascismos), o que transforma a destruição em autodestruição. A partir da "univocidade do ser" que desfaz toda hierarquia entre humanos e entre humanos e não humanos, pensaremos a ação da natureza como práxis. A práxis antes de ser do homem (Marx) é práxis da natureza. Ela é práxis do homem porque é, primeiramente, práxis da natureza, de modo que a questão ecológica não constitui um domínio separado.

A *hipótese da mudança das relações de força entre Norte e Sul*: guerras e revoluções, apesar da negação de que são objeto por parte do pensamento crítico contemporâneo, continuam a determinar o começo e o fim das grandes sequências políticas. A enésima derrota do exército mais potente do mundo (e de seus aliados) marca o fim do sonho hegemônico dos EUA no planeta. Até mesmo na extrema-esquerda confundiu-se o começo do fim do "século americano" com a fundação do

Império (*sic!*). A derrota afegã abre definitivamente caminho para a ascensão da China ao poder, que deve ser lida como o fruto da mais importante guerra anticolonial combatida no último século. Mesmo que sob a forma de um "capitalismo de Estado" ("socialismo de mercado", em chinês), uma redesignação geopolítica se impõe entre o Norte e o Sul, que também se manifesta pelo fracasso de toda guerra colonial (como Iraque, Líbia, Síria e Afeganistão) e pelos fluxos migratórios das subjetividades filhas das lutas de libertação. O Ocidente (e seu marxismo) jamais compreendeu as revoluções do século xx. Na realidade, esse não foi o século americano, mas o século das revoluções dos "povos oprimidos" e do trabalho gratuito que lançaram as bases de uma mudança das relações de força que suscita, diferentemente do racismo conquistador da colonização, um racismo (e sexismo) defensivo mas igualmente agressivo.

I DA LUTA DE CLASSES
ÀS LUTAS DE CLASSES

| 1. O eclipse da revolução | 2. Lutas de classes | 3. As classes e o trabalho livre | 4. O sistema das lutas de classes e das revoluções > 4.1. A colonização do centro > 4.2. A estratégia nos monopólios > 4.3. O controle das técnicas e dos recursos naturais | 5. Um saber estratégico |

1. O eclipse da revolução

Em 20 de fevereiro de 1983, onze presos políticos[1] do movimento da "Autonomia Operária", detidos em 7 de abril de 1979 e encarcerados na prisão romana de Rebibbia, publicam um documento sobre as lutas e questões políticas dos anos 1970 na Itália intitulado "Do you remember revolution?".

A pergunta não suscitou qualquer resposta. Posteriormente, os autores do texto em nada se preocuparam em problematizar o que se tornaria a "revolução mundial" após a derrota dos anos 1960 e 1970.

Na mesma época – após o assassinato de Salvador Allende, o golpe de Estado de Pinochet orquestrado por Henry Kissinger e o início da experimentação neoliberal no Chile – é lançada uma campanha político-midiática feroz contra a revolução. Esta se vê acusada de todos os males e reduzida a uma série de atos mortíferos. O bicentenário da Revolução Francesa faz soar os sinos de seu funeral e de seu enterro supostamente definitivo. As cerimônias são organizadas e dirigidas pelos socialistas.

A situação ideológica que predomina após 1989 teria certamente estarrecido Hannah Arendt, ainda que ela estivesse bem longe de ser uma revolucionária: a Revolução Francesa "não teve qualquer necessidade, as mesmas conquistas políticas e sociais teriam sido conquistadas com o tempo sem o Terror", dizia Furet. A queda do Muro de Berlim demonstrava então a inconsistência da Revolução Soviética e a arbitrariedade de milhões de mortes.

---

1   Lucio Castellano, Arrigo Cavallina, Giustino Cortiana, Mario Dalmaviva, Luciano Ferrari Bravo, Chicco Funaro, Toni Negri, Paolo Pozzi, Franco Tommei, Emilio Vesce e Paolo Virno.

Na década de 1960, Arendt aponta que guerras e revoluções determinaram a "fisionomia do século XX", de forma que se constituíram como suas "duas questões centrais".[2]

Por dois séculos, a revolução constituiu a própria forma de ação política. A iniciativa estava nas mãos daqueles que organizavam e preparavam a ruptura. A primazia da revolução se afirmava com certeza, e as forças ativas se exprimiam por meio dela: "A contrarrevolução [...] sempre se manteve ligada à revolução, tal como a reação está ligada à ação," escreve Arendt.[3]

As lutas sindicais, as lutas de liberação nacionais, o mutualismo operário e as lutas pela emancipação eram estratégias que, para serem eficazes, deviam necessariamente se articular com a revolução. À luz dessas considerações, seria necessário reescrever as palavras de ordem do operaísmo italiano dos anos 1960 ("Primeiro a classe, depois o capital") da seguinte maneira: "Primeiro a revolução (mundial), depois o capital", pois, de fato, no século XX a classe operária não foi – longe disso – o ator principal da mais longa série de revoluções que a humanidade jamais conheceu. Muito pelo contrário, no final das contas e ao longo dos anos, esse século testemunhou sua irreversível perda de hegemonia.

Arendt, estabelecendo que a ligação entre guerra e revolução é mais que estreita, continua com o seguinte prognóstico: "Parece mais provável que a revolução, separada da guerra, subsista num futuro previsível." A história dos últimos cinquenta anos mostrou que, se as guerras continuam de vento em popa, a revolução, por sua vez, parece ter sido eclipsada.

---

2   Hannah Arendt, *Sobre a revolução*. Trad. Denise Bottmann. São Paulo: Companhia das Letras, 2011, p. 35.
3   Ibid., pp. 43-4.

A derrota histórica da Revolução mundial em meados dos anos 1970 priva os movimentos políticos do instrumento político mais eficaz para conduzir sua luta contra o capitalismo e as outras formas de exploração e dominação (patriarcado, colonialismo, neocolonialismo, racismo, machismo). Junto com a revolução, eles perdem também a liderança estratégica, a capacidade de ditar o terreno do confronto e, desde os anos 1970, encontram-se à mercê da iniciativa capitalista.

2. Lutas de classes

Não construiremos uma teoria das novas formas que a revolução assumirá. Esta somente poderá ser elaborada por aqueles que a farão e a pensarão *ao fazê-la*. Pretendemos – mais modestamente – reconstruir as condições objetivas e subjetivas de uma ruptura com o capitalismo e as outras modalidades de dominação e de exploração.

Compreender a passagem da "luta de classes" (entre o capital e o trabalho), que foi o motor de revolução até a primeira metade do século xx, às "lutas de classes", no plural, constitui a primeira condição. Nesse ponto, podemos confiar no Capital. Ele sempre soube explorar e comandar diferentes classes (trabalhadores, mulheres, escravizados e colonizados), mesmo que ele nem sempre tenha estado na origem de sua formação. As divisões de classe, sexo e raça têm sido trunfos nas mãos do Capital pelo menos desde o "longo século xvi". A visão das lutas de classes unicamente concentrada na relação capital-trabalho é parcial, perigosa e, em última análise, falsa. Finalmente, a passagem da luta de classes às lutas de classes é apenas uma interpretação tardia de uma política do capital que sempre construiu e se utilizou desses dualismos, tanto economicamente quanto politicamente.

O pensamento de 1968 e sobretudo o pensamento crítico desenvolvido a partir dos anos 1980 parecem ter confundido a crítica da dialética com o fim dos dualismos de classes, que, pelo contrário, persistem, insistem e se consolidam.

Tomando emprestado do "feminismo material" de Christine Delphy uma primeira configuração das relações de poder nas sociedades contemporâneas, obtém-se uma ideia mais precisa da natureza e da heterogeneidade desses dualismos, locais de origem das revoltas que inflamam o planeta desde 2011.

Aprofundam-se as diferenças de renda, patrimônio, habitação, escolaridade, acesso a cuidados etc., mas elas não remetem genericamente às desigualdades, e sim às apropriações e pilhagens do capitalismo financeiro. Elas permanecem como os sinais da luta de classes entre capitalistas e proletários.

O racismo – longe de se identificar com a recusa do outro, de se reduzir a um traço cultural, psicológico ou de personalidade (ou ao "preconceito", considerado no Iluminismo como a causa da injustiça) – afirma a dominação da classe dos brancos sobre a classe dos não brancos (racializados). Na colônia, diz Fanon, desmontando o economismo marxista, o que divide é, antes, o fato de "pertencer ou não a tal raça", de modo que "o indivíduo é rico porque é branco, é branco porque é rico".[4]

A criação política das diferenças sexuais entre homens e mulheres codificadas pela heterossexualidade "obrigatória" é, de um lado, um modo de produção não capitalista do qual o capitalismo se beneficiará (não exclusivamente, já que de saída é o todo da classe dos "homens" que se beneficia) e, de outro, um regime político que faz da exclusão das mulheres como cidadãs e de sua inclusão na qualidade de serventes o

---

4   Frantz Fanon, *Os condenados da Terra*. Trad. José Laurênio de Melo. Rio de Janeiro: Civilização Brasileira, 1968, p. 29.

equivalente da escravidão nas colônias. O patriarcado e a heterossexualidade, longe de serem instituições de regulação da reprodução, são instituições *produtoras* de trabalho gratuito, de hierarquias, lugares, papeis e assujeitamentos que *fazem parte da constituição da raça e da classe* (entendida no sentido marxiano do termo).

A esses três dualismos faz-se necessário adicionar mais um: a divisão entre cultura e natureza que funda e legitima uma hierarquia entre o homem (masculino, branco, adulto, proprietário, europeu) e uma natureza constituída ao mesmo tempo por não humanos (a terra e seus recursos) e humanos (escravos, mulheres e até os trabalhadores, que até o fim do século xix a burguesia considerava definitivamente inferiores).

Esvaziada de todas as divindades, de todo espírito, de toda alma, a "natureza" é reduzida a uma pura quantidade, ordenada pela lei das causas e dos efeitos, objeto da ciência e disponível para ser saqueada. A redução de não humanos e humanos a objetos naturais é a condição para se autorizar a dominá-los e, então, explorá-los.

3. As classes e o trabalho livre

As classes assim definidas interrogam primeiramente o marxismo produtor das armas teóricas das revoluções socialistas do século xix e da primeira metade do século xx. Com efeito, contrariamente ao trabalhador, a mulher é explorada e dominada na condição de mulher, ou seja, sua subordinação e inserção no trabalho são organizadas pelo machismo. Da mesma maneira, o indivíduo racializado é explorado, antes, na condição de racializado: sua subordinação e inserção no trabalho passam pelo racismo. O machismo e o racismo constituem relações de poder que Marx considera anacrônicas, no entanto eles parecem ser tão indispensáveis ao funcionamento do mercado mundial quanto o trabalho abstrato.

Os modos de produção e de dominação exercidos por e sobre as mulheres, os colonizados e os indígenas não podem ser diretamente sobrepostos àqueles exercidos pelo capital. As duas hierarquias de brancos e não brancos e de homens e mulheres caracterizam-se por relações de poder pessoais. Elas não são mediadas nem pelo mercado, nem pela técnica, nem pela organização científica do trabalho. Assim como no sistema feudal, o poder é exercido por meio de uma dominação direta do homem sobre a mulher, do senhor sobre o escravo, dos brancos sobre os racializados.

Nos *Grundrisse*, Marx afirma que o capitalismo teria apagado definitivamente "as relações de dependência pessoal" para instaurar "a independência pessoal fundada na dependência material" impessoal. Esta, no entanto, diz respeito apenas aos assalariados, enquanto três quartos da humanidade estiveram e permanecem sob o jugo das dominações pessoais. A naturalização – ou seja, a redução de mulheres, colonizados, indígenas e imigrantes a objetos – não se opera pelo fetiche da mercadoria e seus caprichos metafísicos, como pensava Marx, mas diretamente pelo poder pessoal.

O trabalho das mulheres, dos escravizados, dos colonizados e dos indígenas não é como o "trabalho abstrato" marxiano, um trabalho formalmente livre, institucionalizado, contratual e remunerado. Pelo contrário, ele é gratuito ou mal remunerado, desvalorizado de tal maneira por ser considerado não produtivo. Se a força de trabalho dos operários é vendida temporariamente em troca de um salário, o trabalho de mulheres, escravizados, colonizados e indígenas, por outro lado, não constitui exatamente uma força de trabalho porque é definitivamente apropriado e seu exercício não corresponde a qualquer renda. Trata-se de um trabalho gratuito ou, de toda forma, jamais remunerado à altura!

Sem a extorsão desse trabalho não livre e sem a predação do trabalho da natureza e de seus recursos, o capital e o fabuloso desenvolvimento da ciência e das técnicas não sobreviveriam um só dia.

A teoria do poder de Michel Foucault recai nessa mesma cegueira euro e androcentrada. O poder descrito como biopolítico necessita que o sujeito sobre o qual ele é exercido seja livre: "O poder só se exerce sobre 'sujeitos livres'".[5]

Foucault analisa apenas um tipo de poder – cujas propriedades ele universaliza –, para o qual a liberdade é "ao mesmo tempo sua precondição, uma vez que é necessário que haja liberdade para que o poder se exerça, e também seu suporte permanente".[6] Entre o poder e a liberdade se estabeleceria uma relação de articulação, não de exclusão.

Esse modo de exercício de poder não se refere às mulheres, aos colonizados ou aos escravizados, cuja liberdade não tem a *formalidade* de direito e de fato dos assalariados. Nas relações das classes raciais e sexuais há de fato uma exclusão entre poder e liberdade, e é justamente dessa liberdade que tratam as lutas das mulheres e dos racializados.

Surgem, assim, problemas radicalmente novos: o "inimigo principal" não é o mesmo para operários, mulheres ou racializados; e as diferentes lutas de classes têm objetivos e prioridades suscetíveis de entrar em conflito.

Esboça-se, assim, uma nova estrutura das lutas de classes, cujo aprofundamento ocupará a parte central deste livro. Essa nova estrutura nasce com o próprio capitalismo, mas se

---

5 Michel Foucault, "O Sujeito e o Poder". In: Paul Rabinow e Hubert Dreyfus, *Michel Foucault: Uma trajetória filosófica*. Trad. Vera Porto Carrero. Rio de Janeiro: Forense Universitária, 1995, p. 224.
6 Ibid.

subjetiva politicamente no século XIX e, sobretudo, no século XX, para depois se generalizar radicalmente nos anos 1960 e 1970 com as revoluções pela liberação dos colonizados, das mulheres e as lutas ecológicas.

4. O sistema das lutas de classes e das revoluções

As condições das lutas de classes contemporâneas (e de uma eventual ruptura revolucionária) foram estabelecidas pela máquina capitalista que, com o eclipse da revolução, mantém sua iniciativa há cinquenta anos.

A debandada que se seguiu à derrota da revolução mundial do pós-guerra se manifesta na incapacidade das teorias e dos movimentos políticos contemporâneos de definir essas condições. A maioria dos intelectuais críticos (Michel Foucault, Wendy Brown, Pierre Dardot, Christian Laval, Barbara Stiegler, entre outros) limita-se a reciclar a ideologia que o próprio capital, seus economistas, especialistas e a mídia promovem: o neoliberalismo. Eles confundem o que escrevem os intelectuais liberais e o que dizem os especialistas com as políticas liberais realmente praticadas.

Embora nos utilizemos desse termo, que entrou nos modos de pensar e de falar, o conteúdo que lhe atribuiremos será diferente, no sentido de que, para nós, o neoliberalismo nada tem de liberal, pois ele é simultaneamente produção e guerra, organização do trabalho e violência de classe, Estado administrativo e Estado de exceção. As definições do neoliberalismo pelo mercado, o capital humano, o empreendedor de si etc. exprimem ideologemas que nos afastam, sem possibilidade de retorno, do capital realmente existente. Apesar de crítico, esse ponto de vista ainda está centrado no Norte do mundo, o que distorce completamente sua análise.

A abordagem mais convincente das estratégias de transformação do modo de acumulação do capital me parece ter sido elaborada no fim dos anos 1970 por Samir Amin,[7] comunista de origem egípcia e militante da causa do Sul morto em 2018. A sequência dos acontecimentos confirmou suas hipóteses.

A leitura de Amin permite-nos compreender a dimensão mundial da estratégia capitalista e lê-la como réplica e desmonte da iniciativa revolucionária do século XX, direcionando nosso olhar para esse longo período. Dos dois ciclos de revoluções – o europeu do século XIX, que terminou com a derrota da Comuna de Paris, e o mundial do século XX – a máquina do capital sempre saiu vitoriosa, deslocando o campo de batalha para o terreno do mercado mundial.

Sua estratégia sempre mirou a divisão entre centro e periferias – muito mais que a divisão entre trabalho manual e trabalho intelectual – que se refere unicamente ao trabalho produtivo no Norte. Toda vez que um conflito ameaça a máquina de guerra do capital, ela reage com a globalização.

Apesar de o marxismo de Samir Amin ainda ser útil para descrever as estratégias do capital, ele é bem menos útil para apreender temas portadores de uma crítica destrutiva, uma vez que é centrado exclusivamente na relação capital-trabalho. De toda maneira, essa perspectiva ancorada no Sul do mundo nos ajuda a deslocar, ainda que parcialmente, o eixo da análise ao desmontar as ideologias liberais do mercado e ao distinguir-se do marxismo ocidental.

As "duas longas crises" que estão no centro de sua reconstrução das estratégias capitalistas apresentam uma continuidade impressionante e rupturas notáveis: a primeira teria

---

[7] Dos muitos livros de Samir Amin, podemos citar: *Sur la crise: Sortir de la crise du capitalisme ou sortir du capitalisme en crise* (Paris: Les temps des cerises, 2009) e *A Implosão do Capitalismo Contemporâneo* (Rio de Janeiro: UFRJ, 2018).

acontecido entre 1873 e 1890; a segunda, entre 1978 e 1991. Apesar do período de um século que as separa, as semelhanças entre as duas são muitas – e as diferenças, decisivas.

A primeira longa crise não é apenas econômica, e se produz após as lutas socialistas que culminaram com a instauração, em 1871, da Comuna de Paris, primeiro governo proletário da história. A reação do capital, por sua vez, se deu em três frentes: (i) concentração e centralização da produção e do poder; (ii) ampliação da globalização pela intensificação da colonização e do imperialismo; (iii) financeirização. Esta última é simultaneamente ator principal da aceleração da produção e da concentração do poder econômico (e político) no Norte e uma máquina de predação das atividades não capitalistas e dos recursos naturais no Sul global e do trabalho não assalariado (principalmente o doméstico) no mundo todo.

O Capital se torna monopolista, moldando o mercado à sua vontade. No mesmo período, os "economistas burgueses" elaboram a teoria do "equilíbrio geral" que seria o resultado do jogo automático e impessoal da oferta e da procura, encobrindo assim o nascimento de um capitalismo dos monopólios que, em vez de visar ao equilíbrio, busca implacavelmente o desequilíbrio, continuamente alimentado pelas guerras de conquista e as guerras imperialistas que desencadearam os massacres da Primeira Guerra Mundial. A colonização progressivamente toma conta do planeta como um todo, intensificando a escravidão e posteriormente o trabalho forçado, fomentando uma rivalidade entre imperialismos pela apropriação de terras "sem gente". A financeirização produz uma renda imperialista da qual se beneficiam, primeiramente, os monopólios dos dois maiores impérios coloniais da época, a Inglaterra e a França, mas que pinga, mesmo que ínfimamente, até nos bolsos dos operários e proletários do Norte, como já notava Engels. Essa pequena renda imperialista é ainda hoje o mais importante dispositivo de divisão entre o proletariado do centro e o das periferias.

A ruptura do capitalismo dos monopólios com o capitalismo "liberal" da Revolução Industrial é objeto de análise de nomes como Rudolf Hilferding, John Atkinson Hobson e Rosa Luxemburgo. Lênin foi quem melhor captou a nova natureza do capital e soube, com os bolcheviques, desenvolver uma estratégia adequada.

Essa tripla estratégia do capital produz uma globalização do comércio, um florescimento de invenções científicas e técnicas e uma expansão dos meios de comunicação sem precedentes. A socialização do capital se desenvolve numa escala até então desconhecida. O período de maior polarização de rendas e patrimônios em benefício dos rentistas, de 1890 a 1914, e que logo se revelaria inviável, ficou cinicamente conhecido como a *"Belle époque"*. As diferenças de classe, a exploração dos povos colonizados e a concorrência entre imperialismos armados até os dentes acirraram-se cada vez mais.

Esses "bons tempos" da *Belle époque* desencadearam uma série de guerras e revoluções que continuariam ao longo de todo o século XX. A aceleração da globalização forneceu as condições necessárias para a gestação e eclosão, nesse contexto, da Primeira Guerra Mundial, a Revolução Soviética, as guerras civis europeias, o nazismo e o fascismo, a crise de 1929, a Segunda Guerra Mundial, os processos revolucionários na Ásia e o bombardeamento de Hiroshima e Nagasaki, entre outros tantos episódios. Mas o acontecimento que teria as consequências políticas mais formidáveis foi, nas palavras de Lênin, "a entrada dos povos oprimidos na luta revolucionária".

Classificar o século XX como "curto", tendo durado de 1914 a 1989, é banalizar a intensidade do confronto de classes e a potência de destruição empreendida pelo Capital. Em vez disso, o melhor seria chamá-lo de "o século das revoluções e das contrarrevoluções".

A segunda grande crise que Samir Amin analisa não começou com o colapso financeiro de 2008, mas muito antes, em 1971, com a declaração da inconversibilidade do dólar em relação ao ouro. A potência imperialista dominante, os EUA, reconhecia assim a necessidade de mudar de estratégia perante o desenrolar das lutas e revoluções do pós-guerra.

Durante esse período, que Samir Amin situa de 1978 a 1991, as taxas de crescimento e de investimento produtivo caíram pela metade em relação ao período dos Trinta Anos Gloriosos. Essas taxas jamais voltariam ao mesmo nível do pós-guerra. A crise surge depois de um século de lutas sociais no ocidente e de um grande ciclo de revoluções socialistas e de libertação nacional nas periferias do mundo ocidental. O capital responde à queda da lucratividade e às revoluções do pós-guerra com uma renovação da estratégia tripla adotada no fim do século XIX que, assim como a primeira, nada tem de liberal: maior centralização e concentração do poder e do capital; nova impulsão à globalização e ao neocolonialismo; intensificação de uma financeirização a fim de garantir uma nova renda monopolista e imperialista.

O neoliberalismo, assim como as teorias neoclássicas de um século atrás, irrompeu na crise celebrando a ação do mercado no próprio momento da afirmação dos monopólios (cuja expressão perfeita é o GAFAM). A ideologia do mercado também caracterizará a retomada da iniciativa capitalista contemporânea. Até mesmo Michel Foucault (e seus muitos "discípulos") vai contribuir para que se negligencie a ação dos monopólios[8] ao privilegiar a ação da

---

8 A imbricação dos monopólios com o Estado e a guerra é um processo irreversível que só se ampliou e se aprofundou, principalmente nos EUA,

concorrência, do risco, da incerteza e da insegurança que, na verdade, dizem respeito exclusivamente aos trabalhadores, aos pobres e às mulheres.

Essa estratégia não é uma simples reedição das políticas monopolísticas operadas no fim do século XIX, mas constitui um salto qualitativo. Lênin acreditava que os monopólios, tal como se apresentavam em sua época, eram o "estágio supremo" do capital. Mas, pelo contrário, uma nova onda ainda mais forte de monopólios e oligopólios surge entre 1978 e 1991. Samir Amin denomina-os "monopólios generalizados", pois, desde então, eles controlam a totalidade do sistema produtivo ao intervirem em toda a cadeia de valor: "os monopólios, por maiores que sejam, não são como ilhas num oceano de empresas – que, por não serem ilhas, ainda são relativamente autônomas –, mas um sistema integrado", graças ao qual eles controlam de perto "todos os sistemas produtivos. As pequenas e médias empresas, e mesmo as grandes empresas que não se enquadram na propriedade formal" dos

> dominados pelos monopólios no momento da instalação do neoliberalismo (ver "Fiscal Crises of the State", de James O'Connor, 1973), que em caso algum poderão devolver a economia à "livre concorrência", ao "mercado" da oferta e da procura, à "livre iniciativa" do empreendedor schumpeteriano. O único "monopólio" atacado será o dos sindicatos e dos trabalhadores organizados. O "mercado" nada deve "equilibrar", mas, pelo contrário, deve criar desequilíbrios de todo tipo que, no fim, como na globalização precedente, poderão ser regulados apenas pela guerra e pelo fascismo. Como, então, se afirmam as "falsas" verdades do mercado? Emanuele Severino, nos anos 1970, ao comentar a segunda das *Teses sobre Feuerbach* de Marx, explica a natureza desse "verdadeiro". "'A questão da atribuição ao pensamento humano de uma verdade objetiva não é uma questão teórica, mas prática. É na prática que o homem deve demonstrar a verdade, a realidade e a potência de seu pensamento.' Isso significa que a verdade nada mais é que a potência da práxis, a capacidade de prevalecer sobre o adversário. Mas isso significa também que não há verdade onde o movimento operário não é capaz de prevalecer." Isso é o que está acontecendo também conosco, e pelos mesmos motivos: a teoria neoliberal (e ordoliberal) é radicalmente "falsa" e, entretanto, absolutamente "verdadeira".

monopólios, estão presas ao sistema de controle "estabelecido de cima para baixo pelos monopólios".[9]

4.1. A colonização do centro

A globalização contemporânea não opõe mais países industrializados e países subdesenvolvidos, como fazia um século atrás. Ela opera uma deslocalização da produção manufatureira nesses últimos, que atuam como subcontratados, sem qualquer autonomia, já que sua existência depende do capital estrangeiro. A polarização centro/periferias, trabalho assalariado/não assalariado, gratuito ou muito barato, que confere à expansão capitalista um caráter imperialista, persiste e se aprofunda. Ela se instala tão bem nas antigas colônias, sedes de uma nova industrialização, quanto – novidade notável – nos países do Norte, onde se organiza uma forma de *colonização interna*.

A separação centro/periferias, que era o principal resultado da colonização iniciada em 1492, foi atacada pelas revoluções anti-imperialistas do século xx. *A contrarrevolução capitalista redesenhou essa ofensiva do proletariado mundial generalizando a "colonização"*. Gilles Deleuze e Félix Guattari, no começo dos anos 1980, já haviam falado de "terceiros-mundos interiores" e "zonas de Sul interiores" ao Norte. Posteriormente, Étienne Balibar falou de uma "colonização do centro" ou de uma "hipótese colonial generalizada": "Quando o capitalismo acaba de conquistar, dividir e colonizar o mundo geográfico – tornando-se assim planetário –, ele começa a recolonizá-lo ou a colonizar seu próprio centro", escreve. Esses autores desvelam a natureza da dita precarização do trabalho e o desenvolvimento da pobreza no Norte:

[9] Samir Amin, *L'implosion du capitalisme contemporain*. Paris: Delga, 2012

"centros" de empregos estáveis, em constante retração, negligenciam "periferias internas" de empregos precários, sub-remunerados ou não remunerados, em extensão contínua.

A linha de cor que separava metrópole e periferias se fraturou, e agora ela atravessa e se infiltra nos nortes desenhando novas fronteiras, novos territórios "enselvajados" e novas exclusões/inclusões.

Nos "países emergentes", parte da população é empregada em empresas que funcionam sob o regime do subcontrato, enquanto a grande maioria da população recai não na pobreza, mas na miséria. A Índia, segundo Amin, é o melhor exemplo: "Certamente há aqui segmentos da realidade que correspondem àquilo que a emergência exige e produz. Há uma política de Estado que favorece o fortalecimento de um sistema produtivo industrial consequente, há uma expansão das classes médias associada a ele, há uma progressão das capacidades tecnológicas e da informação, há uma política internacional capaz de autonomia no cenário mundial. Mas há também – para a grande maioria, dois terços da sociedade – um empobrecimento acelerado. Estamos lidando, portanto, com um sistema híbrido que associa emergência e lumpendesenvolvimento."

O "Índice Global da Fome" situa a Índia, um país dos BRIC (Brasil, Rússia, Índia e China), na 112ª posição de 117 países (muito atrás do Nepal, o 73º; de Bangladesh, o 88º; e do Paquistão, o 94º). Aqui, não se trata de uma reserva de supranumerários, como acredita Samir Amin, mas de verdadeiros reservatórios de trabalho gratuito ou sub-remunerado.

Na China, 300 milhões de chineses migrantes são trabalhadores incluídos pela própria exclusão (apenas 35% têm um contrato legal, acesso ao Welfare etc.), que sobrevivem na "economia informal" deslocando-se das zonas rurais pobres aos centros industriais, fornecendo um trabalho de baixíssimo custo. Sem essa relação entre centro e periferias, entre emprego assalariado e emprego informal sub-remunerado, o milagre chinês seria impossível.

Essas populações do Sul são devastadas por esse tipo de polarização interna (colonização interna), passando assim a serem submetidas a uma espécie de apartheid generalizado que o Estado de Israel experimenta com os palestinos há décadas. Os fluxos migratórios se originam nessas políticas de captura e empobrecimento da maioria da população dos países emergentes e da totalidade dos outros.

A proliferação do trabalho informal – precário, servil etc. – não é governada e capturada por empresas nem trabalhadores, mas pelas finanças. No Sul do mundo, isso não é uma novidade que chegou com a última globalização. Em 1961, Frantz Fanon descreve o dispositivo de captura do valor (a colônia é uma "realidade proteiforme, desequilibrada, onde coexistem, a um só tempo, a escravatura, a servidão, o escambo, o artesanato e as operações da bolsa")[10] que deixa entrever que o capitalismo não decidiu promover o modelo de assalariamento e de Welfare do Norte, mas uma nova forma de colonização que conjuga uma multiplicidade e uma heterogeneidade de situações proletárias sob o domínio da máquina do crédito/dívida.

No começo do século xx, Lênin já havia notado que a grande colonização em curso desde o início do século xix – hipocritamente chamada de "globalização" –, levando à conquista de todo o planeta, estava estritamente ligada à financeirização. Lênin intuiu que o crédito (o "capital portador de juros", nas palavras de Marx) não antecipa somente a exploração do trabalho assalariado por vir, mas também a predação futura

---

10   Frantz Fanon, *Os condenados da Terra*, op. cit., p. 90.

do trabalho não assalariado, das terras e recursos naturais etc. A hegemonia do capitalismo financeiro implica simultaneamente a constituição dos monopólios e da colonização, a centralização da produção e a concentração da violência direta pelo saque, sem mediação da organização do trabalho, das realidades sociais não capitalistas (Rosa Luxemburgo).[11] O "capital portador de juros", na qualidade de "rebento" do capital industrial, manifesta de maneira clara, diferentemente deste, o fato de a natureza do capitalismo ser simultânea e inseparavelmente produção e predação, organização do trabalho e organização da guerra. Em vez de ser a "forma mais exterior, a mais fetichizada" da produção, o "capital fictício", outra maneira pela qual Marx o define, é o verdadeiro capital do mercado mundial, ao mesmo tempo abstração e guerra.

As finanças da época colonial evoluíram, dado que as políticas predatórias da dívida em nível macropolítico são associadas ao acesso ao microcrédito para a atividade informal. Com a explosão da pobreza e da precariedade causadas pelas políticas de "ajuste estrutural" conduzidas pelas instituições financeiras mundiais (Banco Mundial, FMI etc.) para pagar a dívida pública, se desenvolveu a dívida privada não somente das empresas (que vai muito além da primeira), mas também dos pobres.

Nos países do Sul, da Índia à África,[12] da Ásia à América Latina, para a grande maioria da população o acesso ao salário e ao Welfare State é vedado. A "inclusão", como dizem os políticos das instituições financeiras internacionais, não

---

11 A esse respeito, ver: Rosa Luxemburgo, *L'Accumulation du Capital*, t. II. Paris: François Maspero, 1976.

12 No Quênia, segundo uma empresa especializada em "inclusão pela finança", das milhões de pessoas que recorrem ao microcrédito, 2,7 milhões são declaradas insolventes, das quais 400 mil devem reembolsar menos de 2 dólares (as taxas de juros são usurárias, para um crédito de 30 dólares é preciso pagar juros de 4,50 dólares).

se faz por meio do emprego e do Welfare, mas pelo acesso ao crédito, mais especificamente o microcrédito (pequenos empréstimos de até mesmo 20 ou 30 dólares). A população se endivida para comprar um eletrodoméstico, pagar a conta de água, de luz, ou simplesmente para ter o que comer.

A dívida é o instrumento de controle e incitação ao trabalho e à produtividade da imensa quantidade de empregos precários, domésticos, migrantes. Ela penetra na vida cotidiana dos "pobres" para organizá-la, dirigi-la e assujeitá-la. O desenvolvimento desse trabalho e a afirmação da financeirização são fenômenos estreitamente ligados.

Longe de sumir com o racismo e o machismo, essa estratégia os aloca no coração dessas políticas, pois eles constituem historicamente as modalidades de produção e de legitimação da exploração do trabalho gratuito (das mulheres e dos colonizados) e as modalidades de assujeitamento que as tornam possíveis.

Nos Estados Unidos essas políticas foram instauradas facilmente, pois a democracia desse país foi sempre caracterizada pela colonização interna. Os Estados Unidos são, desde a "revolução", um país escravagista, segregacionista e profundamente racista. A novidade é a extensão do trabalho gratuito, desregulamentado e informal às crescentes camadas de proletariado branco, o que explica as grandes mobilizações contra o assassinato de George Floyd. A questão racial assume uma centralidade num nível até mesmo institucional, e a eleição de Trump à presidência dos Estados Unidos se dá em torno da *white supremacy*. Essa questão assume uma importância central até em países como a França, onde a questão da imigração, dos cidadãos franceses de origem estrangeira e do islã é hoje uma obsessão do poder e o tema preferido das mídias. Por trás da batalha política sobre a laicidade há a instalação e o controle da colonização interna, que diz respeito a um número crescente de franceses.

4.2. A estratégia nos monopólios

Ao longo dos anos 1980 e 1990, os monopólios instauram uma nova etapa da centralização do capital. A agricultura é um exemplo desse novo modelo de acumulação, cuja ação destrutiva na "natureza" é hoje um fato consumado. Por meio da venda de sementes e fertilizantes e da concessão de crédito, os monopólios[13] controlam o montante da produção. A jusante, o fluxo das mercadorias e a fixação dos preços não são efetuados, segundo a doxa neoliberal, pelo "mercado", mas pelos monopólios da grande distribuição, que compra arbitrariamente os produtos a preços fixados por ela mesma. O pequeno agricultor independente faz parte da massa em expansão contínua dos *working poors*, uma vez que sua remuneração se aproxima de zero (em média 300 euros por mês na França). Sua sobrevivência econômica depende dos subsídios europeus, alimentados pelos contribuintes que garantem assim rendas colossais a esses monopólios.

A financeirização contemporânea, segunda arma da estratégia capitalista, drena uma renda colossal de todas as atividades. Essa sucção rentista se exerce de maneira privilegiada pela dívida. A diminuição das dívidas não interessa em nada aos monopólios, pois elas constituem valores disponíveis e facilmente apropriáveis pelos mecanismos financeiros. O Estado desempenha um papel determinante na transformação de salários e receitas em fluxos de renda. Os gastos com o Welfare, a previdência e os salários são agora indexados ao

---

13   Os monopólios e os oligopólios são "financeirizados", o que não quer dizer que sejam constituídos simplesmente de companhias financeiras, seguradoras ou fundos de pensão operando em mercados especulativos. Os monopólios e os oligopólios são grupos que controlam simultaneamente as grandes instituições financeiras, os bancos, as seguradoras, os fundos de pensão e os grandes grupos de produtivos. Eles controlam os mercados monetário e financeiro, que ocupam uma posição dominante sobre todos os outros mercados.

equilíbrio financeiro, ou seja, ao nível de renda desejado pelos monopólios. Para garantir essa renda, salários, despesas e pensões são sempre ajustados por baixo.

O capitalismo contemporâneo é um capitalismo oligárquico e rentista que nada tem de liberal.

Pela finança os monopólios controlam a economia dos países capitalistas desenvolvidos, mas também dos países do Terceiro Mundo: as políticas de financeirização e da dívida foram introduzidas nos anos 1980 primeiramente na África e na América do Sul. Apenas a China, ao mesmo tempo que integra o comércio e a produção mundial, continua a rejeitar a incorporação ao mercado financeiro. Os bancos, a moeda, o mercado e as bolsas continuam sob o controle do capitalismo de Estado chinês. O problema para os monopólios não é a concorrência comercial e industrial da China, mas o fato de que eles não podem controlar, sugar e, se necessário, destruir a economia e as instituições desse país, como foi o caso com outros países asiáticos no fim do século xx. Esse fantástico meio de destruição em massa, de apropriação, de expropriação, de despossessão, de guerra social que é a finança para nas fronteiras da China. Isso é insuportável para a máquina capitalista. Diante da recusa à submissão aos poderes financeiros dos monopólios, a administração Clinton fez da China um inimigo estratégico dos EUA.

A ação da finança não é parasitária, assim como o capital financeiro não é um "capital fictício" (Marx). Juntos, eles constituem o eixo político do funcionamento da máquina Capital-Estado à época de sua nova concentração, globalização.

4.3. O controle das técnicas e dos recursos naturais

Os países subcontratantes são ligados não apenas pela finança, mas também pelo monopólio técnico e científico e pelo acesso aos recursos naturais. A força da máquina capitalista se baseia num controle da ciência e da técnica.

A técnica e a ciência, independentemente de qual for o seu poder, funcionam dentro dos limites impostos pela máquina Capital-Estado. Enquanto todos os olhos estão fixos nos empreendedores privados (Google, Amazon, Facebook, as empresas do Vale do Silício etc.), cujas capacidades de inovação são incensadas, o Pentágono e o Estado americano guardam ciosamente o controle estratégico de um setor que eles mesmos construíram do zero durante a Segunda Guerra Mundial, alimentaram e desenvolveram ao longo da Guerra Fria e delegaram, em parte, às empresas privadas após os anos 1970. O Pentágono, além de ser o principal empregador mundial (3 milhões de empregados), investe o dobro em pesquisa e desenvolvimento em comparação com Google, Amazon, Facebook, Apple etc. O Estado e as forças armadas americanas não só criaram as condições do desenvolvimento tecnológico, como também continuam a controlá-lo e a conduzir-lhe a evolução, uma vez que a exportação da tecnologia e as relações com outros países (como China, Rússia e Irã) não são deixadas à mercê da livre iniciativa do mercado.

Para os monopólios e para os Estados, o problema ecológico, o aquecimento global, Gaia ou qualquer outra coisa do tipo não são um problema. O mundo só existe em curto prazo, o tempo de retorno do capital investido. Qualquer outra concepção de tempo lhes é completamente alienígena.

Antes, o que preocupa os monopólios e Estados é o desaparecimento gradual de certos recursos naturais. Conservar o acesso exclusivo aos recursos necessários ao estilo de vida do Norte é sua única preocupação. George Bush exprimiu essa ideia muito claramente: o "modo de vida dos americanos não é negociável". Em resumo, o maior desperdício da história, a sociedade de consumo americana, deve ser feito às custas de outros países, sobretudo do Sul.

Os dirigentes dos monopólios sabem que não há recursos para todos e que o desequilíbrio demográfico só pode aumentar. Atualmente 15% da população mundial vivem no Norte e 85% no Sul. Sem qualquer preocupação ecológica e dispostos a cortar até a última árvore da Amazônia, eles sabem que somente uma militarização do planeta poderá garantir-lhes o acesso exclusivo aos recursos naturais. O Norte necessita de 80% dos recursos disponíveis no planeta para manter seu nível de vida.

Como nos bons tempos das colônias, eles continuam dispostos a resolver suas disputas com o Sul por meio das armas (o armamento é uma indústria em plena expansão), e utilizam seus arsenais sem qualquer escrúpulo para tomarem tudo aquilo de que acreditam ter necessidade. Os recursos da África são essenciais para eles. Os africanos que ali habitam, nem tanto.

Essa estratégia funcionou além de qualquer expectativa. Seu sucesso exige que os monopólios se preparem para a guerra e se antecipem a eventuais rupturas políticas, pois, assim como a crise de 1929, a crise atual abre uma possível nova sequência de guerras e revoluções ainda mais provável de acontecer após o colapso financeiro de 2008. Concentração, globalização e financeirização não resolvem as contradições que determinaram a crise. Em vez disso, elas a aumentam ainda mais. As guerras são possíveis. As revoluções permanecem hipotéticas!

A guerra mudou de natureza, pois ela não ocorre mais entre impérios, como na primeira metade do século XX. O que emerge da crise não é o Império americano, mas uma nova forma de imperialismo que Samir Amin chama de "imperialismo coletivo". Constituído pela tríade Estados Unidos-Europa-Japão (conduzida pelo primeiro), o imperialismo coletivo administra suas disputas internas pela distribuição de renda. Além disso, ele conduz guerras implacáveis contra as populações do Norte a fim de despojá-las das concessões que foi obrigado a fazer ao longo do século xx, organizando conflitos armados contra as populações do Sul para controlar suas matérias-primas e obter mão de obra a baixo custo. Os Estados que não fazem os "ajustes estruturais" necessários para serem saqueados pela financeirização são encurralados pelos mercados, esmagados pela dívida ou declarados "criminosos" pelos presidentes americanos – justo eles que, quando se trata de gangsterismo, têm conhecimento de causa.

A novidade nesse cenário é o surgimento da China como potência mundial. A China entra em concorrência com esse imperialismo coletivo em todos os domínios: recursos, terras, tecnologia, armamento etc. Enquanto o imperialismo coletivo considerava o capitalismo chinês um subcontratante confiável e universal (tanto industrial quanto financeiramente, com a China financiando os títulos do tesouro dos EUA), o Partido Comunista Chinês seguia, por sua vez, sua estratégia: fazer do antigo Reino do Meio uma potência mundial ao transformar a máquina revolucionária em máquina de produção.

As lutas de classes e das minorias que as compõem se desenrolam dentro desse quadro que tornou impossível não somente o reformismo, mas até mesmo a democracia. A máquina Capital-Estado após a reedição da *"belle époque"* entre os anos 1980 e 1990 emprega toda a sua força destrutiva e autodestrutiva como há um século: democracias autoritárias e liberticidas, coexistência do Estado de exceção e do Estado de direito, novas formas de fascismo, racismo e sexismo, guerras de classes e ainda catástrofes de toda natureza (ecológica, sanitária etc.).

5. Um saber estratégico

Para analisar essa situação, partiremos da afirmação programática de Gilles Deleuze e Félix Guattari: "Antes do ser, há a política". Podemos interpretá-la da seguinte maneira: o capitalismo não começa com a produção, o patriarcado não começa com o trabalho doméstico nem a escravidão começa com a exploração nas plantations, *mas* pela *distribuição* política prévia do poder entre as classes determinada pelas guerras de conquista, a apropriação violenta e a força.

As classes não preexistem à guerra de conquista; elas são o produto dessa guerra. Não há operários sem capitalistas, mulheres sem homens, negros sem brancos. O surgimento violento das classes não está aninhado num passado longínquo. O ato de separar quem manda de quem obedece deve ser continuamente reproduzido. A violência que funda e a violência que conserva são contemporâneas.

As classes dominantes, assim como as classes oprimidas, se reportam umas às outras por meio de estratégias de dominação ou de libertação. É impossível encerrar sua ação num todo, num sistema, numa estrutura, pois trata-se de relações de poder contingentes, provisórias, precárias, abertas à iniciativa política, à ação. A estratégia não é nem um projeto nem um programa, mas uma técnica imanente às lutas. A estratégia não é exercida por um sujeito soberano que precederia sua implementação, pois a estratégia é uma condição de seu surgimento.

Os dois ciclos de mobilizações de 2011 e de 2019-2020 nos convidam a nos religarmos a esse saber estratégico. Assim que os oprimidos encontram formas de ação coletiva, a revolução, mesmo que timidamente, mesmo que confusamente, volta a povoar o horizonte de seus discursos e ações. A memória das lutas e combates que havia sido apagada durante os anos de submissão à lógica da governamentalidade ressurge em escala mundial após o colapso financeiro de 2008.

No Chile, as palavras de ordem e os slogans da época de Allende, sufocados pelos assassinatos em massa, ressoam mais uma vez e exprimem a necessidade e a vontade de reativar a tradição revolucionária. Em outro grande foco de insurreição e insubordinação, o Norte da África, ao criticar seriamente os governos instalados após a liberação, os movimentos reivindicam as revoluções que os precederam. Em 4 de novembro de 2019, ocorreu uma manifestação na Argélia para comemorar a eclosão da insurreição armada contra o colonialismo francês pela Frente de Libertação Nacional setenta anos antes. No Iraque, na praça Tahir ocupada pelos insurgentes, um monumento à liberdade celebra a revolução de 1958 dos "oficiais livres" contra a monarquia. Como disse um político francês a respeito do movimento dos Coletes Amarelos, eles fizeram ressurgir na opinião pública o imaginário da luta de classes. Mas seria mais justo evocar a realidade *das lutas* de classes, *no plural*.

Os dualismos (homens e mulheres, brancos e racializados, capitalistas e trabalhadores) são simultaneamente o que a máquina Capital-Estado deve produzir e reproduzir e os focos de lutas pela abolição das classes. Por qualquer lado que se aborde a questão política, as lutas de classes são incontornáveis.

II O TRABALHO "GRATUITO" DAS MULHERES E DOS RACIALIZADOS NA GLOBALIZAÇÃO E NA REVOLUÇÃO

| 1. O mercado mundial é multiplicidade de modos de produção > 1.1. Valorização e desvalorização das subjetividades > 1.2. As verdadeiras fronteiras > 1.3. Máquina política e a inteligência artificial | 2. A máquina mundial do poder > 2.1. A máquina de duas cabeças > 2.2. Ordoliberalismo e Estado de emergência | 3. A colonialidade do poder | 4. A República escravagista |

> *Ao resumir todas as oposições sociais em termos de luta de classes e apenas de luta de classes, Marx e Engels reduziram todos os conflitos a dois termos. Trata-se de uma operação de redução que deixou de lado toda uma série de conflitos que poderiam ter sido abarcados sob a denominação marxista de "anacronismos do capital". O racismo, o antissemitismo e o machismo foram colocados fora do jogo pela redução marxista. No entanto a teoria do conflito que esses "anacronismos" fazem surgir poderia ser descrita como um paradigma de opressão transversal a todas as "classes" marxistas.*
> — Monique Wittig

> *Não é só quando nasce que o capital "faz escorrer sangue e lama por todos os poros", mas ao longo de toda a sua trajetória pelo mundo.*
> — Rosa Luxemburgo

O Capital desde sempre explorou e dominou uma multiplicidade de classes, fazendo verdadeiros malabarismos entre diferentes modos de produção e dispositivos de poder heterogêneos. As lutas das mulheres e dos colonizados iluminaram o passado e o presente dessas diferentes multiplicidades que o movimento operário ocidental negligenciou.

O Capital e o Estado constituem uma máquina de duas cabeças, o "capitalismo político", que desde o começo organizou uma "dupla territorialidade produtiva" (centro-periferia) e um duplo regime do trabalho: trabalho assalariado (abstrato) no centro e trabalho não assalariado (gratuito) nas periferias.

A organização do sistema político recorta a divisão internacional do trabalho com um duplo regime de *poder* e de *guerra*: um regime político constitucional no Norte e um regime de poder arbitrário no Sul (estado de urgência permanente), guerra regulamentada no centro e guerra sem limites nas periferias.

A máquina política capitalista assegura a produção econômica do valor ao traçar uma linha de cor que divide o proletariado do centro do proletariado das colônias e uma divisão sexual transversal, tanto no primeiro quanto no segundo. O trabalho não assalariado das mulheres é, como o trabalho dos escravizados, uma outra condição, por muito tempo desconhecida, do trabalho assalariado, do trabalho abstrato e da produtividade capitalista.

A instauração desse regime planetário é inseparável da invenção da raça e da invenção do gênero. Sexismo e racismo são a expressão de dois modos de produção (patriarcal/doméstico/heterossexual e racial/escravagista) capazes de organizar a exploração do trabalho gratuito em grande quantidade e sua legitimação pela fabricação do assujeitamento (mulher, operário, escravizados, colonizados).

A condição primeira da máquina Capital-Estado e da existência das classes sempre foi a globalização. Somente nesse nível podemos avaliar a força da máquina Capital-Estado e as chances da revolução.

I. O mercado mundial é multiplicidade de modos de produção

A maneira de compreender o capitalismo como uma coexistência dos diferentes modos de produção e de modalidades de exercício do poder heterogêneo é resumido sinteticamente pela feminista materialista Heidi Hartmann, que nos convida a operar um deslocamento tanto em relação à economia política quanto ao marxismo.

"Não existe tal coisa como um 'puro capitalismo' ou um 'puro patriarcado'[...]. Seria mais pertinente falar de nossas sociedades não em termos de sociedades puramente capitalistas, mas das sociedades capitalistas patriarcais e onde reina a supremacia dos brancos (*white supremacists*)."

O historiador do ambiente Jason W. Moore produziu recentemente, numa polêmica em torno da definição então *mainstream* de Antropoceno, uma teoria bastante original do capitalismo e de sua história,[1] segundo a qual a multiplicidade das lutas de classes implicadas impede sua compreensão como um "puro capitalismo".

O capitalismo não é centrado exclusivamente nem na relação capital-trabalho, nem na Europa (e o Norte do mundo), nem na Revolução Industrial. Trata-se de três condições para repensar o capital e seu funcionamento. Apesar de Moore definir seu método como centrado no capital, colocando entre parênteses a luta de classes e dos movimentos sociais, esse mesmo método não teria visto a luz do dia sem as lutas conduzidas pelas mulheres, pelos ecologistas, pelos colonizados, indígenas e escravizados ao longo de toda a história do capitalismo e sobretudo ao longo do século XX, no qual figuraram como ponta de lança da revolução mundial.

A utilização dos saberes produzidos por esses combates faz surgir um novo funcionamento das formas de exploração e de dominação que, na verdade, é muito antigo. Desde a conquista das Américas, o capitalismo constitui um mercado mundial que pode ser descrito como uma máquina político-econômica que *junta* e *separa*, *conecta* e *divide* as "ilhas de trabalho abstrato", quer dizer, um trabalho (supostamente) livre, assalariado, progressivamente institucionalizado e juridicamente

---

[1] As citações seguintes são retiradas destes artigos: Jason W. Moore (2017) "The Capitalocene, Part I: on the nature and origins of our ecological crisis", *The Journal of Peasant Studies*, 44:3, 594-630; e Jason W. Moore (2018) "The Capitalocene Part II: accumulation by appropriation and the centrality of unpaid work/energy", *The Journal of Peasant Studies*, 45:2, 237-279.

reconhecido, na maioria das vezes concentrado na Europa e no Norte do mundo, e *"oceanos" de trabalho não assalariado*, servil, frequentemente gratuito, não reconhecido e desvalorizado, situado no Sul do planeta. Historicamente, esses oceanos de trabalho gratuito ou barato foram garantidos pela terra, pelas mulheres, colonizados, indígenas e escravizados.

O marxismo, apesar de afirmar fazer parte do mercado mundial, se concentrou no trabalho abstrato e assalariado, ignorando do ponto de vista político e teórico a enorme massa do trabalho não remunerado (ou sub-remunerado) sem a qual "o capitalismo não poderia viver um único dia".

Rosa Luxemburgo antecipou Moore e compreendeu o funcionamento do mercado mundial além de Marx: "O crescimento incessante da produtividade do trabalho [...] implica e necessita da utilização ilimitada de todas as matérias-primas e de todos os recursos do solo e da natureza. [...] Em seu desejo de se apropriar das forças produtivas para fins de exploração, o capital vasculha o mundo inteiro, procura meios de produção em todos os cantos do mundo, adquirindo-os se necessário à força, em todas as formas de sociedade, em todas as civilizações [...]. *O capital necessita de estratos sociais não capitalistas como escoadouro para a mais-valia, como fontes dos meios de produção e como reserva de mão de obra.*"[2] Luxemburgo nos permite corrigir Marx e os marxistas. A constituição do mercado mundial se vê tomada por "contradições" que impossibilitam a subordinação de cada relação social à racionalização capitalista (ela impossibilita uma completa e universal "subsunção real"), pois o capital "tende a espalhar-se pelo globo e a destruir todas as outras formas econômicas, não apoiando

---

2   Rosa Luxemburgo, *L'Accumulation du Capital*, t. II. Paris: François Maspero, 1976. [Ed. bras.: *A acumulação do Capital*. Rio de Janeiro: Civilização Brasileira, 2021.]

nenhuma outra além de si mesmo. Ao mesmo tempo, no entanto, ele é a primeira forma econômica incapaz de subsistir sozinha, apenas por seu próprio meio". O que hoje as mídias chamam de "desglobalização" se insere nessa "contradição" que pode ser igualmente descrita da seguinte maneira: o capital nasceu com o Estado-nação e não pode ultrapassá-lo. Eles nasceram juntos e morrerão juntos, pois são a dupla articulação da máquina que chamamos de capitalismo.

No mercado mundial, as mulheres, a terra, os escravizados e os indígenas garantem fluxos de alimento, energia, matéria-prima e trabalho barato, até mesmo gratuito. *Todo ato de exploração do "trabalho abstrato" implica uma quantidade ainda maior de trabalho não remunerado, expropriado, saqueado, roubado.* A cada operário numa usina deve-se associar um grande número de escravizados, indígenas, colonizados, mulheres, quilômetros quadrados de terra, florestas, minas, rios etc. para que a produção seja rentável.

O capitalismo se caracteriza desde então por duas formas de acumulação bastante diferentes e no entanto *complementares* e inseparáveis, que utilizam dispositivos econômicos e de poder heterogêneos: *a acumulação por capitalização*, centrada na *exploração* do trabalho abstrato, ou seja, a produção de valor no *seio* do circuito do capital, e a *acumulação por apropriação* (saque, roubo, expropriação por violência, força, guerra etc.), centrada no *trabalho não remunerado e extorquido por dispositivos extraeconômicos* que se reproduz, em grande parte, *fora* do circuito do capital propriamente dito.

O conceito de trabalho gratuito, não remunerado, é decisivo para essa história do capital. A cadeia de valor é muito mais longa – uma vez que compreende, ao mesmo tempo que oculta, o trabalho não remunerado e sub-remunerado – e investe muito mais corpos do que comportaria sua descrição pela economia política e pelo marxismo.

A enorme quantidade de trabalho gratuito tem uma função fundamental para a existência e a sobrevivência do Capital: neutralizar a tendência de queda das taxas de lucro em razão do aumento permanente dos custos de sua produção e reprodução. O Capital conhece apenas duas modalidades para contrastar a queda da taxa de lucro: a "inovação no tempo" (ou seja, a produção de mais mercadorias com menos trabalhadores em menos tempo graças a investimentos em máquinas e organização) e a "expansão através do espaço" (em outras palavras, a apropriação/saque do trabalho não remunerado da terra, das mulheres, dos colonizados, dos indígenas e de seus territórios). Os dois processos devem funcionar juntos para que haja lucratividade. Uma alta da capitalização – obtida pelo investimento em máquinas e organização do trabalho *labour saving* – sem uma alta da apropriação violenta, sem pilhagem da terra, sem o trabalho servil das mulheres, gera inevitavelmente uma alta dos custos de produção.

Não basta, no entanto, que a capitalização e a apropriação de trabalho gratuito sejam simultâneas. É preciso que a extensão dessa última seja sem comparação com a primeira. As zonas de apropriação desse trabalho devem não apenas se estender *mais rapidamente* que as zonas de exploração do trabalho abstrato, mas o domínio da apropriação deve ser sempre e necessariamente maior (tanto *geograficamente* quanto *demograficamente*) que o espaço da exploração do trabalho assalariado.

Para Samir Amin, esse trabalho gratuito é o resultado daquilo que ele chama de "lumpendesenvolvimento" imposto "pelos monopólios dos países imperialistas do centro às sociedades das periferias que eles dominam. Ele se manifesta pelo crescimento vertiginoso das atividades de sobrevivência (a esfera dita informal), dito de outra forma, pela pauperização inerente à lógica unilateral da acumulação do capital".

O "trabalho socialmente necessário não remunerado" é a condição do "trabalho socialmente necessário" (trabalho abstrato), enquanto Marx e os marxistas não conseguem ver a função e a necessidade do primeiro além da acumulação primitiva.

A obsessão do Capital é reduzir continuamente o "trabalho necessário". Essa redução do trabalho assalariado, perfeitamente descrita por Marx, não implica a criação de um exército de trabalhadores de reserva (ou exército de reserva industrial), mas um aumento do trabalho necessário gratuito ou sub-remunerado que ele não analisa com a mesma perspicácia. Marx descreve a apropriação gratuita, o roubo, o saque praticado pelo Capital na acumulação primitiva, mas essas expropriações permanecem apenas uma narrativa, pois não entram no funcionamento e no cálculo da lei do valor.

1.1. Valorização e desvalorização das subjetividades

A economia política *valoriza* o trabalho abstrato, definindo-o como "trabalho produtivo", ao mesmo tempo que *desvaloriza* o trabalho não remunerado, catalogando-o como "trabalho improdutivo". O marxismo infelizmente não só aceitou essa definição totalmente política de trabalho como a consagrou como polo no qual é implantada a força revolucionária. Apenas os trabalhadores detêm o segredo da ruptura revolucionária, pois, estando dentro da produção, eles podem obstruí-la e desmontá-la.

A valorização e desvalorização do trabalho passam por uma valorização e uma desvalorização das subjetividades e do lugar que lhes é atribuído não apenas na sociedade, mas na humanidade e na natureza. A produção econômica é necessariamente uma produção de *subjetividades*.

A dupla dinâmica de trabalho remunerado e trabalho gratuito que se estabelece já no "longo século XVI" (1450-1648) se funda em uma revolução que Moore define como conceitual, remontando a Descartes: a bifurcação da Natureza e da sociedade. De um lado se instala um coletivo de humanos animado por leis "sociais", de outro, um conjunto de não humanos organizado por leis naturais e objetivas.

A natureza, tal como é definida entre os séculos xv e xvii, não é composta unicamente de não humanos nem é exclusivamente animal, vegetal e mineral, uma vez que ela compreende igualmente as mulheres, os escravizados, os colonizados e os indígenas, todos submetidos a um processo de naturalização radical, de modo que essa revolução é a revolução do Homem, branco, masculino, dotado de razão – razão da qual as "naturezas humanas e extra-humanas" são destituídas.

Com as mulheres desvalorizadas pelo sexo e os colonizados, escravizados e indígenas desvalorizados pela raça, a separação entre natureza e sociedade podia legitimar a função do homem, masculino, branco, proprietário, europeu, cuja tarefa será a civilização e a dominação dessas diferentes naturezas selvagens (humanas e extra-humanas).

As hierarquias de "valores" político-sociais assim estabelecidas se traduzem imediatamente em hierarquias de "valores econômicos".

A operação que o Capital exerce sobre essa enorme quantidade de trabalho não produtivo, de trabalho não remunerado, é uma síntese disjuntiva, uma *exclusão inclusiva*. A exclusão da humanidade, do espaço político, dos direitos etc. é o que torna os não assalariados lucrativos. O "dentro" e o "fora" são construções cujo conteúdo varia de acordo com a época, mas que é sempre necessário reproduzir, pois dessa "inclusão pela exclusão" depende a taxa de lucro.

A desvalorização do trabalho humano não remunerado se faz principalmente pelo sexo e pela raça, pontos aos quais será necessário retornar mais longamente, pois essa *desvalorização que passa pelos corpos* introduz problemas pouco ou nada tematizados pela tradição marxista centrada no trabalho abstrato. A problematização dessa dupla valorização-desvalorização será ainda mais importante para a dinâmica da revolução no século xx, dado que as rupturas políticas mais importantes vieram precisamente do trabalho gratuito ou barato, marcado racial e sexualmente.

É evidente que nada há de natural nessa "natureza" (como também na mulher, no escravizado, no colonizado, no indígena), pois ela foi "descoberta", invadida, cartografada, estudada, dissecada pela ciência, pelo Estado e pelos capitalistas, de tal maneira que Moore pode até mesmo falar, acenando para o marxismo, de uma "natureza social abstrata".

A assim chamada crise ecológica tem raízes nessa dupla história de exploração e saque das naturezas humanas e não humanas.

1.2. As verdadeiras fronteiras

O dinamismo do capitalismo e suas "revoluções" contínuas são impensáveis sem as "fronteiras" que separam e unem o *dentro* e o *fora* da valorização. A fronteira estabelecida pela síntese disjuntiva que distribui inclusão e exclusão não deve ser confundida com os confins dos Estados soberanos. A solidez e a estabilidade das fronteiras dos Estados-nação dependem da solidez e da estabilidade da *"color line"* que hoje divide também o Norte.

As fronteiras da máquina global não são simples locais geográficos, mas relações simultaneamente de poder e ecológicas que devem liberar novos fluxos de bens gratuitos. São essas fronteiras *políticas* que definem a valorização e a desvalorização das subjetividades, que separam trabalho abstrato e trabalho não remunerado, que estabelecem as diferenças entre "civilização" e "selvageria". Elas se movem continuamente à medida que os preços dos "produtos" baratos garantidos pelo trabalho não remunerado aumentam ou entram na produção capitalizada propriamente dita.

Segundo Jason Moore, elas "descobrem", cartografam, analisam, preparam novos elementos naturais e mão de obra barata para serem apropriados e saqueados. O esgotamento de uma fronteira requer a construção de outra. É preciso sempre que uma massa muito importante de trabalho humano e não humano (o solo, as florestas, a água etc.) esteja fora da capitalização, fora da lei do valor, ou que as quantidades de valor e de capitalização ali contidas sejam muito pequenas. A produção de trabalho precário e sub-remunerado responde a esse imperativo.

A colonização do centro é uma nova fronteira desse tipo.

1.3. Máquina política e a inteligência artificial

O capital conhece tanto a potência quanto os limites da ciência e da tecnologia. Esses últimos são incapazes de sozinhos determinarem o aumento da produtividade e a taxa de lucro. As inovações sócio-tecnológicas têm êxito contanto que sejam associadas a movimentos ainda mais importantes, mais rápidos e mais amplos de apropriação gratuita de alimento, trabalho, energia e matérias-primas. No capitalismo, cada "revolução" tecnológica ou científica deve estar associada ao saque, à violência e à guerra numa ação que só pode ser mundial.

Uma descoberta técnica ou científica não basta para satisfazer os capitalistas. O sucesso das inovações técnicas depende primeiramente da máquina política, como notava Lewis Mumford, assim como Deleuze e Guattari. Antes de depender de uma inovação técnica e organizacional, o êxito "econômico" é tributário de uma máquina política global que divide e conecta o trabalho global, hierarquizado pela valorização e desvalorização dos corpos e subjetividades. As máquinas técnicas são sempre subordinadas a máquinas e estratégias políticas.

Essa verdade se aplica igualmente à produção da revolução científica da inteligência artificial que deve se encontrar destituída de todos os poderes de liberação ou de dominação atribuídos pelo pensamento crítico à tecnologia e à ciência. Liberação e dominação são sempre os resultados da máquina política, nunca da máquina técnica.

Antonio Casilli demonstra que a produção da inteligência artificial, a mais inovadora das tecnologias, se faz por meio da mais antiga das divisões de trabalho, a divisão entre centro e periferia, explorando o trabalho gratuito ou barato.[3] É a máquina política do capitalismo que define as possibilidades de existência e de funcionamento da máquina técnica. A máquina da inteligência artificial é, como toda máquina técnica, "escrava", para empregar um termo de Gilbert Simondon, da máquina de guerra, tanto imediatamente mundial quanto imediatamente social.

Tomemos o exemplo de um automóvel de condução "automática" utilizado por Casilli. A inteligência artificial de um carro sem motorista é incapaz de reconhecer por si própria uma árvore ou um pedestre, para ela é impossível distinguir um obstáculo de uma placa de trânsito. Para ensinar à máquina essas diferenças (pois ela é capaz de aprender), é necessário trabalho humano, que cataloga milhões de imagens (árvores, pedestres, placas de trânsito etc.) para que a máquina "automática" possa realizar a atividade para a qual ela foi construída. O *"digital labour"* (nada de muito extravagante, já que se trata de um trabalho dos dedos) é reduzido a uma tarefa muito simples (uma microtarefa), clicar numa

---

[3] Antonio Casilli, *En attendant les robots*. Paris: Seuil, 2019.

imagem, à qual se pagam alguns centavos de dólar. Milhares de trabalhadores do clique estão dispostos a trabalhar até por um centavo de dólar o clique.

A distribuição de um número muito restrito de trabalhadores hiperespecializados (engenheiros de dados, cientistas da computação etc.) e de milhões de *digital workers* desqualificados reproduz perfeitamente a divisão secular do "trabalho abstrato" concentrado no Norte e do trabalho gratuito ou barato concentrado principalmente, mas não exclusivamente, no Sul. Além disso, nota Casilli, pesquisadores falam, a esse respeito, de "*e*-escravidão" ou "neocolonialismo".

Os trabalhadores "cognitivos" estão instalados nas multinacionais high-tech do Norte, enquanto o trabalho desvalorizado está localizado no Sul global (Índia, Quênia, Tunísia, Turquia, Indonésia, Filipinas, Paquistão e países do leste: Romênia, Bulgária, Rússia etc.) trabalhando em "fazendas de cliques" ou a domicílio, caso haja conexão com a internet disponível.

A produção da inteligência artificial exacerba a articulação de trabalho abstrato e trabalho gratuito ou barato. As ilhas da produção da inteligência artificial são minúsculas em relação às do trabalho abstrato industrial, enquanto os oceanos de trabalho gratuito ou barato só fazem crescer, ultrapassando em extensão a já enorme exploração do trabalho colonial.

Os robôs não decretam o fim do trabalho (tampouco do emprego), eles não substituirão as pessoas, mas organizam um trabalho fragmentado, disperso, precarizado, sub-remunerado, que desestabiliza os estatutos fordistas. Fragmentação, dispersão e precarização não são as consequências da máquina técnica, mas da máquina de poder capitalista.

O desenvolvimento capitalista da técnica elimina continuamente o "trabalho necessário" (assalariado, remunerado, institucionalizado etc.), mas aumenta consideravelmente o trabalho necessário não remunerado.

2. A máquina mundial do poder

> *O elemento natural que exteriormente anima a indústria é o mar.*
> — Georg Wilhelm Friedrich Hegel

> *O fascismo não é o contrário da democracia, ele é sua evolução em tempos de crise.*
> — Bertolt Brecht

> Na África, democracia é luxo.
> — Jacques Chirac, 1990

Muito antes de a exploração do trabalho abstrato forjar as constituições materiais e formais dos países do Norte, a opressão das mulheres e dos escravizados desempenharam esse mesmo papel.

As relações das classes homens/mulheres e brancos/racializados não são apenas modos de produção, mas também elementos constitutivos da política moderna e principalmente do Estado. Quanto ao patriarcado, Jean Bodin, no longo século XVI em que tudo começou, assume a função do *pater familias* no momento da constituição do Estado moderno. Perante o poder soberano erguem-se os *pais* de família, que, junto dos *proprietários*, limitam sua ação: "O soberano e o pai de família não estabelecem um dualismo de poder dentro do Estado, mas antes uma dupla imagem de um único detentor do exercício legítimo do poder soberano. O *pater familias* é o correspondente do soberano nos domínios das relações privadas que tornam possíveis a própria existência do Estado."[4]

Bodin, identificando "o cidadão com o homem pai de família", revela o fundamento do sujeito político moderno e suas exclusões, que se tornaram desde então objetos de litígio. "Cada

---

4 Maurizio Ricciardi, *Rivoluzione*. Bologna: Il Mulino, 2001, p. 37.

vez que a soberania é questionada pelas revoluções da época moderna, esse modelo do cidadão soberano é atacado tanto pela identificação que pressupõe entre cidadania e propriedade quanto pela identificação da cidadania e do gênero sexual."[5]

Da mesma maneira, a relação de classes entre brancos e não brancos é um modo de produção (colonial/escravagista) e um elemento constitutivo da política e do Estado moderno.

A constituição material da máquina política (absolutista e constitucional) não pode ser apreendida somente a partir da Europa. Ela deve necessariamente compreender a conquista das Américas, pois ela se constrói transversalmente à separação entre centro e periferias.

A natureza e o funcionamento da máquina mundial do capital, sua síntese disjuntiva e sua dupla reterrirorialização indissociavelmente "econômica" e "política", não deslocam somente a concepção que temos do capital, do valor, da força de trabalho e de sua composição, mas também da ideia que temos de poder.

A máquina mundial, que simultaneamente inclui e exclui para melhor capturar o trabalho abstrato e excedente (ecológico) do trabalho gratuito (ou barato), não poderia funcionar sem a ajuda do Estado, do direito, da guerra e da força.

O funcionamento do mercado, da produção e do consumo está sempre acompanhado, sustentado e protegido pelo poder direto, sem mediação, da guerra, da conquista, da submissão à força que se exerce sobre o escravizado, a mulher, o colonizado, o indígena e até mesmo o operário, que, uma vez dentro da fábrica, está submetido ao "poder despótico do capitalista", nas palavras de Marx.

Ao mesmo tempo que fazem um elogio à liberdade tanto econômica quanto política, os liberais se esquecem sistematicamente de que a maior parte da humanidade (colonizados

[5] Ibid.

e mulheres) está submetida a seus poderes arbitrários, despóticos e militares. Eles julgam e fazem análises sobre política, justiça e liberdade sem jamais levar em consideração a dimensão mundial e social de sua máquina política.

"As economias-mundo sempre existiram, pelo menos há muito tempo", afirma Fernand Braudel, mas a singularidade do capitalismo não reside somente na máquina produtiva global e no duplo movimento que valoriza o trabalho abstrato e desvaloriza qualquer outro gênero de atividade, mas também pela distribuição de um *dentro* europeu onde reina o Estado, a constituição, o direito, a guerra regulamentada, e um *fora* colonial onde o Estado de exceção, a guerra sem limites, a arbitrariedade e a violência sem restrições jurídicas são a regra.

A *divisão internacional do trabalho* e a *divisão internacional da guerra*, do direito e da soberania são simultâneas e complementares, de modo que os dois processos, tendo como centro propulsor a Europa, são concomitantes e inseparáveis. O dentro e o fora da máquina política recortam os dentros e foras da máquina econômica.

Se é verdade que o Capital dissolve tudo aquilo que é considerado sólido, mobiliza o que é fixo, movimenta o que é estável, também é igualmente estabelecido que o capitalismo deve reterritorializar tudo aquilo que ele destrói. Para isso, ele precisa do Estado (primeiro espaço de reterritorialização), mas também do solo colonial (segundo espaço de reterritorialização) e da relação de um com o outro. Embora o primeiro processo de reterritorialização seja descrito principalmente por Deleuze e Guattari, o segundo é ignorado por quase todos, com a notável exceção de Carl Schmitt.

Para abordar esse segundo aspecto da máquina global, não podemos nos apoiar nem em Moore, nem em Marx e nem mesmo em Harvey, que fez do espaço seu objeto de pesquisa. Apesar de a questão da divisão espacial estar no centro dos estudos de Harvey, a análise da organização mundial da guerra, do Estado e do direito, que determinam sua divisão e natureza, é amplamente insuficiente, permanecendo restrita aos sulcos traçados por Marx. Este último evoca, ao descrever a acumulação primitiva, a ação violenta do Estado, do exército, o papel predatório da finança (a dívida pública), mas o que está em questão desde a conquista das Américas é outra coisa: um diálogo estratégico entre "Estados e Príncipes europeus" para não só partilhar as terras das conquistas coloniais, mas também para estabelecer, a partir delas, uma nova configuração da ordem jurídica, da guerra e do Estado na própria Europa. A ação da Conquista e da colonização retorna, assim, continuamente ao continente europeu, primeiro como força constitutiva da ordem política e, em seguida, no século XX, como força destrutiva dessa mesma ordem europeia.

Não é apenas nos marxistas que se deve procurar uma descrição da síntese disjuntiva da política, do direito, do Estado, mas também em Carl Schmitt, que descreve perfeitamente essa separação/junção em O *nomos da Terra*.[6]

Na obra de Carl Schmitt, a divisão do espaço político mundial é contemporânea da constituição do mercado mundial. As primeiras tentativas de partilha da terra pelos europeus, ancoradas na nova dimensão global que resulta das guerras de conquista colonial, "começam logo depois de 1492".

O Novo Mundo é simultaneamente um fornecedor de bens gratuitos, condição do desenvolvimento do capitalismo industrial e pré-requisito da ordem jurídica e política europeia. De fato, foram "o surgimento de imensos espaços livres" e a "tomada de terra", integrados às estratégias dos Estados europeus, que tornaram "possível um novo *direito dos povos europeu* de estrutura interestatal".

6   As citações seguintes são retiradas deste título: Carl Schmitt, *Le Nomos de la terre*. Paris: Puf Quadrige, 2012.

A constituição política, o Estado e o direito se fundam não apenas no fim das guerras religiosas na Europa, mas também na apropriação da imensidão das terras "livremente ocupáveis e legitimamente apropriáveis". O Estado colonizador pode considerar a terra que ele mesmo tomou como "sem dono", do ponto de vista da propriedade privada, e como "sem senhor", do ponto de vista do *Imperium*. A "conquista" do Novo Mundo foi "um acontecimento fundamental" para a estruturação do poder europeu.

A máquina mundial do poder, absolutamente homogênea à máquina mundial de produção, escava um *dentro* no qual os Estados europeus, sua constituição, direito e divisão de poderes são implantados e um *fora* muito mais vasto, chamado Novo Mundo, no qual reinam a anomia, a indistinção do direito e do não direito, a violência, a arbitrariedade, o racismo, o machismo, o genocídio.

Um *fora* que nada tem de "natural", pois é a criação dos "Príncipes e povos cristãos" que "concordaram em decretar que, em certos espaços, a oposição entre direito e não direito não existia".

As fronteiras desempenham igualmente uma função fundamental na repartição do poder, do direito e da guerra. Elas delimitam tanto um espaço regulamentado quanto "um espaço de ação livre de entrave jurídico, uma esfera de uso da força fora do direito". A "linha" que determinava onde acabava a Europa e começava o Novo Mundo "marcava também o fim do direito dos povos europeu" e "a luta pela tomada de terras tornava-se desenfreada", continua Schmitt. A fronteira servia também "para circunscrever a guerra na Europa. Esse é o significado e a justificativa do direito dos povos": uma guerra regulamentada pelo direito entre os Estados europeus e uma guerra sem limites "*beyond the line*".

Carl Schmitt, como bom conservador europeu, para quem a divisão entre o dentro e o fora remete à oposição entre natureza e cultura, tem uma concepção que corresponde perfeitamente à dos "conquistadores", em suma, uma "visão do mundo civilizadora na qual a Europa era o centro sagrado da Terra".

A competição entre os Estados europeus, que corria sempre o risco de degenerar para a falta de limites da guerra, se estabilizou quando essa divisão entre Estado de exceção e direito, guerra sem limite e guerra limitada, se sobrepôs à divisão geográfica entre colônia e metrópole.

Reproduzida ao longo de séculos, essa dualidade foi traduzida por Fanon no par "violência colonial" e "violência pacífica", cujos termos, que formam um oximoro apenas aparente, mantêm "uma espécie de correspondência cúmplice, uma homogeneidade".

2.1. A máquina de duas cabeças

O capitalismo é uma máquina de duas cabeças – Capital e Estado, economia e política, produção e guerra – que, desde a formação do mercado mundial, atuam em conjunto.

A aliança entre Capital e Estado se integra gradativamente, e de forma mais acelerada, a partir da Primeira Guerra Mundial, produzindo uma burocracia administrativa, militar e política que em nada difere dos capitalistas. Burocratas e capitalistas, ocupando funções diferentes dentro da mesma máquina político-econômica, constituem a subjetivação que instaura e regula a relação entre guerra de conquista e produção, colonização e ordem jurídica, organização científica do trabalho (abstrato) e saque das naturezas humanas e não humanas.

O capitalismo sempre foi *político*, mas por razões diferentes das propostas por Max Weber, que aponta a imbricação das estruturas burocráticas e capitalistas. O capitalismo sempre foi político porque, para a apreensão de sua constituição, não é necessário partir da produção econômica, mas da distribuição do poder que determina quem manda e quem obedece. A apropriação violenta dos corpos dos operários, das mulheres, dos escravizados e dos colonizados vem acompanhada de uma sociedade normativa na qual o Estado administrativo e o Estado soberano se integram à ação do Capital. A política, o Estado, o exército e a burocracia administrativa são, desde sempre, parte constitutiva do capitalismo.

Do ponto de vista desse capitalismo político, as ideias de Moore e de Schmitt têm limites especulares. O primeiro está restrito à teoria do valor e da acumulação de capital, enquanto o segundo enxerga apenas a soberania, traçando uma história do político exclusivamente centrado no Estado, de forma que a renovação da soberania e a formação do Estado moderno estão estritamente ligadas à ascensão mundial do capitalismo. Os historiadores, mais à vontade numa análise da relação Estado--Capital, nos dizem que separá-los é algo ilusório e impossível.

Segundo Braudel, a respeito do Capital, "o Estado moderno ora o favorece, ora o prejudica, ora permite sua expansão, ora o poda [...]. Da mesma maneira o Estado é favorável ou hostil ao mundo do dinheiro segundo seu próprio equilíbrio e sua própria força de resistência". Mas "o capitalismo triunfa apenas quando se identifica com o Estado, quando é o Estado" – somente quando Capital e Estado constituem uma única máquina de guerra.

A relação entre Estado e Capital, já esboçada por Braudel, nos será descrita por Otto Hintze[7] como sua progressiva integração. A hegemonia de um sobre o outro evolui segundo as conjunturas, mas de maneira que torna impossível que eles sejam duas potências autônomas.

---

7   Otto Hintze, *Féodalité, capitalisme et État moderne*. Paris: Maison des sciences de l'homme, 1991.

O Estado não cria o capitalismo, mas organiza e estrutura o mercado nacional e, a partir de 1492, o mercado mundial, graças a uma dinâmica de cooperação e antagonismo entre Estados europeus. Os Estados, com a dívida pública e seus exércitos, são constitutivos da máquina mundial de acumulação e de sua dupla reterritorialização do trabalho e do poder.

Em uma primeira fase, o desenvolvimento do capitalismo foi favorecido pelo Estado, que viu ali uma ferramenta indispensável para sua política de potência. Em um segundo período, essa relação se transforma até se desfazer. O capitalismo fortalecido, que dispõe de um mercado nacional, desmonta os obstáculos que o Estado lhe coloca.

As guerras totais da primeira metade do século XX com a apropriação da economia pela guerra; a enorme destruição causada pelas guerras e a crise de 1929; e o desenvolvimento das políticas sociais após os conflitos mundiais e a revolução soviética "limitaram consideravelmente a atividade e a autonomia anterior do capitalismo". A Guerra Fria não dá "qualquer prova de uma evolução autônoma do capitalismo", uma vez que ela ocorre sob o controle e as condições impostas pelos Estados Unidos e pela União Soviética.

Essa afirmação de Hintze é válida ainda hoje. A partir dos anos 1980, o Capital parece tornar-se autossuficiente e ter finalmente conquistado a "liberdade" que parecia ter perdido durante as guerras totais e a Guerra Fria. No entanto é o Estado que libera os fluxos financeiros, que ativa políticas fiscais que nada mais têm da progressividade da época anterior, que introduz a gestão da indústria privada na organização dos serviços sociais (New Public Management).

Quando, como em 2008, o colapso "sistêmico" se instala, o Capital necessita absolutamente do Estado, como credor em última instância e como soberano que exerce, se necessário, a força capaz de impor políticas de austeridade: "Política e economia estão indissociavelmente ligadas, sendo apenas os dois aspectos, as duas faces de uma única e mesma evolução histórica."

A existência da máquina de duas cabeças, poder político e poder do Capital gradativamente integrados, encontra uma confirmação até mesmo em períodos que são geralmente considerados dominados pelo poder exclusivo da soberania.

O nazismo não somente introduziu e perpetuou o Estado de exceção, como parecem crer Carl Schmitt e Agamben, que negligenciaram completamente a força e o papel que o capitalismo desempenhou nesse período. Junto ao Estado de exceção continuou a funcionar aquilo que Ernst Fraenkel chama de "Estado normativo", o Estado das leis.[8]

A ação do Estado normativo, apesar da vontade nazista de privatizar suas funções delegando-as a agências não estatais (antecipando assim os projetos neoliberais), está restrita a um espaço definido, apesar de bastante grande. Essa ação administrativa é necessária ao "sistema econômico capitalista", cuja prosperidade depende de uma ordem legal que garanta a segurança e a previsibilidade em médio e longo prazo. Somente uma ordem das leis, das normas jurídicas pode subtrair a ação capitalista à intrusão imprevisível do poder político e assegurar a estabilidade da propriedade, da empresa, dos contratos e a dominação sobre a classe operária.

Essas afirmações podem surpreender aqueles que pensam o nazismo como uma anomalia da história, como parênteses na suposta implementação pacífica do capital e do Estado. Fraenkel nos lembra que o nazismo é o "resultado dos mais recentes desenvolvimentos do capitalismo".

A sobrevivência do "capitalismo alemão necessita de um duplo Estado, arbitrário quanto ao que diz respeito a sua

---

[8] Ernst Fraenkel, *Il doppio Stato. Contributo alla teoria della dittatura*. Torino: Einaudi, 1983.

dimensão política e racional e quanto a sua dimensão econômica". O Estado normativo garante a continuação dos lucros, enquanto a classe operária é "submetida à ingerência ilimitada do Estado de polícia".

A autonomização do Estado de exceção nazista do Estado normativo que se instalará gradativamente é o resultado do risco que os capitalistas correram ao apoiarem explicitamente o acesso ao poder dos nazistas. Com a Segunda Guerra Mundial, o Estado de exceção se metamorfoseará, na Alemanha, em Estado suicidário, levando à marginalização do Estado administrativo.

2.2. Ordoliberalismo e Estado de emergência

Ao longo da Guerra Fria, a integração do funcionamento do Estado administrativo e do Estado de exceção à lógica de acumulação continua. Essa relação de imbricação crescente entre Capital e Estado teorizada pelo ordoliberalismo culminará no neoliberalismo. Apesar de o Estado administrativo se tornar um apêndice da economia neoliberal, o Estado de exceção acompanha continuamente o desenvolvimento da máquina do Capital, se tornando a "norma" e se constitucionalizando no Estado de urgência (ou de emergência). Essa relação entre Capital e Estado, soberania e produção pode ser invertida, no sentido de que, como na China, é a soberania que parece comandar a produção. Mesmo nesse caso, no entanto, trata-se da integração no seio de um conjunto orgânico, pois a potência do Estado não é nada sem a produção.

A partir da crise de 2008, muito se discutiu sobre a virada autoritária do Estado (e do neoliberalismo). Mas isso não é de maneira alguma uma novidade, uma vez que ela é uma alternativa já presente nos Trinta Anos Gloriosos na Alemanha, justamente sob a direção dos ordoliberais. Parece que Foucault não percebeu que "a economia social do mercado" necessita de um "Estado social autoritário" para poder funcionar. O "mercado" precisa, como desde sempre, do poder soberano e de sua violência arbitrária para existir.

Após a Segunda Guerra Mundial, no Norte, a máquina do Capital se mostra – depois do nazismo, do fascismo, depois de guerras civis europeias e dois conflitos mundiais – como racionalidade econômica, produção, sistema político democrático, Welfare. Todavia a violência (direta) não desaparece, ela continua sempre ali, subjacente à finíssima camada da sociedade do "bem-estar" que só precisa de uma crise para ser rompida.

O ordoliberalismo constrói e solicita a função do Estado soberano sob novas formas que Hans-Jürgen Krahl,[9] nos anos 1960, chama de "Estado social autoritário".

A ideologia dos Trinta Anos Gloriosos descreve esse período como um "longo rio tranquilo", mas assim que as lutas operárias e as "expectativas crescentes das populações" no Norte, assim como as revoluções anti-imperialistas no Sul, fazem cair as taxas de rentabilidade dos investimentos, o Estado de emergência e, em certos casos, até o Estado de exceção são imediatamente convocados. Tanto a "situação de emergência" quanto a evolução rumo a novas formas de fascismo já são bastante visíveis no fim dos anos 1960, quando a ruptura subjetiva dos oprimidos começa a surgir no horizonte.

---

9   Hans-Jürgen Krahl, jovem gênio filosófico-político morto aos 27 anos de idade num acidente de carro (1971), aluno de Adorno e um dos primeiros críticos da Escola de Frankfurt (Adorno, Horkheimer, Habermas) e da tradição comunista de Lukács e Korsch, foi diretor do *Sozialistischer deutscher Studentenbund* (União socialista dos estudantes alemães filiada ao Partido Social-Democrata) e um dos principais animadores do movimento estudantil nos anos 1960, cuja interpretação é a mais pertinente e precisa. As citações seguintes são retiradas de: Hans-Jürgen Krahl, *Costituzione e lotta di classe*. Milano: Jaca Book, 1971.

A ação do fascismo, principalmente na Alemanha, onde ela apagou a história e a memória da mais importante organização operária do Ocidente ("o fascismo desorganizou a classe operária, reduzindo-a a uma classe em si"), não é conjuntural e excepcional, mas faz parte das opções *estruturais* à disposição da máquina de duas cabeças do Capital-Estado.

Krahl aponta que aquilo que ele chama de "Estado social autoritário" se torna ele mesmo objeto da reforma social para "impedir as massas assalariadas de se organizarem e se associarem".

O Estado "deve intervir constantemente no processo econômico", tornando-se assim o "capitalista coletivo ideal". Apesar dessa intervenção sistemática ser descrita e organizada pelos ordoliberais e analisada por Foucault, Krahl apreende algo que parece ainda escapar tanto a Agamben quanto ao filósofo francês: a "normalização" do Estado de exceção. Diferentemente do velho Estado liberal, o Estado social autoritário, "para instaurar o fascismo [...], não precisa mais atravessar grandes catástrofes naturais da economia, mas pode fazer de si mesmo um Führer tecnológico e fascista sem precisar recorrer a um Führer pessoal".

Para se estabelecer, o Estado de exceção não recorre mais a rupturas radicais, mas a simples decretos, leis ou atos administrativos. O que ele implementa, reforça e estende são os poderes da polícia e do Executivo. O Estado social autoritário, diferentemente do que aconteceu na primeira metade do século XX, é capaz de fazer com que a sociedade passe "à situação de emergência definida por Carl Schmitt" sem qualquer "ruptura da legitimação jurídica e política e sem precisar recorrer ao golpe de Estado".

O Estado, se necessário, pode "destruir as instituições democráticas [...] por meio dos instrumentos do Executivo autoritário", algo que o neoliberalismo faz perfeitamente. Essa tendência à primazia do Executivo, inaugurada na Primeira Guerra Mundial, sofre uma aceleração e uma progressiva estabilização durante o período do pós-guerra, radicalizando-se em seguida com o neoliberalismo. Dessa forma, um outro limiar de integração da máquina de duas cabeças foi cruzado.

O Estado de urgência, as novas políticas autoritárias e até mesmo as formas de um novo fascismo, racismo e sexismo coexistem com a "sociedade do Capital", uma vez que esta é incapaz de se reproduzir a partir unicamente de sua potência de produção e consumo e de seu poder "semiótico e icônico".

A declaração do Estado de urgência na França por ocasião dos atentados terroristas de 2015 (jamais revogada e até mesmo inscrita na Constituição) e a declaração do Estado de urgência sanitária de 2020 – as leis liberticidas que o presidente francês, Emmanuel Macron, continua a promover – são votadas pelo Parlamento como descreve Krahl: sem sobressaltos, sem golpes, sem grandes crises políticas.

O Estado de exceção perde o caráter excepcional, a sombria e trágica potência de intervenção e de decisão que lhe era atribuída por Schmitt. De pontual e temporário, ele se torna contínuo e permanente, assumindo a dimensão mais banal da norma e da polícia.

O Estado de exceção se tornar a norma significa literalmente que ele se normalizou. Formalmente, ele lembra muito mais o poder arbitrário, contínuo e permanente exercido nas colônias pelos Estados europeus que o poder excepcional da "teologia política" de Schmitt. A colonização interna desenvolve ao mesmo tempo o trabalho gratuito, precário, não assalariado e, necessariamente, uma legislação de emergência, pois essa crescente quantidade de trabalho não é disciplinada e integrada pelos sindicatos.

Da mesma maneira, a crise econômica se normaliza, perdendo seu caráter de ruptura periódica e relativamente imprevisível, tornando-se igualmente contínua e permanente, o que não significa uma estabilização, mas uma instabilidade mais profunda e radical. A crise não é mais o momento resolutivo em que um tempo de acumulação chega ao fim e outro começa, mas uma técnica de governo cotidiana que clama ininterruptamente por urgência. Ela não determina mais uma ruptura marcando um antes ou um depois, como a crise de 1929. Agora ela produz os cinzentos procedimentos da política monetária, sustentando com dificuldade um crescimento que não vingará e a triste governança de um cenário afundado na estagnação. Os arrepios de alegria causados por mais 0,5% de crescimento e o pânico desencadeado por menos 0,5% de desemprego são as paixões que animam nossas elites.

A eliminação do inimigo político histórico, a classe operária, deixa o Capital em uma posição de força. Mas a eliminação do conflito controlado pelos sindicatos e partidos do movimento operário priva o Capital e o Estado da capacidade de ler a sociedade e de prever o que ali acontece, priva-os da possibilidade de antecipar o conflito – e certamente não são as plataformas digitais que poderão reconstruir esse poder de antecipação. Sem rosto, o inimigo é imprevisto e imbatível, apesar da mobilização de todos os saberes estatísticos, o cálculo de probabilidades e as simulações possibilitadas pelas tecnologias digitais.

A possibilidade de ruptura está sempre presente, mas permanece indeterminada. A possibilidade do sujeito insurrecional ameaça permanentemente o poder, mas é impossível de apreender antes de sua irrupção no espaço político. A instabilidade é de saída estrutural, permanente, contínua.

As raízes dessa mudança na organização do poder político e econômico devem ser procuradas na passagem da luta de classes às lutas de classes. Se essa passagem representa dificuldades para a construção de um sujeito político revolucionário, ela é também um enigma para o poder que ela pensa resolver pela panóplia de poderes repressivos (polícia, racismo, sexismo, restrição do espaço público etc.) ou tecnológicos.

3. A colonialidade do poder

> *A ideia de raça é, sem dúvida alguma, o instrumento de dominação social mais eficaz inventado nos últimos quinhentos anos. Produzido no início da formação da América e do capitalismo, na passagem do século XV ao XVI, essa ideia foi imposta nos séculos subsequentes a toda a população do planeta, integrada à dominação colonial da Europa. [...] Sobre a noção de raça se fundaram o eurocentramento do poder mundial capitalista e a distribuição mundial do trabalho e do comércio que dele derivam.*
>
> — Aníbal Quijano

O saber ocidental, quando coloca a questão do poder, do Estado e do político, o faz nos limites territoriais do Norte do planeta. Será necessário esperar a afirmação das lutas dos colonizados e das mulheres para que comece a emergir um descentramento da análise.

A teoria da colonialidade do poder, sobretudo na versão de Aníbal Quijano, a quem devemos a introdução do conceito em 1992,[10] destaca a especificidade da luta de classes entre brancos e racializados a partir do racismo e do sexismo.

O foco dessa teoria reside menos na reconstrução histórica das relações raciais entre classes do que em sua atualidade. Com o processo de "colonização do centro" iniciado nos anos 1970, ela passou a fazer parte da panóplia de dispositivos de poder mobilizados para governar as classes nos países do Norte (uma governança que escapa à pacificação do conceito que se encontra até mesmo em Foucault!).

10   Para uma introdução ao pensamento de Aníbal Quijano, ver: "'Race' et colonialité du pouvoir", *Mouvements*, Paris 2007/3 (n. 51); e "Colonialidad del poder y clasificación social", in *El giro decolonial*. Org. Castro-Gómez; Santiago y Grosfoguel; Ramón. Bogotá: Siglo del Hombre; Universidad Central; Instituto de Estudios Sociales Contemporáneos y Pontifícia Universidad Javeriana; Instituto Pensar, 2007.

A colonialidade do poder aprofunda e generaliza igualmente os resultados da análise de Carl Schmitt a respeito da função das colônias na constituição do Estado, recortando em diferentes pontos as relações que havíamos estabelecido entre capitalismo e realidades pré-capitalistas e mantendo-se em sintonia com parte das afirmações feitas pelas feministas nos anos 1970.

Ela se constitui a partir da conquista da América e se estrutura ao longo do longuíssimo século XVI, distinguindo-se radicalmente do poder exercido segundo a lógica jurídico-política europeia, uma vez que se manifesta por uma série de técnicas que, nos termos de Foucault, agem diretamente sobre os corpos, dividindo em classes e hierarquizando as populações conquistadas à força, a partir da cor da pele e do sexo (a divisão racial a partir da cor não ocorreu imediatamente com a conquista, mas apenas quando os negros escravizados foram levados para a América).

A colonialidade não se exerce sobre sujeitos de direito, mas sobre corpos viventes. A reprodução das classes e a valorização/desvalorização das vidas se sobrepõem. Ela não é assimilável, apesar de ligada, ao conceito de colonialismo. Este se refere a uma "estrutura de dominação e exploração" de uma população por uma outra, como sempre ocorreu na história, mas isso não implica sempre ou necessariamente relações de poder racistas. A colonialidade provou, ao longo dos últimos quinhentos anos, ser mais enraizada e mais durável que o colonialismo, posto que sobreviveu a ele.

A conquista da América produz novas categorias, principalmente de raça e de racismo, que funcionam sempre com um outro conceito de origem colonial, a etnia. O par raça-etnia (a escravidão para os negros, as diferentes formas de trabalho forçado para os indígenas etc.) é um dispositivo de assujeitamento que duplica a divisão de trabalho por uma produção de subjetividades submissas, inferiorizadas, objetos de uma discussão erudita para saber se elas têm ou não alma. O papado decidirá pela alma, mas as práticas do poder continuarão a se exercer como se os escravizados, os negros e os indígenas não a tivessem.

As relações de poder não surgem exclusivamente da estrutura econômica. A colonialidade é uma relação de poder que nasce estritamente no contexto da exploração econômica, sem, no entanto, ser redutível a esta. As modalidades de organização do trabalho mudam e podem até mesmo acabar, mas o par racismo-etnicismo permanece. A acumulação mundial, segundo Quijano, não implica apenas as "classes sociais industriais", mas também as de "escravizados, servos, plebeus e campesinos livres".

Quijano reconhece que é apenas com "a irrupção das questões de subjetividade e de gênero" levantadas pelas feministas que conseguimos escapar dos limites da concepção de poder afirmadas pelo liberalismo e pelo marxismo: "O poder é um espaço e uma rede de relações sociais de exploração/dominação/conflito, articuladas fundamentalmente em torno das lutas pelo controle dos seguintes domínios da existência social: 1) o trabalho e seus produtos; 2) a 'natureza' e seus meios de produção; 3) o sexo, seus produtos e a reprodução da espécie; 4) a subjetividade e seus produtos materiais e intersubjetivos, incluindo os conhecimentos; 5) a autoridade e seus instrumentos, sobretudo a coerção, para assegurar a reprodução desse esquema de relações sociais e regular suas mutações".[11]

A reprodução da espécie ocorre por um cruzamento erudito e refinado da raça e do sexo que multiplica as classificações e intercala os estatutos de assujeitamento entre dois

---

11 Aníbal Quijano, "Colonialidad del poder y clasificación social", in *El giro decolonial*. Org. Castro-Gómez; Santiago y Grosfoguel; Ramón. Bogotá: Siglo del Hombre; Universidad Central; Instituto de Estudios Sociales Contemporáneos y Pontifícia Universidad Javeriana; Instituto Pensar, 2007.

extremos, os brancos, de um lado, e os não brancos, de outro.[12] Essas diferentes "hibridações" da raça e do sexo devem sempre afirmar a superioridade hierárquica dos brancos e a inferioridade dos não brancos.

A colonialidade organiza relações, que o marxismo qualificará de pré-capitalistas, ao mesmo tempo que constitui uma máquina de produção e de poder dentro do mercado mundial. Ela é, na realidade, uma "categoria mais complexa e maior que o conjunto racismo-etnicismo, uma vez que inclui as relações senhoriais entre dominantes e dominados; o sexismo e o patriarcado; o familismo (jogos de influência fundados sobre redes familiares), o clientelismo, o apadrinhamento (camaradagem) e o patrimonialismo no seio das relações entre o público e o privado e sobretudo entre a sociedade civil e as instituições políticas. É o autoritarismo na sociedade e no Estado que articula e rege tudo isso". Essas relações "pré-capitalistas" não estão fadadas ao desaparecimento. Elas estruturam o poder e continuam a proliferar na forma de neoarcaísmos.

A colonialidade é ao mesmo tempo uma teoria do poder e uma teoria do conflito. Se, por um lado, as teorias do poder são muitas, as que problematizam o conflito são mais raras, uma vez que implicam assumir um posicionamento político *partisan*.

Na teoria da colonialidade do poder, a assimetria dos termos em relação foi instituída por uma guerra de conquista e alimentada pelo racismo, pela exploração econômica e pelo sexismo. Essas relações estão permanentemente num estado de instabilidade, pois são atravessadas por uma "disputa" pelo "controle do trabalho, da natureza, do sexo, das subjetividades". Essa disputa, que remonta à conquista, anima as

---

12 Um exemplo desse tipo de hierarquização são as diversas divisões baseadas em raças, etnias e gêneros que se empregaram nas colônias, tais como "mulato", "cafuzo", "mameluco", "caboclo", entre outros.

lutas de classes (no plural): a maneira como as "pessoas vêm ocupar, total ou parcialmente, temporariamente ou de maneira estável, um lugar e um papel em relação ao controle das instâncias centrais do poder" é conflituosa. Essas relações de poder são estratégicas, pois consistem em "uma disputa, violenta ou não", que ocorre numa sequência de "derrotas e vitórias", de "avanços e retrocessos".

As técnicas da colonialidade foram inventadas e experimentadas pelos europeus na América dois séculos antes de serem implementadas na Europa, tanto em termos de organização do trabalho quanto de "governo das populações". Partir do mercado mundial, e não da Europa, muda profundamente nossa concepção de capitalismo, Estado e poder.

No importante artigo "Americanity as a concept, or the Americas in the modern world-system", Quijano e Wallerstein especificam a função da colonialidade na constituição do Estado europeu, confirmando a intuição de Schmitt. A história do Estado-nação é organicamente ligada à colonialidade. Ela desempenhou um papel essencial na integração do sistema interestatal, criando não apenas uma ordem hierárquica entre Estados do centro e Estados das periferias, mas também estabelecendo regras para a interação dos Estados, como vimos com Carl Schmitt.

Será que a colonialidade do poder nos autorizaria a pensar a relação entre brancos e não brancos como uma relação entre classes com características próprias e singulares? A história nos mostrou que a relação de poder colonial deu lugar não somente a uma enorme captura do trabalho gratuito ou barato, mas também a revoltas, revoluções e organizações autônomas e independentes da mesma maneira que a relação capital-trabalho: de "jacobinos negros" no Haiti ao movimento dos Panteras Negras, passando pelas revoluções anti-imperialistas.

Os novos racismos, a pretensão dos habitantes do Norte de querer decidir com quem habitar, a rejeição aos imigrantes, a certeza de se considerar proprietário do território onde se habita, a identificação com este último etc. – todos esses fenômenos são manifestações do funcionamento da colonialidade dentro das lutas de classes contemporâneas no Norte do planeta.

A "colonização do centro" – a implementação do Sul no Norte e vice-versa – somente pode ser feita ao integrar-se a colonialidade do poder nos Estados "democráticos". Não há nenhuma surpresa nisso, aliás, pois a colonização interna é parte integrante da constituição material da mais política das democracias ocidentais, segundo Hannah Arendt: os Estados Unidos.

4. A República escravagista

> *O racismo na América é como a poeira no ar: mesmo que o esteja sufocando, ela parece invisível até o momento em que você deixa o sol entrar. Aí você se dá conta de que ela o cerca por todos os lados.*
> — Kareem Abdul-Jabbar

> *É preciso deixar claro para os jovens negros moderados que, se sucumbirem aos ensinamentos revolucionários, serão revolucionários mortos.*
> — Edgar Hoover, diretor do FBI

> *O mundo colonial de que falava Fanon era esmagadoramente parecido com o mundo vivido pelos negros americanos.*
> — Kathleen Cleaver

Os EUA são, talvez, a democracia na qual as relações entre brancos e não brancos (historicamente os negros, mas hoje também os hispânicos) assumem o caráter mais marcado de uma luta entre classes.

Se hoje a colonialidade atravessa e qualifica igualmente as instituições e as políticas das democracias do Norte do mundo, não é só porque as políticas neoliberais iniciaram uma colonização do centro, mas também porque ela é constitutiva das democracias ocidentais, como constatamos facilmente com o exemplo dos EUA. A involução atual da democracia, sua degeneração racista e fascista, não nos surpreenderia se considerássemos a formação do Estado e das instituições ocidentais dentro da economia mundial e principalmente se levássemos em consideração a democracia americana.

"Nem a república escravagista nem o regime colonial e imperial eram corpos estranhos à democracia."[13]

Os chamados "demônios raciais", como dizem as mídias dos EUA toda vez que há uma vítima afro-americana do racismo branco e suprematista, são na verdade componentes estruturais das instituições democráticas americanas. Na Europa, o Estado e suas instituições, de um lado, e o colonialismo e o imperialismo, de outro, se desenvolvem em dois territórios separados por mares e oceanos, enquanto nos EUA colonos e colonizados, invasores e invadidos dividem o mesmo território, de maneira que a colonialidade do poder mostra, com uma transparência desconcertante, sua genealogia democrática.

Se as mídias, os eruditos e as instituições democráticas do mundo inteiro não querem ver a colonialidade que molda os EUA, é porque elas repetem continuamente o mesmo refrão: *de te fabula narratur*. Por esses motivos, a interpretação das novas formas de racismo, esteira na qual Trump seguiu para chegar ao poder, não deve ceder à fenomenologia da "relação ao outro", tampouco à teoria da imunidade social de Roberto Esposito. Racismo (e sexismo) são relações de classes que fundam e estruturam nossas sociedades.

13   Achille Mbembe, *Políticas da inimizade*. Trad. Sebastião Nascimento. São Paulo: n-1 edições, 2020, p. 111.

A filosofia política se constitui concebendo as instituições unicamente a partir da Europa (e de suas populações e conflitos). Desde Hobbes, Spinoza e outros, o poder, a democracia e as instituições são teorizados como se por trás de cada uma dessas filosofias não existisse um Império Colonial e como se isso em nada afetasse esse poder, essa democracia e essas instituições.

Na América do Norte, apesar de escravidão e democracia, imperialismo e suas conquistas, colonização genocida e capitalismo serem indissociáveis, o olho do filósofo e do cientista político não veem ali nada de problemático, ignorando simplesmente suas relações ou considerando-as como não pertinentes para emitir um julgamento sobre as instituições. O caso de Hannah Arendt é sintomático, simultaneamente trágico e cômico.

Arendt analisa a revolução americana e os fundamentos de suas instituições sem jamais admitir o fato incontornável de que se trata de uma democracia escravagista construída sobre o genocídio dos "índios" que, após a abolição da escravatura, manteve uma segregação racial até os anos 1960, seguida pelo encarceramento em massa de negros e hispânicos, reproduzindo hoje um racismo cuja virulência infecta todas as relações sociais, a tal ponto que um suprematista branco alcançou a presidência da República.

Em seu ensaio sobre a revolução, Arendt se pergunta, bastante estarrecida, quanto à tradição revolucionária, o que só pode revelar ou seu cinismo ou sua ingenuidade: por que nenhum revolucionário assumiu a revolução americana como modelo?

"O pensamento político revolucionário dos séculos xix e xx se conduziu como se nunca tivesse ocorrido uma revolução no Novo Mundo." Pior ainda, "as revoluções no continente americano falam e agem como se conhecessem de cor e salteado os textos das revoluções na França, na Rússia e na China, mas nunca tivessem ouvido falar de uma Revolução Americana".[14]

O fracasso em incorporar as conquistas políticas da revolução americana, continua Arendt, foi um erro que levou ao fracasso da revolução, pois ela se concentrou na dimensão "social" da Revolução Francesa em detrimento da "fundação da liberdade" da revolução americana.

No século XX, a revolução se tornou um dos acontecimentos mais comuns da vida política não em "todos os países e continentes", como sugere Arendt, mas sobretudo e quase exclusivamente nos países do Sul profundamente marcados pela escravidão, colonização, imperialismo e genocídio dos indígenas. Os povos colonizados tinham todos os motivos do mundo para não se referir à "revolução americana" ou ao seu desenvolvimento, devido a seu caráter profundamente escravagista, racista, imperialista e genocida. Eles nada podiam aprender com ela, pois ela era tudo aquilo que detestavam e queriam destruir. Os povos colonizados estavam, antes, de acordo com Samir Amin, que, vendo-a do Sul do mundo, a definia como uma "falsa revolução".

A liberdade americana estava fundada sobre a maior concentração de escravizados (4 milhões) da história, cinco vezes maior que a concentração de escravos nas ilhas escravagistas do Caribe francês e britânico.

Os Pais Fundadores eram, em sua maioria, proprietários de escravos que pensavam seriamente reivindicar essa instituição, afirmando com isso dar continuação à pólis grega e sua tradição. Dos quinze primeiros presidentes, onze eram proprietários de escravos, até 1860.

14   Hannah Arendt, *Sobre a revolução*. Trad. Denise Bottmann. São Paulo: Companhia das Letras, 2011, pp. 275; 276.

O storytelling da revolução mais política de todas buscou minuciosamente apagar o fato de que *um* dos motivos da revolta dos colonos contra a Inglaterra era preservar essa instituição, ameaçada pelos ingleses. Sem nunca o dizer, a Constituição dos EUA preservava e defendia a escravidão, que era diretamente citada em seis pontos e indiretamente em cinco. O texto protegia a propriedade dos escravagistas, autorizava o Congresso a mobilizar milícias contra revoltas de escravizados, proibia o governo federal de intervir para pôr fim à importação de escravizados por um período de vinte anos e obrigava os estados nos quais a escravidão era ilegal a devolver aos senhores os escravizados fugidos dos estados escravagistas.

Enquanto Thomas Jefferson escrevia que "todos os homens são criados iguais", um negro, que jamais se beneficiaria desse direito, esperava ao lado as ordens de seu senhor. Esse homem era Robert Hemings, meio-irmão de Martha Jefferson, esposa de Thomas Jefferson, nascido da relação do pai de Martha com uma mulher negra de sua propriedade. O pai da revolução o havia escolhido, dentre seus trezentos escravos, para acompanhá-lo até a Filadélfia, a fim de que ele pudesse garantir-lhe todas as comodidades enquanto estivesse ocupado escrevendo a Declaração da Independência. Assombrado pela possibilidade de uma revolução de escravizados como a de São Domingos, Jefferson proíbe a entrada no território americano de todos os antigos escravizados que haviam passado, por um motivo ou por outro, pelo Haiti.

Na eleição de George Washington em 1789, a parcela da população que de fato votou, "We the people", era de apenas 6%. O sistema eleitoral americano é ainda hoje marcado pela escravidão.

Conta-se, até mesmo em esferas da "esquerda", que os americanos não foram imperialistas, quando eles na verdade o foram desde o princípio. A famosa fronteira americana é uma fronteira colonial, a própria exemplificação do imperialismo.

Ela foi redesenhada após a "revolução", pois o pequeno proprietário de terras, modelo do novo homem democrático, só podia se realizar continuando a se apropriar das "terras livres", massacrando os índios e, em seguida, povoando-as com negros escravizados. Hollywood celebrou esses genocidas, que levaram à extinção dos povos indígenas e de sua cultura, como uma aventura humana digna de orgulho. Entre 1776 e 1887, em plena democracia política, os Estados Unidos tomaram mais de 1,5 bilhão de hectares de terras indígenas por meio de tratados ou apropriação.

A liberdade política celebrada pela filósofa exilada nos EUA dizia respeito apenas aos brancos. Em 1857, a Suprema Corte estabelece que os negros, tanto escravizados quanto libertos, descendiam de uma raça "escrava". Dessa forma, a fórmula "nós, o povo" assume um significado bastante específico: "nós, os brancos, proprietários" – algo que as revoluções anticoloniais do século XX compreenderam muito bem.

Os estados do Norte não entraram em guerra contra os do Sul para abolir a escravatura, mas para evitar a secessão. Durante a Guerra Civil, Lincoln convenceu o Congresso a financiar o repatriamento de negros na África, pois, se os brancos tivessem problemas com os negros, e os negros com os brancos, a solução residia em uma deportação das populações negras para suas terras consideradas de origem.

A abolição da escravatura não transformou o negro em "trabalhador livre". Em vez disso, sujeitou-o ao "trabalho forçado". Após a abolição formal da escravatura, os EUA foram o primeiro Estado moderno a introduzir a segregação racial e o primeiro a delimitar os nativos americanos em reservas.

O universalismo ocidental tem uma aplicação exemplar nas leis Jim Crow, fontes de inspiração também para os nazistas. Ao reconhecer a igualdade de direito, elas discriminavam os indivíduos segundo a raça.

A segregação escolar foi declarada inconstitucional pela Suprema Corte americana apenas em 1954. As outras leis Jim Crow foram abolidas pelo *Civil Rights Act* em 1964 e o *Voting Rights Act* em 1965.

Na Europa e nos Estados Unidos, segundo Foucault, os suplícios haviam dado lugar a uma penalidade "moderna". Nos EUA, ainda na primeira metade do século XX, o suplício de pessoas negras era um espetáculo que atraía uma multidão de brancos.

"Notícias dos linchamentos eram publicadas nos jornais locais, e vagões suplementares eram atrelados aos trens para espectadores, por vezes milhares, provenientes de localidades a quilômetros de distância. Para assistir aos linchamentos, as crianças podiam faltar a um dia de aula. O espetáculo podia incluir castração, escalpelamento, queimaduras, enforcamento, tiros com arma de fogo. Os suvenires para os interessados na compra podiam incluir dedos de mãos e pés, dentes, ossos e até os genitais das vítimas, bem como ilustrações do evento."[15]

Pelo menos 4 742 pessoas, a maioria afro-americanas, foram linchadas nos Estados Unidos entre 1882 e 1968.

O problema é sempre o mesmo. Para o racismo (como, aliás, para o sexismo), não há "progresso" possível. Os avanços em termos de direitos devem ser conquistados pelas lutas. Somente as mobilizações dos negros, paralelamente às lutas dos povos colonizados, fariam recuar o racismo nos anos 1960 por um breve momento.

As lutas dos negros por direitos civis foram um capítulo importante da guerra de classes nos EUA. Como reconhece o relatório da "Comissão Kerner", encomendado pelo presidente

---

15   Domenico Losurdo, *O marxismo ocidental: como nasceu, como morreu, como pode renascer*. Trad. Ana Maria Chiarini; Diego Silveira Coelho Ferreira. São Paulo: Boitempo, 2018, p. 143

Lyndon Johnson após os protestos das comunidades negras no verão de 1967 (que Sylvie Laurent aborda no belo livro *La Couleur du marché*, que utilizarei amplamente aqui), trata-se de uma divisão de classe: "Nosso país é cindido em duas sociedades distintas, uma negra e uma branca, separadas e desiguais".

O mesmo relatório aponta que, "devido ao desemprego, às más condições de moradia e ao abuso da polícia, os negros estavam condenados a um estado de alienação social da qual as políticas públicas eram as culpadas", pois o bem-estar social era um privilégio dos brancos, "confiscado em seu benefício". Quando Johnson lança o programa de "guerra contra a pobreza", o que ele consegue é criar um confronto de classe entre brancos e negros, pois as políticas de redistribuição do bem-estar social tentam timidamente romper o monopólio dos brancos sobre as políticas públicas.

A campanha lançada naquele período contra as políticas keynesianas do New Deal em geral – e mais especificamente as políticas da "Grande Sociedade" de Johnson – alcança um sucesso imediato, dado que os brancos tinham consciência de que, com essas políticas, corria-se o risco de acabar com "uma ordem racial tricentenária".

"Os americanos das classes médias e populares, sobretudo no Sul, ficam ainda mais inclinados a renunciar a seu Estado de bem-estar social quando acreditam que as políticas sociais se destinam aos negros" (e sobretudo às mulheres negras solteiras).[16]

O nascimento do neoliberalismo nos EUA suscitou uma adesão imediata, até mesmo entre a classe operária branca, porque suas lutas contra a "assistência" e pela "iniciativa individual" foram lidas através do prisma do racismo contra os negros.

16 Sylvie Laurent, *La Couleur du marché: Racisme et néo-libéralisme aux États-Unis*. Paris: Seuil, 2016.

O neoliberalismo se esforça para desfazer sistematicamente a "liberdade duramente conquistada dos negros americanos", constituindo uma política de recolonização interna, justificada e legitimada pelo funcionamento do mercado. Gary Becker e Milton Friedman acreditam que o mercado é "color blind", que a desregulamentação do mercado de trabalho e a recondução das políticas sociais, exaltando a responsabilidade individual, se encarregarão espontaneamente de acabar com o racismo. Até mesmo um ato de racismo, segundo Becker, inventor do conceito de "capital humano", faz parte das escolhas individuais que se deve deixar acontecer livremente, pois é por meio delas, assim como graças à coordenação impessoal do mercado, que se produzirá a abolição do racismo.

"As preferências individuais não podem ser restringidas pelo Estado, e a alegada discriminação, como o fato de alguém se recusar a servir um negro num restaurante ou educar crianças de cor, trata-se de uma questão de 'gosto', como diz Becker, um direito inalienável."[17]

O neoliberalismo não somente foi favorável ao fascismo dos militares sul-americanos, mas também ao racismo, ao proteger a propriedade e garantir a divisão e o controle das "classes perigosas". A economia neoliberal, sob o pretexto da igualdade que o mercado garantiria a todos, apenas intensifica os dualismos, principalmente os dualismos de raça (e sexo), endossados por meio dos mecanismos impessoais da economia – esta, sim, sem cor.

"A própria Hannah Arendt contribuiu com essa ideologia moderna ao publicar um longo artigo no qual condenava a obrigação das escolas públicas brancas a aceitar crianças negras, pois, segundo ela, o Estado devia manter distância das escolhas educacionais dos pais, que pertencem à esfera privada, sob pena de tirania."[18]

17   Ibid.
18   Ibid.

Nos EUA, a privatização do bem-estar social tem um fundamento racial preciso que visa "fazer viver" as populações que têm recursos financeiros e "deixar morrer" as populações que não as têm. Como dramaticamente demonstrado pela pandemia, entre os pobres, os mais atingidos são os negros e os hispânicos.

Becker e Friedman compartilham, sob uma perspectiva reacionária, o ponto de vista revolucionário marxista, segundo o qual a economia fará desaparecer os arcaísmos, tais como o racismo e o sexismo. A *contrario*, temos uma confirmação da persistência das especificidades dessas relações de poder irredutíveis à relação capital-trabalho, embora tão estreitamente ligadas a seu funcionamento e sobretudo aos conflitos que geram.

A vitória do suprematismo branco de Trump tem raízes profundas na história de luta de classes entre brancos e negros. Os protestos após o assassinato de George Floyd são uma novidade notável, não somente porque os brancos se solidarizaram com os negros, descobrindo-se antirracistas, mas principalmente porque começa a se formar a consciência de que os políticos neoliberais constituem uma "colonização interna" da qual todos sofrem, em diferentes graus.

III A EUROPA E AS REVOLUÇÕES NO SÉCULO XX

| 1. A revolução no Oriente | 2. Gramsci e a revolução mundial | 3. Hans-Jürgen Krahl, o movimento estudantil e a revolução > 3.1. A subjetivação política > 3.2. O destino da revolução |

> *O capitalismo é uma sanguessuga que tem uma ventosa colada no proletariado da metrópole e outra no proletariado das colônias. Se quisermos matar a fera, é preciso cortar as duas ventosas ao mesmo tempo. Se cortarmos apenas uma, a outra continuará a sugar o sangue do proletariado, a fera continuará viva e a ventosa cortada logo se regenerará.*
> — Ho Chi Minh

O século XX foi, primeiramente, uma época de revoluções do "trabalho gratuito" (servil, escravagista, colonizado, informal, não assalariado etc.) contra o mercado mundial. Os "povos oprimidos" são os primeiros a atacar frontalmente a divisão internacional do trabalho e seus regimes políticos, a desestruturar seu funcionamento fundado desde o século XVI sobre a polarização centro-periferias, trabalho abstrato-trabalho gratuito.

A revolução assume dimensões mundiais. O "todos" do lema do *Manifesto do Partido Comunista*, "trabalhadores de todos os países", que na realidade dizia respeito apenas a algumas nações europeias, encontra sua verdadeira dimensão mundial apenas no século XX.

As rupturas oriundas das colônias e semicolônias provocam uma crise irreversível do eurocentrismo que afeta os movimentos revolucionários do Velho Continente, para os quais a revolução, que se produziria em suas "metrópoles", só seria implementada nas colônias indiretamente. A crença na fórmula "a Europa primeiro" e "o resto se seguirá" marca os limites teóricos e políticos dos revolucionários europeus, cuja atitude quanto às periferias e o trabalho não assalariado, não remunerado ou sub-remunerado, ou quanto à questão racial e sexual, só pode ser chamada de indiferença.

Os pontos de vista quanto à revolução sempre foram muito diferentes entre os revolucionários do centro do capitalismo e os que agiam às margens, sob dominação imperialista. Duas visões diferentes da função estratégica da divisão entre centro e colônias, trabalho abstrato e trabalho não assalariado se confrontavam: a dos revolucionários "asiáticos", que consideram o imperialismo, as colônias, o *trabalho social necessário não remunerado* como parte integrante do capitalismo e a *porta de entrada de uma revolução possível* (acrescentando que ela irromperá primeiro nas colônias e semicolônias); e a dos revolucionários do centro, que consideram o "trabalho abstrato" (a classe operária, o trabalho assalariado) como o ator principal e quase exclusivo da ruptura com o capitalismo.

Já na primeira metade do século XX, as revoluções são o resultado de uma multiplicidade de sujeitos sociais e políticos que vão muito além da classe operária. Não ter sido capaz de reconhecer e antecipar a passagem da luta às lutas de classes, então ainda em gestação, é o sinal de uma primeira grande fraqueza dos movimentos revolucionários que surgiriam na virada dos anos 1960 e 1970. O tempo de ação das revoluções do trabalho gratuito não é mais o *futuro*, como para o movimento operário europeu do século XIX, mas o *presente*, que interroga o historicismo e a confiança no progresso dos socialistas. A urgência do *aqui* e *agora* significa que a revolução não pode esperar pela recuperação do atraso tecnológico ou pelo nivelamento de uma diferença de desenvolvimento, pois a violência, a exploração e a miséria são intoleráveis.

O deslocamento da revolução primeiro para o leste e posteriormente para o sul traria problemas incontornáveis ao marxismo europeu. No centro deles está o fato de que há pouquíssimas explicações para essa situação inédita e imprevista. Da mesma maneira, a questão racial e colonial será sempre subordinada à ação do trabalho abstrato, que não tem raça nem sexo.

Hans-Jürgen Krahl é um dos raros marxistas europeus que fazem da divisão centro-periferia a principal aposta de uma estratégia revolucionária. Diferentemente do pensamento europeu dos anos 1960, centrado no Norte, Krahl toma a dimensão mundial da revolução como pressuposto de seu sucesso, buscando definir os obstáculos objetivos e subjetivos que existem dos dois lados da linha de cor. As revoluções vitoriosas retomam, nas condições do mercado mundial, a velha questão marxiana da articulação da revolução política e da revolução social.

I. A revolução no Oriente

O ponto de vista da revolução mundial surge claramente das colônias e semicolônias asiáticas. Privilegiaremos a figura de Ho Chi Minh, pois ele constata pessoalmente, sobretudo durante o período que passou na França, na virada dos anos 1920, a impermeabilidade dos partidos socialistas e comunistas ocidentais à questão colonial e racial, o que reflete uma falha maior na análise do capitalismo e na estratégia para combatê-lo.

Imediatamente após a Revolução Soviética, nos anos 1920, Ho Chi Minh demonstra uma consciência aguda dos perigos que a revolução mundial corria. Confrontado com o pensamento que Gramsci elaborava na mesma época, seu ponto de vista é bastante esclarecedor quanto aos impasses dos movimentos revolucionários europeus.

Os estudos pós-coloniais (desenvolvidos nas universidades norte-americanas), como a teoria decolonial sul-americana, reivindicando as lutas dos colonizados e dos indígenas, concentram-se na história política do Atlântico, deixando totalmente de lado as teorias, organizações, estratégias e modalidades de luta e de guerra desenvolvidas na Ásia (China e Vietnã). Ainda mais surpreendente é o fato de que elas funcionaram, após a

Segunda Guerra Mundial, como modelo das revoluções anticoloniais, principalmente na África e na América Latina, enquanto a resistência e a ofensiva dos vietnamitas tornaram-se, ao longo dos anos 1960 e 1970, polos de subjetivação política no mundo inteiro, principalmente nos Estados Unidos.

A Revolução Soviética representa uma virada política na luta contra o colonialismo pois, desde 1920, traz a questão política dos "povos oprimidos" como pivô da revolução. Lênin já havia se referido ao conflito de 1914-1918 como uma "guerra entre proprietários de escravos pelo fortalecimento e a consolidação da escravidão", o que já era um descompasso com o marxismo ocidental.

Em Paris, Ho Chi Minh lê as "Teses sobre as questões nacionais e coloniais" (II Congresso da Internacional Comunista, julho-agosto de 1920) publicadas pelo jornal *L'Humanité*. Sua reação dá a medida da abertura política que a revolução soviética havia concedido aos povos colonizados.

"Que emoção, entusiasmo, lucidez e confiança isso me inspirou! Fiquei feliz ao ponto de chorar. [...] Caros mártires compatriotas! É disso que precisamos, é esse o caminho de nossa libertação."[1]

O que marcou profundamente o proletariado das colônias, antes da eclosão de outubro de 1917, foi a Primeira Guerra Mundial (de qualquer lado que se aborde essa época, chega-se sempre a esse evento fundador). Ela "abriu os olhos de milhões de proletários e campesinos das colônias".[2]

---

1   Alain Ruscio, *Ho Chi Minh, écrits et combats*. Paris: Le Temps des cerises, 2019, p. 63. Todas as citações de Ho Chi Minh neste capítulo, quando não especificadas, são retiradas desse volume.

2   O que Ho Chi Minh chama de "imposto de sangue" junta-se aos impostos, taxas e expropriações que os Estados imperialistas exigiam. Antes de 1914, os colonizados eram tidos como "negros sujos e anamitas sujos". Após a declaração de guerra, no entanto, eles foram imediatamente promovidos "ao posto supremo de 'defensores do direito e da liberdade'". Apenas na

A Guerra Mundial tem uma importância particular pois ela marca "a entrada em massa dos povos oprimidos na luta contra o imperialismo" (Lênin).

Único colonizado presente no Congresso de Tours (1920) da Seção Francesa da Internacional Operária – durante o qual foi criada a "Seção Francesa da Internacional Comunista", o futuro Partido Comunista Francês –, Ho Chi Minh incita os ativistas a não se limitarem a uma solidariedade apenas no nível discursivo, mas a fazer da questão colonial e da divisão do proletariado mundial entre centro e periferias o eixo principal da intervenção política. O sucesso é mais que limitado!

Esse episódio é mais que significativo para se ter uma ideia do modo como a questão colonial e racial foi considerada nos partidos socialistas europeus. "As três federações da Argélia [...] não enviaram qualquer nativo muçulmano a Tours. Assim, nesse congresso fundador, o movimento comunista em gestação esqueceu quase totalmente o Império, apesar de [ele] ser o segundo [império] do mundo."[3]

Além de sua intervenção, apenas um ativista (Vaillant-Couturier) defende as posições de Ho Chi Minh, numa troca curta e secundária, mas que expressa claramente a sensibilidade dos ativistas ocidentais da época.

> Paul Vaillant-Couturier: *Você ri quando eu invoco o testemunho do camarada indochinês.*
> Longuet: *Eu rio da ideia de que é sem o proletariado da Europa que vocês farão a revolução.*
> Vaillant-Couturier: [...] *Todo golpe contra um imperialismo é*

França, "700 mil nativos" foram recrutados pela "tortura do serviço voluntário" (dos quais 80 mil jamais retornariam). Entre os "reservistas", as fugas chegam a 50%. As deserções "provocaram repressões impiedosas, e isto tratando-se de revoltas já banhadas em sangue". A guerra confirma aquilo que os colonizados já sabiam: o capitalismo é uma enorme máquina de morte.

3   Alain Ruscio, *Ho Chi Minh, écrits et combats*, op. cit.

um golpe contra capitalismo de todos os países.
Um delegado: *Isso é um absurdo.*
Vaillant-Couturier: *Absurdo é não nos voltarmos para o conjunto do movimento mundial, numa época em que tudo tende ao universal.*

Há aqui um paralelo digno de nota com o Partido Socialista da América, que não reconhecia a natureza específica da opressão dos negros, ao declarar, por meio de um de seus representantes mais importantes, Daniel DeLeon: "Não temos nada em particular a oferecer aos negros."

Para George Rawick, historiador marxista, o que o Partido Comunista americano podia propor aos negros era a integração à "classe" às custas de sua autonomia. O partido sustentava que os negros "eram uma minoria nacional oprimida e que o problema se solucionaria quando os 15% da sociedade constituídos pelos negros se reunissem aos 85% restantes. Isso significaria a subordinação dos negros aos brancos até mesmo na luta pela emancipação negra – e foi o que de fato aconteceu".

As fraquezas políticas na compreensão do funcionamento do capitalismo têm uma longa história no movimento operário ocidental. Em cada sequência revolucionária o conceito de classe mostra seus limites, e a sequência que se abre com a Revolução Russa não é uma exceção à regra.

A situação colonial deveria ter forçado uma reformulação do conceito de classe e a elaboração de uma nova estratégia. Observando o capitalismo da colônia, o colonizado é obrigado a construir para si mesmo um ponto de vista que passa continuamente do centro à periferia e vice-versa, pois a estratégia do imperialismo comporta essa dimensão mundial, enquanto o revolucionário europeu tem seu olhar restrito ao Velho Continente. O que Ho Chi Minh pede não é uma solidariedade para com os mais pobres e explorados, mas uma consciência política da realidade do capitalismo, pois é nas colônias que podem ser feitas e desfeitas as relações de força tecidas no Norte.

"O capitalismo francês, preocupado com o despertar da classe operária da metrópole, busca transplantar sua dominação nas colônias. Lá ele extrai matéria-prima para as fábricas e material para a contrarrevolução."[4]

O movimento operário do Norte parece ser impermeável à realidade mundial das lutas de classes, das quais, no entanto, vêm todas as derrotas (e as raras vitórias). Em 16 de março de 1871, logo antes do estabelecimento da Comuna de Paris, estoura uma grande revolta na Argélia, colônia francesa desde 1830, conduzida pelo sheik El Mokrani, que declara guerra contra a colonização. Revoltam-se 250 tribos, mobilizando 200 mil homens. A Comuna ignora completamente esse evento, ao passo que, provavelmente, a aliança com os colonizados teria sido uma oportunidade estratégica para colocar o Império em dificuldades. Nem os *communards* nem os colonizados parecem ter a menor ideia do funcionamento do imperialismo.

Em 1872, o exército francês subjuga os insurgentes. Os líderes argelinos sobreviventes são deportados para a Nova Caledônia e presos com os *communards* parisienses (entre eles Louise Michel). A detenção dos rebeldes das duas insurreições em colônias do outro lado do mundo é um símbolo do conhecimento e do poder dos impérios europeus, cuja logística é imediatamente implementada num nível planetário, enquanto os proletários separados pela linha colonial são completamente desprovidos das condições para uma revolução mundial.[5] No caso da Guerra Civil espanhola, aconteceu algo

---

4   Ho Chi Minh, in Alain Ruscio, *Ho Chi Minh, écrits et combats*, op. cit., p. 152.
5   Paralelamente à Comuna de Paris, os colonos proclamam a Comuna de Argel, e até mesmo enviaram um representante aos insurgentes parisienses. Essa experiência, no entanto, foi reservada exclusivamente aos brancos.

parecido. O exército fascista de Franco é um exército colonial, que parte do Marrocos para conquistar toda a Espanha (já a revolução de 1848 em Paris havia sido esmagada pelo exército colonial numa guerra contra a população – os rebeldes, aliás, eram chamados de "beduínos"). Nenhuma lição seria extraída da função política das colônias, que, no entanto, se repete com uma continuidade impressionante. De uma maneira ou de outra, as colônias sempre estiveram no centro da estratégia da máquina Estado-Capital.

Em um artigo publicado na *Revue communiste* em maio de 1921, Ho Chi Minh aborda a questão da maturidade da revolução nas colônias e se interroga quanto à possibilidade real da implantação do comunismo num país de "desenvolvimento atrasado". A realidade da colônia é heterogênea, pois ela contém diferentes modos de produção, regimes de propriedades, saberes, temporalidades e subjetividades. A revolução deve acontecer a partir dessas diferenças, mesmo que ela seja centralizada e organizada pelo partido.

"O regime comunista é aplicável na Ásia em geral e na Indochina em particular?" Ho Chi Minh responde que sim[6] – o que é uma espécie de heresia para o marxismo ocidental –, e chega a reconfigurar as prioridades ao zombar do rebaixamento que a análise não somente ocidental, mas também de parte dos dirigentes do partido bolchevique, inflige aos povos oprimidos, definidos por Stalin como "atrasados" (num artigo do *Pravda* de 1921, ele evoca a tarefa das "nacionalidades adiantadas" que, ao se libertarem, libertariam até mesmo os "povos atrasados"). Subjetivamente, o colonizado é mais suscetível à ruptura revolucionária que o europeu.

"O asiático – apesar de considerado atrasado pelos ocidentais – compreende melhor a necessidade de uma reforma total

---

6   Alain Ruscio, *Ho Chi Minh, écrits et combats*, op. cit., p. 183.

da sociedade atual",⁷ pois, para ele, trata-se de uma questão de vida ou morte.

Entre os motivos que tornam o Vietnã um território apto a receber o comunismo está aquilo que Marx havia descoberto no fim da vida graças aos ativistas russos: as sociedades pré-capitalistas contêm formas de propriedade campesina alternativas ao regime de propriedade capitalista. "Quanto à propriedade privada, a lei anamesa proíbe a venda ou a compra global de terras. Além disso, um quarto das terras cultiváveis é obrigatoriamente reservado como bem comunal. A cada três anos, essas terras são divididas e cada habitante da comuna recebe uma parte."⁸

Após estudar a propriedade campesina russa, Marx conclui que sua teoria econômica vale apenas para a Europa. No Oriente, pensa-se a mesma coisa, apesar de os revolucionários asiáticos ainda não terem tido acesso a esses últimos textos marxianos.

O senso de igualdade do povo vietnamita nada tem a ver com a troca de bens sobre o mercado fundado sobre a equivalência dos valores, tampouco, extrapolando, com uma das palavras de ordem da Revolução Francesa (igualdade), mas antes tem origem na tradição local e em seus modos ancestrais. O mesmo ocorre quanto ao internacionalismo. As palavras de ordem comunistas entram em consonância com os saberes, culturas e tradições da região.

"O grande Confúcio (551 a.C.) defendia o internacionalismo e pregava a igualdade das fortunas: 'A paz mundial virá apenas com uma República Universal. Não devemos temer ter pouco, mas não ter igualmente. A igualdade anula a pobreza.'"⁹

---

7 Ibid., p. 185.
8 Ibid., p. 187.
9 Ho Chi Minh, *Le procès de la colonisation française*. Paris: Le Temps des cerises, 2012, p. 184.

O que falta à tradição, por outro lado, são as técnicas de organização e de luta contra o capitalismo e sua expressão colonial, o imperialismo. Instrumentos políticos eficazes chegam pela Revolução Soviética, com o marxismo, mas eles devem, a cada vez, ser reconfigurados, repensados, integrados à tradição e às subjetividades de um mundo ainda campesino e estrangeiro às categorias marxianas, mas profundamente incluído na economia mundial.

Entre os saberes ancestrais, a tradição estratégica oriental é simultaneamente utilizada, atualizada e reconfigurada – exemplo de uma inteligência política refinada, capaz de articular tradição e revolução enquanto explora o melhor do pensamento europeu.

Fanon é descrito, no florescimento dos estudos de sua obra, como o "Clausewitz da revolução", o que, na verdade, não acrescenta muita coisa. Se a "guerra dos povos" e a "guerra dos *partisans*", a guerrilha teorizada pelo general prussiano, foram reinventadas e praticadas em grande escala e continuamente, isso ocorreu certamente no Oriente revolucionário do entreguerras, bebendo na fonte da tradição estratégica secular tanto chinesa quanto vietnamita.

Para nos limitarmos ao Vietnã, a "pequena guerra" de Clausewitz, seu capítulo sobre o "armamento do povo" foi minuciosamente estudado pelo general Giap, cuja formação militar se deu em campo. Giap lê Clausewitz durante a batalha de Hanói, fazendo avançar consideravelmente a estratégia militar da "pequena guerra", pois a "guerra dos *partisans*" (a guerrilha), em vez de separada da "grande guerra", se articula com ela: "De acordo com o local e o momento, Giap fracionou grandes unidades em unidades menores para retomar a guerra de guerrilha [assim, na primavera de 1947, ele fracionou a maioria dos regimentos do Vietminh em trezentas companhias autônomas de guerrilha] ou, pelo contrário, reagrupou pequenas unidades em grandes para conduzir uma guerra de movimento."[10] Segundo as circunstâncias, desencadeou-se a guerrilha para favorecer o avanço do exército regular ou lançaram-se as divisões para aliviar os *"partisans"*. A guerra dos *partisans* foi de grande importância para a história do século xx, período em que se enraíza nossa atualidade. Esse fato é apontado notavelmente por Carl Schmitt, segundo o qual o colapso de "todo o edifício da ordem política e social" deriva de sua implementação. "A aliança da filosofia e do *partisan*, concluída por Lênin [...], provocou nada menos que a destruição de todo esse mundo histórico eurocêntrico que Napoleão esperava salvar e que o Congresso de Viena esperava restaurar."[11]

No século xx, a guerra *partisan* era sinônimo de revolução, sobretudo no Oriente, e trazia um grande ensinamento: o ataque não deve ser desferido ao centro do capitalismo, onde as forças produtivas são as mais desenvolvidas, mas à linha que distribui inclusão e exclusão, centro e periferia, onde a sanguessuga organiza a divisão e a exploração dos diferentes modos de produção.

O saber estratégico asiático é comparável, se não superior, ao saber estratégico europeu, mas, segundo o general Giap (e, antes dele, Mao), apenas a teoria marxista permitiria uma reatualização desse rico passado. Esses saberes, por mais fecundos que sejam, sozinhos não estão à altura da situação política contemporânea (uma lição para todos aqueles – principalmente os teóricos do pensamento decolonial e pós-colonial – que exaltam os saberes ancestrais dos povos colonizados sem nada oferecer de comparável às teorias da revolução elaboradas no Oriente).[12]

10 T. Derbent, *Giap et Clausewitz*. Bruxelles: Aden, 2006, p. 53.
11 Carl Schmitt, *Théorie du partisan*. Paris: Flammarion, 1992, p. 259.
12 Um exemplo contemporâneo de uma tal despolitização é dado no livro

Ho Chi Minh escreveu *Sobre o método da guerrilha* (1941), *Experiência da guerrilha na França* e *Sobre a experiência da guerrilha na China* tirando lições da experiência do processo revolucionário chinês (os livros de Mao: *Problemas estratégicos da guerra revolucionária na China*, de 1936, *Problemas estratégicos da guerra de guerrilhas contra o Japão* etc.) e baseando-se em textos antigos, tendo traduzido *A arte da guerra* de Sun Tzu e estudado as técnicas de Lawrence da Arábia.

O que impressiona nesses revolucionários asiáticos é a maneira pela qual eles integram a história e as experiências dos povos colonizados sem jamais demonstrar qualquer nostalgia pelo passado (nada comparável à "negritude", que Fanon criticará quanto aos revolucionários negros). Eles são ao mesmo tempo totalmente apegados à tradição e completamente abertos à modernidade, *partisans* da nação e resolutamente internacionalistas.

A guerra *partisan* praticada no Oriente ilustra perfeitamente a natureza não dialética dos dualismos de classe. Diferentemente do que pensava o próprio Mao, os termos da relação bélica entre o Exército Vermelho chinês e os exércitos imperialistas são assimétricos – eles não são nem reversíveis nem contrários, ou seja, seriam identificados e pertenceriam a um mesmo todo. Tampouco eles são sintetizáveis, pois a luta só pode terminar com a vitória ou a derrota.

de Yuk Hui, *La question de la technique en Chine* (Paris, Editions Divergences, 2012). Nesse livro, a questão da técnica é abordada remetendo-se a saberes ancestrais (passado) sem nunca nomear a revolução (presente) que os atualizou e, ao fazê-lo, os reconfigurou. A técnica chinesa é produto da reconversão da "máquina política" da revolução (que é máquina de qualquer maneira) em "máquina técnica" e produtiva. É somente a partir da ruptura operada no presente que se pode transformar os saberes do passado em questões éticas e políticas. Hui, como Heidegger, Anders, Stiegler e quase toda a tradição europeia, confunde a natureza e as propriedades da máquina técnica com as da máquina política do capitalismo. Para uma crítica do impensado de todas essas teorias, ver "Máquina técnica e máquina de guerra", segundo capítulo de meu livro *Fascismo ou revolução* (São Paulo: n-1 edições, 2019).

Os combatentes dos dois campos são heterogêneos: perante o soldado regular do exército francês ou americano, o combatente vietnamita é ao mesmo tempo soldado e *partisan*, campesino e resistente, produtor e soldado. As duas subjetividades se opõem radicalmente, o que não as impede de serem assimétricas: os exércitos imperialistas lutam pela dominação; os dos colonizados, pela liberdade. A guerra imperialista é a guerra de um exército; a dos colonizados é uma guerra de toda a sociedade, de todo o povo em um território e assim por diante.

Praticar a guerra *partisan*, contrariamente à crença popular, de maneira nenhuma significa aceitar o campo de batalha do inimigo e constituir seu duplo invertido. Isso só é verificável sob certas condições, que as revoluções asiáticas evitam cuidadosamente: a experiência europeia – a exemplo das brigadas vermelhas italianas ou de outras experiências semelhantes – caiu efetivamente na armadilha do Estado enquanto reivindicava um marxismo-leninismo barato.

O processo de subjetivação não é uma simples ressignificação: não se trata de inverter o estigma racista e colonialista (práticas reivindicadas por movimentos políticos contemporâneos concebidas como alternativas às rupturas revolucionárias), mas de desmanchar a apropriação imperialista da terra e da subjetividade. O assujeitamento dos "colonizados" não pode ser derrotado sem atacar a formação, pela força, das classes dos brancos e dos racializados.

Um dos motivos que levaram Ho Chi Minh a ir para a Europa foi o desejo de descobrir o "segredo da tecnologia ocidental". Embora os povos oprimidos não possuíssem máquinas técnicas, eles construiriam verdadeiras máquinas políticas, capazes de superar a técnica ocidental, pelo menos em tempos de guerra.

Na China e no Vietnã, a relação técnica-política foi corretamente entendida e desvelada como uma relação entre *máquina política* e *máquina técnica*. Os Vietminh não apenas derrotaram o segundo império colonial do século XX como também derrotaram o maior empreendedor tecnocientífico do século XX, o exército americano. Esse último, que inventou, organizou e financiou o trabalho da *Big Science*, produzindo todas as técnicas das quais dispomos atualmente e gastando quantias astronômicas para assegurar a hegemonia tecnológica e científica, foi derrotado por um pequeno povo que havia construído uma grande máquina política (financiada e fornecida pelos soviéticos e chineses, é claro). A sofisticadíssima máquina militar americana não ganha uma guerra desde 1945, continuamente derrotada por máquinas político-militares pobres em recursos e em tecnologia.

A questão do racismo, ausente do espaço teórico e político dos revolucionários europeus, está sempre presente na ação política no Oriente, uma vez que constitui o dispositivo de dominação e de assujeitamento mais potente. Os assujeitamentos racistas garantem uma divisão política do proletariado mundial entre trabalho abstrato e trabalho gratuito ou barato que não só é a base da organização do trabalho, mas dá forma de maneira igualmente profunda às subjetividades.

Da ignorância mútua dos dois proletários nascem os preconceitos. Para o operário francês, o nativo é um ser inferior, negligenciável, incapaz de compreender e menos ainda de agir. Para o nativo, os franceses, quem quer que sejam, são exploradores perversos. O imperialismo e o capitalismo não deixam de se aproveitar dessa desconfiança recíproca e dessa hierarquia artificial das raças para impedir a propaganda e dividir as forças que devem se unir."[13]

Ho Chi Minh tem perfeita consciência de que "a" luta de classes não pode ser um confronto "puro" entre capitalistas e trabalhadores. As lutas das raças e as lutas dos sexos são

13 Ho Chi Minh, in Alain Ruscio, *Ho Chi Minh, écrits et combats*, op. cit.

igualmente constitutivas do processo revolucionário, mas elas devem ser subordinadas "à" luta de classes, quer dizer, à contradição considerada principal.

A emancipação, o socialismo e a vitória só podem vir de uma revolução que corte a dupla ventosa que divide o proletariado ocidental do proletariado colonial. Nesse processo, as lutas dos povos oprimidos são um ativo estratégico, pois combatem "o imperialismo, uma das condições de existência do capitalismo". Ao acabar com ele, "as centenas de milhões de asiáticos martirizados e oprimidos" ajudarão "seus irmãos do ocidente na tarefa da emancipação total".

O deslocamento para o Leste da revolução é o que mais profundamente mudou a configuração do capitalismo contemporâneo.

O desafio que se apresenta hoje é ao mesmo tempo semelhante e muito diferente. Como derrotar o capitalismo sem operar a subordinação, a centralização da multiplicidade em uma só classe?

2. Gramsci e a revolução mundial

Na Europa – onde os instrumentos teóricos e políticos da luta contra o capital foram forjados ao longo do século xix e desempenharam um papel determinante na primeira onda das revoluções anti-imperialistas – a concepção da revolução-mundo ainda é pensada a partir de si mesma, ignorando quase completamente o que aconteceu, após a revolução soviética, nos países do Sul. Gramsci é um protótipo do marxismo europeu da época, para quem a questão teórica mais importante do período após a Primeira Guerra Mundial é "a passagem da guerra de movimento (e o ataque frontal)", implementada pelos bolcheviques, "à guerra de posição", não apenas no domínio militar, mas também "no domínio político". Na Europa, nem é preciso dizer!

O julgamento quanto ao futuro da revolução decorre diretamente dessa análise. "Os acontecimentos de 1917 são o último fato desse tipo na história da política."[14] Essa afirmação, partilhada por Max Weber, que a explicava a seus alunos (entre eles Lukács, Bloch, Schmitt), é evidentemente falsa. Ela foi desmentida ao longo do século xx pela produção em série de revoluções para as quais a tomada de poder de 1917 constituiu direta ou indiretamente "o" modelo. É certo que todas essas revoluções ocorrem em colônias e semicolônias e, retomando uma expressão gramsciana utilizada a respeito de Outubro de 1917, constituem "revoluções contra o Capital" de Marx, pois contradizem as leis do materialismo histórico e seu historicismo, que opera por etapas e limiares de desenvolvimento de forças produtivas. Embora tenha reconhecido a feliz anomalia que representa a revolução bolchevique em relação ao historicismo, Gramsci jamais imaginou que ela pudesse se reproduzir nos países do Sul e ter um grande significado político.

A mudança de estratégia que Gramsci propõe baseia-se na análise de transformações que dizem respeito exclusivamente à exploração do trabalho abstrato, portanto à Europa e à América. A célebre análise "Americanismo e fordismo" sofre das mesmas limitações, uma vez que o "trabalho gratuito" ou barato dos colonizados (e das mulheres), em relação com o "trabalho abstrato" fordista, é completamente ausente. Da mesma maneira, ele negligencia a questão dos recursos, nesse caso, o "petróleo" do Sul, que então substituía o carbono como fonte de energia e sem o qual o fordismo, com seus carros, entra em "pane seca".

14 Antonio Gramsci, *Guerre de mouvement et guerre de position*. Paris: La fabrique, 2011, p. 224. Todas as citações de Gramsci são retiradas desse título.

A estratégia concernente ao Norte é muito bem articulada, mas ela corta em duas a sanguessuga e a dupla ventosa de que fala Ho Chi Minh na frase destacada, levando em consideração apenas o proletariado do Norte. A "revolução permanente" e o "ataque frontal" ainda eram possíveis no século xix quando "os grandes partidos políticos de massa e os grandes sindicatos econômicos ainda não existiam". O aparelho de Estado era relativamente pouco desenvolvido, a "sociedade civil" lhe manifestava uma maior autonomia e as "democracias modernas" não tinham ainda uma "estrutura compacta".

A sociedade, que esteve em "estado fluido" ao longo de todo o século xix, se transforma em "sociedade regulada" pela nova "técnica política moderna" (a governança ou a governamentalidade, poderíamos dizer), que, através de "um governo mais intervencionista", "organizou de maneira permanente a 'impossibilidade' de uma desintegração interna: controles de todos os gêneros, políticos, administrativos etc., o reforço das 'posições' hegemônicas do grupo dominante".

A expansão do parlamentarismo, do regime das associações sindicais e dos partidos, a formação de vastas burocracias estatais e "privadas" e as transformações da organização da polícia, assim como a integração da sociedade civil ao Estado ("A sociedade civil e o Estado são uma única e mesma coisa"), constituem uma "estrutura resistente a transbordamentos catastróficos do elemento econômico imediato (crises, depressões etc.)".

"Os recursos financeiros incalculáveis de que dispõem grupos restritos de cidadãos complicam o problema. Os funcionários dos partidos e sindicatos podem ser corrompidos sem que seja necessário recorrer a ações militares de grande estilo."

Essa reorganização do Capital e do Estado garante "trincheiras" ou "fortificações" que funcionam como repositórios da crise e protegem a ordem – uma diferença fundamental entre o "front ocidental" e o "front oriental" (entenda-se exclusivamente a Rússia).

"No Oriente o Estado era tudo, a sociedade civil era primitiva e sem forma. No Ocidente, entre Estado e sociedade civil, havia uma relação justa [...]. O Estado era somente uma trincheira atrás da qual encontrava-se uma cadeia sólida de fortificações e casamatas." No Oriente, os "quadros da vida nacional são embrionários e incertos, não podem tornar-se 'uma trincheira' ou uma fortaleza." Daí a diferença entre "o front oriental e o front ocidental: o primeiro caiu imediatamente, mas foi seguido de lutas extraordinárias. No segundo, as lutas, para serem bem-sucedidas, devem acontecer 'antes'".

Essa nova situação existe exclusivamente "para os Estados modernos, não para os países atrasados ou as colônias, onde ainda prevalecem as formas que, em outros lugares, são ultrapassadas e anacrônicas. Não há nada disso no capitalismo: a escravidão, as colônias, o trabalho servil e a violência sem nenhuma mediação são tão modernos quanto a produção fordista. A sociedade colonial é tão "nova" quanto a sociedade "regulada" pelas técnicas políticas modernas. As duas situações são inseparáveis e absolutamente contemporâneas, e juntas formam o que se chama de "modernidade". O capitalismo não busca ultrapassar anacronismos para alcançar uma homogeneização à imagem dos países mais adiantados (capitalismo "puro"), mas busca reproduzir as desigualdades, as diferenças raciais, sexuais, nacionais, étnicas. A desterritorialização cosmopolita só pode operar por reterritorializações de classe, raça, nação.

Essa mudança de estratégia não toca a questão da revolução a partir do mercado mundial, da configuração global do capitalismo e de seus poderes. O capitalismo gramsciano é mutilado e sua análise é amputada.

Gramsci, marxista ocidental, podia certamente compartilhar as análises do capitalismo elaboradas por Mao, marxista oriental, mas jamais chegar às mesmas conclusões. Para Mao, o "particularismo da China esta em que esta não é independente nem democrática, mas semicolonial e semifeudal, vivendo internamente sem democracia, submetida à opressão feudal e não gozando, nas suas relações externas, duma independência nacional, mas antes vivendo oprimida pelo imperialismo. Essa a razão pela qual não há na China Parlamento que possa ser utilizado, nem lei que reconheça aos operários o direito à greve. Em consequência, aqui, a tarefa fundamental do Partido Comunista não é passar por um longo período de lutas legais antes de desencadear a insurreição e a guerra, nem ocupar primeiro as cidades e depois o campo, mas sim proceder da maneira inversa".[15]

Apenas numa semicolônia é possível praticar uma guerra *partisan* e ocupar, libertando-as, regiões inteiras (ou seja, uma guerra de movimento e ataque frontal), pois se "as forças subjetivas da revolução chinesa são fracas", a organização das classes dirigentes (poder, forças armadas, partidos etc.) é igualmente fraca.

No Ocidente, as forças revolucionárias são certamente mais organizadas e mais fortes que na China, mas poderíamos dizer a mesma coisa quanto à contrarrevolução. Mao deduz que a ruptura ocorrerá primeiro na China, país pobre, "atrasado", menos desenvolvido e de maioria campesina, algo incompreensível e inadmissível para Gramsci.

A imagem gramsciana da colônia refere-se ao "atraso" da civilização.

O capitalismo tem uma função "benéfica", dirá Gramsci (assim como, antes dele, Marx disse a respeito da Índia, e Engels a respeito da Argélia), pois ele cria novas necessidades, novas vontades, novas aspirações que empurram os nativos para a civilização.

---

15   Mao Tsetung, "Problemas da guerra e da estratégia (6 de novembro de 1938)". *Obras escolhidas de Mao Tsetung*. Pequim: Edições em Línguas Estrangeiras, tomo II, 1975.

"O colonialismo pode ter uma justificativa moral. Ele pode constituir o impulso histórico necessário para que situações sociais atrasadas em relação à civilização possam se modificar, se disciplinar, tomar a consciência de estar no mundo e do dever de colaborar com a vida universal. Para quem acredita que a educação, a instrução, os aperfeiçoamentos da técnica de produção são a medida do grau de civilização de um povo, não há dúvida de que a relação de dois povos, um de civilização desenvolvida e outro de civilização apenas potencial, é um bem para a economia geral."[16]

Esse texto bastante paternalista e colonialista manifesta uma concepção modernizadora, até revolucionária, do capitalismo que é um dos grandes limites do marxismo. É verdade que após a guerra, num texto de 1919, Gramsci constata "a exploração inédita" que as colônias sofreram durante o conflito mundial e o fato de que "a revolta arde no mundo colonial" como uma das manifestações da luta de classes. Mas, apesar desse reconhecimento, o Sul do mundo jamais poderá ser um ativo estratégico para a revolução. Para completar a exposição dos limites do marxismo, que, nos anos 1960 e 1970, se revelarão prejudiciais a sua própria sobrevivência, o ponto de vista de Gramsci sobre as mulheres é significativo. Ele está perfeitamente alinhado com o III Congresso da Internacional Comunista (1921), que "confirma a afirmação fundamental do marxismo revolucionário", ou seja, que não há qualquer "questão feminina específica" nem qualquer "movimento feminino específico". Em 1922 Gramsci declara na Primeira Conferência Nacional das Mulheres Comunistas na Itália: "As donas de casa, pela qualidade de seu trabalho, são

---

16   Antonio Gramsci, "La guerra e le colonie", *Il Grido del popolo*, n. 612, 15 abr. 1916, p. 14, in *Nel mondo grande e terribile: Antologia degli scritti 1914-1935*. Torino: Einaudi, 2007.

comparáveis aos artesãos, e portanto dificilmente poderão tornar-se comunistas. Entretanto, por serem companheiras de operários e de alguma maneira compartilharem de suas vidas, elas são atraídas pelo comunismo. Nossa propaganda pode então influenciar essas donas de casa. Ela pode servir, se não para enquadrá-las em nossas organizações, para neutralizá-las, de forma que elas não sejam um obstáculo para as eventuais lutas dos operários".[17] A obra de Gramsci tem pontos geniais, mas sempre sobre temas mais classicamente socialistas. Preso em uma Europa em declínio, Gramsci se vê obrigado a redefinir uma estratégia que subordina a guerra de movimento (o ataque frontal) à guerra de posição. A hegemonia é o nome dessa nova estratégia que não renega a guerra, mas a subordina à guerra de posição.

Embora desfaça a prioridade estratégica entre guerra de movimento e guerra de posição, Gramsci mantém, como todo bom revolucionário, o vocabulário da guerra, daí o confronto estratégico entre adversários. A "pacificação" do pensamento gramsciano será operada por seus numerosos intérpretes nos anos 1960 e 1970 (Laclau e Mouffe, os proponentes dos *subaltern studies* e dos *cultural studies*, Stuart Hall, entre outros), que recuperam os conceitos gramscianos dissociando-os da revolução, da força de ação revolucionária.

Sua definição da política no Ocidente não é de maneira alguma pacificada como a de seus admiradores contemporâneos. A ação da máquina político-econômica se refere muito mais explicitamente à guerra colonial, à guerra de conquista e às resistências que esses conflitos implicam que à guerra regular. Isso nos permite remodelar a célebre máxima de Clausewitz da seguinte maneira: *a política é uma continuação*

---

[17] Apud Mariarosa Dalla Costa, *Donne e sovversione sociale*. Verona: Ombre Corte, 2021.

da guerra, mas da guerra colonial. O resultado dessa permutação/transformação é um notável achado teórico e político. A ação política é comparada à ação do exército colonial que subjuga os povos, mas não pode impedir que as lutas dos vencidos continuem e visem ao desmanche da situação, pois a *guerra de conquista não conhece a paz*.[18]

A comparação da luta política às guerras coloniais e de conquista encontra sua atualidade nos regimes atuais de "colonização interna" e nos monopólios nos quais o conflito racial entre a classe dos brancos e dos racializados tem um papel central.

Gramsci distingue diferentes tipos de guerra, mas o objetivo final e estratégico é a preparação do "ataque", uma das últimas posições ofensivas na Europa.

"Guerra de movimento, guerra de posição e [...] guerra subterrânea. A resistência passiva de Gandhi é uma guerra de posição, que se torna guerra de movimento em certos momentos e, em outros, guerra subterrânea: o boicote é uma guerra de posição; as greves são uma guerra de movimento; a preparação clandestina de armas e de elementos de combate destinados aos ataques é uma guerra subterrânea."

Antes de falar da substituição da guerra de movimento pela guerra de posição, seria necessário, do nosso ponto de vista,

---

18 "Na guerra militar, uma vez alcançado o objetivo estratégico, a destruição do exército inimigo e a ocupação do território, há paz. Deve-se observar também que, para que a guerra termine, basta que o objetivo estratégico seja alcançado apenas potencialmente, ou seja, que não reste qualquer dúvida sobre a impossibilidade de um exército lutar e a 'possibilidade' de o exército vitorioso ocupar o território inimigo. A luta política é enormemente mais complexa: em certo sentido, ela pode ser comparada às guerras coloniais ou às velhas guerras de conquista, nas quais o exército vitorioso ocupa ou se propõe a ocupar de maneira estável total ou parcialmente o território conquistado. O exército vencido é então desarmado e disperso, mas a luta continua no terreno da política e da 'preparação' militar." Antonio Gramsci, *Gramsci dans le texte: De l'avant aux derniers écrits de prison* (1916-1935), p. 80. Disponível em: <http://classiques.uqac.ca/classiques/gramsci_antonio/dans_le_texte/dans_le_texte.html>.

pensar sua reversibilidade e complementaridade dentro de uma política de oposição à máquina de duas cabeças do Capital-Estado.

No Oriente do entreguerras, a guerra (de movimento, de posição, dos *partisans*, o ataque frontal) é o objeto de uma nova análise e de uma nova prática dentro da guerra colonial. Embora elas não sejam transponíveis como no Norte, elas são novidades notáveis para o proletariado sob o jugo da dupla ventosa do Capital.

3. Hans-Jürgen Krahl, o movimento estudantil e a revolução

Nos anos 1960, antes da explosão do movimento feminista, o debate mudou. A dupla territorialidade centro-periferias é a sede de lutas muito radicais mas muito diferentes que, em vez de rumarem para uma coordenação estratégica, tendem a se separar. A universalidade da revolução novamente afirmada por Ho Chi Minh é novamente questionada por diferentes perspectivas.

Começaremos por abordar esse período, antes de nos concentrarmos nos movimentos feministas, por meio dos escritos de Hans-Jürgen Krahl, um dos raros marxistas a ter interrogado a revolução a partir da divisão imperialista centro-periferias, apesar de interpretar o Sul em termos de "atraso" e de anacronismo. Embora amplie a gama de sujeitos do combate anticapitalista aos colonizados, Krahl continua cego aos movimentos das mulheres. Ainda nos anos 1960, a passagem da luta de classes às lutas de classes mantém-se teoricamente impensável, até mesmo para um marxista heterodoxo como Krahl.

O capitalismo é, desde a conquista das Américas, como diria Krahl de maneira incisiva, "a não contemporaneidade objetiva do contemporâneo" (definição herdada de Ernst Bloch), ou seja, a contemporaneidade de modalidades de exploração, de modos de assujeitamento e de exercício de poder heterogêneos que parecem pertencer a épocas diferentes.

É impossível definir uma estratégia política sem partir da globalização, compreendida não como um processo universalizante de homogeneização e de subordinação de toda relação ao par capital-trabalho, mas como um desenvolvimento diferencial, desigual, violento e conflituoso.

O ponto de partida da argumentação de Hans-Jürgen Krahl é uma constatação que lembra a de Gramsci: "Não há até hoje um exemplo de revolução vitoriosa nos países altamente desenvolvidos",[19] mas que imediatamente difere deste quando constata que "desde 1917 as revoluções não cessam de irromper, mas no Terceiro Mundo".

As revoluções nas colônias e semicolônias "criaram um novo fato: a atualidade da revolução. Pela primeira vez na história do capitalismo, a revolução é uma possibilidade globalmente presente e visível que se realiza, mesmo que por enquanto apenas na periferia das civilizações do capitalismo tardio, como luta armada dos países oprimidos e pobres do Terceiro Mundo". A revolução mundial, incapaz de se propagar no Ocidente após 1917, ganha novo fôlego no Oriente. Ela indica ao mesmo tempo "a unidade internacional do protesto anticapitalista" e "uma nova constelação da história mundial" que coloca novos problemas. Embora constate "a atualidade da revolução", ele é suficientemente lúcido para afirmar que a dupla territorialidade econômica e política da organização capitalista é uma das maiores dificuldades para a revolução.

Nas colônias, a escolha de recursos políticos de luta e de organização ocorre "em relação às estruturas de dominação em grande parte feudais de dependência imediatamente

---

[19] Todas as citações de Hans-Jürgen Krahl são retiradas do seguinte título: *Costituzione e lotta di classe*. Milano: Jaca Book, 1971.

pessoal, acompanhada de uma miséria tangível". Assim, Fanon, partindo precisamente da relação senhor/escravo, constrói uma "teoria da violência materialmente brutal (sem muitas implicações subjetivas)".

A práxis revolucionária anticolonial, continua Krahl, corresponde a formações sociais que são "anacronismos". Por conseguinte, ela não tem "qualquer caráter paradigmático para os países capitalistas". As lutas que saem vitoriosas nas colônias não podem ser transpostas para a metrópole. Continuando, "as possibilidades de revoluções sociais territorialmente limitadas aos países colonizados aumentaram e a possibilidade de uma práxis que elimine o capitalismo no Ocidente imperialista reduziu".

Se a revolução tem diferentes chances de realização, dependendo se estamos do lado de cá ou do lado de lá da linha de cor, Krahl se questiona quanto à relação entre as lutas que se travam nessas duas territorialidades heterogêneas: "Qual pode ser a mediação entre a atualidade da revolução na história mundial e as ações cotidianas dos movimentos de protesto nas metrópoles?".

3.1. A subjetivação política

Levando em consideração as situações coloniais, apesar de continuar a interpretá-las nos limites do marxismo ocidental, ou seja, considerando-as anacrônicas, Krahl tem o mérito de sublinhar o aspecto "subjetivo" dos processos revolucionários. Partindo de Lukács, ele sublinha a "dimensão de emancipação da subjetividade", o que já era uma conquista da revolução soviética e das revoluções asiáticas.

Com os instrumentos da filosofia continental (essencialmente Marcuse e Sartre), Krahl é um dos primeiros a tentar apreender a relação entre subjetivação e revolução dos dois lados da linha colonial. Ele distingue a opressão no "Terceiro Mundo", que "trata o outro como um animal", e a "opressão ideologicamente velada pela existência da troca burguesa" e pela "satisfação" das necessidades materiais nas "metrópoles do capitalismo tardio", que um "alto nível" de "civilização" tornou possível. No Ocidente, diferentemente das colônias, "a dominação e a opressão não se constituem mais com base na miséria material e na opressão física".

A eliminação da fome é o resultado de um intervencionismo do Estado social e das empresas que visam sobretudo a psique do consumidor, sua disponibilidade ao gozo das mercadorias. "Os órgãos dos sentidos estão deformados, e o gozo, guiado. Tecnologia, não terror; repressão da psique e não da *physis*: eis os instrumentos da dominação" no Ocidente.

Krahl denomina essa dominação do "capitalismo tardio" de "manipulação", pois ela produz o indivíduo e suas sensibilidades, necessidades e desejos. Nesse processo, a hierarquia entre ideologia e realidade e a diferença marxiana entre base e superestrutura se atenuam, "porque o processo de produção se torna imanentemente ideológico". A subjetividade é afetada pelo saber semiótico e icônico do capital: ela "se formalizou num sistema de signos e tornou-se heterônoma, alienada".

A "forma clássica de troca de mercadorias como troca entre iguais deu lugar à troca totalitária": "a embalagem não apenas derrotou o produto (o valor de uso foi destruído)".

A questão da subjetividade, de sua espontaneidade e da consciência de classe deve, portanto, ser pensada diferentemente no Ocidente, pois a "consciência" é o objeto de intervenção do Estado, do consumo de massa, da publicidade, dos meios de comunicação em massa. É preciso entender a "gênese histórica" da consciência de classe, em vez de a "pressupor já constituída no partido e reduzi-la a uma consciência psicológica empírica".

A subjetividade colonial passou por um processo de assujeitamento diferente do que ocorreu no Ocidente, embora tenha sido afetada de forma igualmente profunda. Krahl estabelece uma relação mecânica entre a fome (miséria material) e a subjetivação política que provém de todos os pensamentos velados ("atraso", "falta" de desenvolvimento) que sobrecarregam o marxismo ocidental.

Quanto às condições de miséria nas colônias, Krahl tem uma perspectiva marxista clássica, bastante diferente dos revolucionários chineses ou vietnamitas. A fome do colonizado é certamente um problema, mas não um obstáculo político à organização e à "consciência revolucionária", como demonstra o Oriente do entreguerras. Partindo de uma situação de miséria material semelhante à fome nas colônias descrita por Fanon ("As relações do homem com a matéria, com o mundo, com a história, são, no período colonial, relações com a alimentação. [...] Viver é não morrer. Existir é manter a vida. Cada tâmara é uma vitória. Não um resultado do trabalho, mas uma vitória sentida como triunfo da vida."),[20] Mao chega às mesmas conclusões teóricas que Krahl quanto à função de emancipação da subjetividade, mesmo que a subjetividade colonial passe fome.

Na linguagem marxista do século XIX, Mao expressa essa ideia perfeitamente bem: "O livro de Stálin, do começo ao fim, nada diz sobre a superestrutura. Não está preocupado com pessoas; considera as coisas, e não as pessoas. [...] Ele fala apenas das relações de produção, não da superestrutura ou da política, ou do papel do povo. O comunismo não pode ser alcançado a não ser que exista um movimento comunista."[21]

20   Frantz Fanon, *Os condenados da Terra*. Trad. José Laurênio de Melo. Rio de Janeiro: Civilização Brasileira, 1968, p. 265.
21   Mao Tsé-Tung, "A respeito do livro de Stálin *Problemas econômicos do socialismo na União Soviética*", *Sobre a prática e a contradição: Mao Tsé-Tung*

Ao longo do século xx, apesar das situações de miséria material, a subjetivação e a organização revolucionárias tiveram um desenvolvimento notável, acompanhado de uma elaboração teórica e política de primeira importância. A tradição revolucionária, interrompida no Norte, continuou no pobre e faminto Sul.

Mesmo no que se refere à subjetividade, seria ainda necessário adotar uma abordagem global para considerar a ruptura. Se na metrópole o sujeito é chamado ao gozo, nas colônias seus sentidos são anestesiados, esvaziados de toda subjetividade, de maneira que o sujeito é reduzido a um objeto. *Os dois processos são complementares e fazem parte da mesma máquina de poder.*

Krahl não consegue de fato colocar a sociedade das normas e seus dispositivos de poder (gozo, consumo, reconhecimento do "trabalho livre", Estado de bem-estar social etc.) na estratégia mundial da divisão do trabalho e dos poderes, e tem dificuldade de conceber o poder exercido nas colônias e nas "metrópoles" como um todo, como a articulação de uma única e mesma estratégia, de um único e mesmo mercado, de um único e mesmo dispositivo. Esse, aliás, é o caso de quase todas as teorias dos anos 1960, 1970 e contemporâneas.

Não há "sociedade das normas" nem poder de integração da classe operária sem imperialismo; sem a apropriação de riquezas coloniais, perpetuada pelo neocolonialismo, não há consumo de massa; não há Welfare sem o trabalho "gratuito" do Sul. A integração da classe trabalhadora no Norte se paga com a exploração do Sul.

apresentado por Slavoj Žižek. Trad. José Maurício Gradel. Rio de Janeiro: Jorge Zahar, 2008, pp. 146-7.

3.2. O destino da revolução

O fracasso das revoluções, segundo Krahl, deve ser procurado na prática dos movimentos operários, que nunca conseguiram articular as "regras da violência" ditadas pela tomada de poder e as "regras da solidariedade" entre "homens livres", o que o jovem Marx chamava respectivamente de "revolução política" e "revolução social".

"Se a organização comunista deve antecipar elementos do reinado da liberdade, ou seja, a supressão do isolamento recíproco dos indivíduos e a formação das relações solidárias", a "ditadura pedagógica e centralizada apenas reproduz a obrigação a um serviço, em vez de descobrir nos indivíduos as condições que possibilitam uma ação autônoma e espontânea."

Os princípios da violência necessária à tomada do poder, à extinção do Estado, à expropriação dos expropriadores e os princípios de emancipação, que deveriam formar a prática da organização política em vez de serem "inseparáveis", se revelam dificilmente conciliáveis, sobretudo na organização leninista.

Poucos anos após a tomada de poder na Rússia, torna-se evidente que a "redução do progresso da emancipação ao progresso técnico e da revolução social à revolução industrial" conduz necessariamente a uma "consolidação terrorista do poder estatal", a uma "estatização integral".

As revoluções do século XX foram confrontadas com problemas muito relacionados à organização do mercado mundial do Capital e sua divisão entre centros e periferias.

A impossibilidade de praticar uma ruptura global foi certamente decisiva, pois o recuo dentro das fronteiras do Estado-nação (socialismo num único país ou nacionalismo nas colônias) conduziu a industrializações forçadas. A teoria dos estágios, expulsa pela porta da revolução, volta pela janela do desenvolvimento econômico. O progresso, criticado na fase de conquista do poder, se impõe novamente. A compensação das faltas e do atraso econômico e tecnológico guiam as políticas pós-revolucionárias. Transformações que levaram séculos na Europa foram impostas em algumas décadas, com uma aceleração inédita, caracterizada pela violência típica da acumulação primitiva.

Quanto a esse ponto específico, a "revolução cultural" chinesa foi uma enorme batalha política entre a direita do partido, que queria basear a industrialização no modelo capitalista ocidental (como no caso da URSS com o "taylorismo"), e a esquerda maoísta, que defendia a introdução de elementos de socialismo já nessa primeira fase de desenvolvimento "econômico". Sem encerrar esse evento na lógica de uma luta pelo poder dentro do partido (o que também foi o caso), a batalha política desencadeada pela revolução cultural investiu as "massas" em vez de permanecer restrita aos palácios do poder "vermelho", mas terminou com a vitória do "capitalismo" de Estado, o "capitalismo político".

Eis mais uma vez a verificação de nossa hipótese: a luta de classes precede a "produção". Esta só pode ocorrer após a conclusão de lutas políticas, que, na China, estavam sempre prestes a tornarem-se uma guerra civil. Aqueles que saíram vitoriosos da revolução cultural são também os que decidiram quanto à natureza e às modalidades do desenvolvimento econômico (integração na produção e consumo mundiais, mas recusa em participar da financeirização global mundial).

As revoluções têm dificuldade em se desenvolver na dupla dimensão mundial e nacional, algo que há séculos o Capital aprendeu a fazer. A incapacidade de definir as condições de um novo internacionalismo perante o do Capital é certamente um outro motivo da derrota.

As revoluções às "margens" do capitalismo afirmam decididamente a primazia da máquina política sobre as forças produtivas (trabalho, ciência, técnica, cooperação). No entanto a concentração na máquina política e na máquina econômica parece abandonar a "revolução social" que o jovem Marx definia como o verdadeiro objetivo da ruptura política. Essa oposição entre revolução política e revolução social não cessará de surgir e se reproduzir ao longo de todo o século xix e o século xx.

Embora a revolução política tenha tido êxitos inegáveis, o conteúdo da revolução social é ainda pobre e aproximativo. São os movimentos feministas e os movimentos dos colonizados que, mais que qualquer outro, elaborarão reivindicações, experimentações e práticas que qualificarão mais precisamente o que pode ser entendido por "revolução social".

Se na primeira metade do século xx surge violentamente a questão da divisão racial e colonial do proletariado mundial, na segunda metade se afirma, de maneira igualmente estratégica, o problema da divisão sexual do mesmo proletariado. As duas rupturas parecem poder qualificar de uma nova maneira a relação entre revolução social e revolução política.

IV FEMINISMOS E COLONIZADOS: AS NOVAS LUTAS DE CLASSES

| 1. A dialética é branca e masculina > 1.1. A crítica da dialética em Fanon > 1.2. Lonzi e a dialética patriarcal > 1.3. Hegel e "é preciso ser absolutamente moderno" de Tronti > 1.4. Assimetrias não dialéticas > 1.5. A heterogeneidade dos assujeitamentos > 1.6. Sair da História e da dialética e romper com as revoluções socialistas > 1.7. Autonomia das organizações políticas de mulheres e colonizados do movimento operário | 2. As lutas de classes no feminismo materialista > 2.1 Sexo, sexualidade, gênero > 2.2. A crítica do queer > 2.3. Michel Foucault ou a teoria queer do poder |

Após a Segunda Guerra Mundial, um terceiro ciclo de lutas se impõe, problematizando ou recusando o modelo leninista da ruptura. Às lutas e revoluções socialistas do século xix, concentradas na Europa, e às lutas e revoluções comunistas e internacionalistas da primeira metade do século xx, se segue um ciclo que, no Norte do mundo, ataca o reformismo keynesiano e a estruturação patriarcal, enquanto no Sul revoluções vitoriosas abalam a organização do mercado mundial.

As classes das mulheres e dos racializados afirmam, pela primeira vez, sua completa autonomia e independência teórica e política em relação ao movimento operário. A extensão da crítica política ao capitalismo abarca não apenas as relações capital-trabalho, mas igualmente as relações entre homens e mulheres e entre brancos e não brancos. O capital e o Estado, entretanto, sairão vitoriosos dessa confrontação, pois esse terceiro ciclo de lutas foi incapaz de conceber uma estratégia revolucionária alternativa à organização leninista capaz de apoiar tanto a revolução social quanto a revolução política.

O destino desse ciclo de lutas e das revoluções pode ser compreendido melhor por meio dos escritos e da ação política dos militantes da época (Carla Lonzi, Frantz Fanon, as feministas materialistas e Mario Tronti) que por meio do trabalho dos intelectuais. Os pontos de vista de Lonzi e Fanon são avanços formidáveis, mas também manifestam limites igualmente notáveis. A afirmação da multiplicidade se faz separadamente, as mulheres de um lado e os "racializados" do outro, ambos acertando, de maneira diferente, suas contas com o marxismo e os partidos comunistas: Lonzi considerando a revolução uma técnica não adaptada à liberação da mulher (a revolução social pode se produzir sem passar pela revolução política, o devir-revolucionário não tem necessidade da revolução), Fanon mantendo-se fiel à revolução política, mas hesitante entre a revolução dos "negros" e a revolução do proletariado do Norte e do Sul associados contra a hidra capitalista que o separava. O feminismo materialista abala as bases das revoluções socialistas ao afirmar as mulheres como uma classe e ao fazer das "relações sociais de sexo" simultaneamente um modo de produção e um regime político heterossexual, sem, no entanto, problematizar, a partir dessa inovação política maior, o destino da revolução.

O quadro das novidades e das razões para o fracasso final estará completo se a essas análises adicionarmos o trabalho de Mario Tronti. A confrontação de seu principal livro, *Operários e Capital*, com as teses de Lonzi, de Fanon e do feminismo materialista transforma seu marxismo heterodoxo em uma das variantes da ortodoxia, talvez a mais inutilmente aristocrática.

I. A dialética é branca e masculina

Para começar a identificar os motivos da derrota, escolhemos nos concentrar primeiramente na crítica da dialética "do senhor e do escravo" da *Fenomenologia do Espírito* de Hegel e sua tradução marxista na luta de classes, conduzida por Frantz Fanon ("O Preto e Hegel", em *Pele negra, máscaras brancas*) e Carla Lonzi ("Cuspamos em Hegel").

A crítica da dialética tem uma dupla função: tomar distância dos dispositivos de poder e de saber que a Europa havia implementado desde 1492 e criar, segundo uma formulação de Lonzi, uma polêmica com a teoria marxista-leninista da revolução.

A dialética hegeliana não pode inverter os *papéis* e funções aos quais estão sujeitos as mulheres e os "negros", como ela pretende fazer com "os senhores e os escravos" (e segundo o marxismo com os capitalistas e os operários), porque os negros e as mulheres são excluídos, respectivamente, da história e do espaço público. A promessa de emancipação que a dialética trazia é obstruída porque é *branca* e *masculina*.

Lonzi e Fanon visam menos Hegel que a retomada da dialética pelo marxismo. Eles tocam em um ponto muito sensível da teoria revolucionária, pois a dialética constitui a chave de leitura das "contradições" e dos conflitos no capitalismo. Para Lênin e Mao, mais ainda que para Marx, a dialética é uma formidável arma política que se revelou de uma eficácia inegável. O que eles sublinham obsessivamente é a divisão (de classe) da sociedade, divisão sem síntese, sem reconciliação possível, imunizando-os assim contra todas as ambiguidades desencadeadas após 1968 a partir de Foucault e de parte do feminismo sobre a teoria política: jamais partir do poder e do exercício do poder, mas da "guerra de conquista" e da apropriação violenta que os produziram.

Se a dialética é utilizada como arma para fazer a revolução, Lonzi e Fanon notam que, por diferentes razões, ela constitui uma armadilha mortal.

Marx, Lênin e Mao leem a atividade do Espírito hegeliano como a primeira analítica do movimento do Capital e das contradições que este engendra.[1] O Espírito, que se exterioriza ao se objetivar para voltar a si "enriquecido", descreve o ciclo da moeda que, assim como o conceito, constitui uma potência abstrata. O "em si" do Capital (o dinheiro) deve passar pelo "para si" da consistência do mundo (produção) para poder voltar a si aumentado (lucro). O retorno a si se faz sempre por uma "reprodução ampliada" do domínio do Espírito (do Capital) sobre o mundo.

A essência do Espírito é "atividade", movimento, ação, que transforma a natureza externa e o ser natural do homem. O Espírito, para conhecer aquilo que ele é, deve objetivar seu saber, "transformá-lo em um mundo real e produzir-se ele

---

1 "Não é paradoxal dizer que o Capital é uma 'Fenomenologia do Espírito' concreta, ou seja, que trata indissoluvelmente do funcionamento da economia e da realização do homem." Maurice Merleau-Ponty, *Humanisme et terreur*. Paris: Gallimard, 1947.

mesmo objetivamente". Os agentes dessa transformação são o trabalho e a técnica. O ser humano, por meio do trabalho e da técnica, suprime a exterioridade que lhe resiste como uma essência estrangeira. Por meio do trabalho e da técnica, o ser se exterioriza e passa pelo elemento da permanência, da objetividade, transformando assim o "dado" em que se se aliena em um "fato" no qual ele pode encontrar sua liberdade, já que foi ele mesmo quem a fabricou, construiu, "fez". Pelo trabalho e pela técnica se alcança a identidade perfeita do sujeito e do objeto, pois agora o ser humano habita um mundo "feito à sua própria imagem", ou seja, feito por ele mesmo.

Na dialética do senhor e do escravo, os marxistas baseiam-se nos conceitos para apreender a luta de classes entre capitalistas e operários e operárias. O automovimento (do Capital) é uma "contradição em processo". Nada é fixo, tudo está em movimento, tudo é atividade em curso no sistema hegeliano. Nem mesmo as relações de poder (senhor e escravos) remetem a uma essência; elas não cessam.

O antiessencialismo em voga já está na base da filosofia hegeliana (e, em seguida, do marxismo), pois as relações de poder são contingentes, submetidas à lei da dialética do negativo que inverterá as hierarquias estabelecidas. O abandono dos papéis de senhor e escravo, feito pela luta e pelo trabalho, não necessita de nenhuma força exterior para acontecer. Ela se faz de dentro por meio da luta. As forças são imanentes pois são animadas pelo motor interno da contradição. Além da utopia da "paz universal", Hegel percebe a tragédia dos confrontos, guerras e revoluções, e justifica sua necessidade "ética".

Compreende-se facilmente o uso que Marx, Lênin e Mao fazem dessa teoria que exprime a dinâmica "revolucionária" da classe burguesa no apogeu de sua potência, mas sem jamais visar, principalmente em Lênin e Mao, a qualquer conciliação.

Essa dialética representa também uma armadilha mortal, pois, mesmo que o Espírito Universal hegeliano seja incarnado pelo "trabalho" e a "classe operária", sua dinâmica ainda se refere apenas aos conflitos do "homem" europeu, "*branco e masculino*". Ela não tem nada desse universal anunciado. Os "negros" e as mulheres são condenados para sempre à condição de dominados, constituindo a face oculta da dominação do mundo por parte do "Espírito europeu" que Hegel considera ao mesmo tempo a síntese de todas as civilizações que o precederam e um "leão faminto" lançado à conquista (imperialista) do mundo.

1.1. A crítica da dialética em Fanon

Em Fanon, a crítica da dialética hegeliana do senhor e do escravo é dupla, uma vez que ela se dirige aos conceitos de *reconhecimento* e *historicismo*. Essas críticas continuam atuais, dado que o "reconhecimento" é ainda a estratégia de grande parte do feminismo (Butler e Fraser, entre outras) e o historicismo – assim como sua tradução nas políticas do *desenvolvimento econômico* – ainda nutre as ilusões da esquerda (principalmente na América Latina).

Em Hegel, a formação da "consciência de si" implica o reconhecimento por uma outra consciência. O senhor precisa que a própria independência, conquistada por meio da guerra, seja reconhecida por aquele que foi escravizado e que o escravo, segundo a lógica da inversão dialética, seja reconhecido pelo senhor em sua autonomia obtida por meio do trabalho e da luta. Na situação colonial, esse reconhecimento recíproco não se aplica: "o senhor despreza a consciência do escravo. Ele não exige seu reconhecimento, mas seu trabalho".[2]

---

2   Frantz Fanon, *Pele negra, máscaras brancas*. Trad. Renato da Silveira. Salvador: Edufba, 2008, p. 183.

Antes de continuar, é necessário notar que o vocabulário mudou, em relação ao utilizado pelos revolucionários asiáticos que lutavam contra a colonização. Aqui, a oposição entre o branco e o negro se mistura continuamente à oposição de classe, determinando simultaneamente um enriquecimento da análise e das ambiguidades estratégicas.

O negro é "escravo de sua inferioridade, o branco, escravo de sua superioridade", "o branco está fechado na sua brancura" e "o negro na sua negrura",[3] de forma que a dialética é obstruída, pois entre senhor e escravo nenhuma mediação é possível. Os termos da relação não são tomados no movimento dialético; eles parecem não serem animados pelo "trabalho do negativo", o motor imanente, fonte de toda mudança. Os lugares e funções do senhor e dos escravos não se invertem; eles permanecem fixos nas respectivas posições de dominação e subordinação. O conflito não pode, em nenhum caso, levar ao reconhecimento (recíproco).

Se em *Pele negra, máscaras brancas* Fanon ainda acredita na desalienação contemporânea dos "negros e brancos", o mundo de *Os condenados da Terra* é maquínico, regido pela "lógica puramente aristotélica" do princípio da exclusão recíproca: "não há conciliação possível, um dos termos é demais".[4]

Há oposição pois o mundo colonial se caracteriza por um profundo dualismo, "mas não a serviço de uma unidade superior". Trata-se mais de Carl Schmitt que de Hegel: "O colono jamais deixa de ser o inimigo, o antagonista, mais exatamente ainda, o homem a abater."[5]

O colonialismo é uma máquina na qual a violência se manifesta "em estado bruto e só pode inclinar-se diante de uma

---

3   Ibid., pp. 66; 27.
4   Frantz Fanon, *Os condenados da Terra*. Trad. José Laurênio de Melo. Rio de Janeiro: Civilização Brasileira, 1968, p. 28.
5   Ibid., pp. 28; 38.

violência maior".⁶ Somente uma ruptura política subjetiva, não dialética, e certamente não o reconhecimento, pode pôr fim à história da colonização. A obstrução da dialética dá abertura para uma relação de hostilidade sem mediação.

A segunda crítica se refere ao historicismo que Fanon encontra demonstrado, de forma exemplar, em Sartre e Engels.

Para Hegel, a dialética não pode abarcar o "negro". "Encontramos, pois, aqui apenas o homem na sua imediatidade; tal é o homem em África", que vive "na brutalidade e na selvajaria. [...] Se alguém desejar conhecer as manifestações terríveis da natureza humana, pode encontrá-las em África". O africano "é dependente" da natureza, em vez de se opor a ela (condição da hominização), de modo que o "negro" está preso a um estágio (subjetivo, existencial, étnico) além do qual não pode ir. "Semelhante situação não é suscetível de desenvolvimento e educação. [...] O ético não tem poder algum", sua consciência não chega à "intuição de qualquer objetividade firme como, por exemplo, Deus, lei".⁷

Consequentemente a África, "em rigor, não tem história", "não representa uma parte do mundo histórico".⁸

Diferentemente de Hegel, para quem o "negro" está fora da história e do devir, Sartre faz funcionar a dialética (marxista) até mesmo para os negros. A narrativa da negritude "como o tempo fraco de uma progressão dialética" é concebida como uma etapa rumo à luta de classes. A negritude não está presa a um "estágio", como diz Hegel. Ela constitui apenas uma passagem necessária ao desenvolvimento da universalidade da luta de classes. A raça é "concreta e particular", enquanto

---

6 Ibid., p. 46
7 G.W.F. Hegel, *A Razão na História*. Trad. Artur Morão. Lisboa: Edições 70, 2013, pp. 218; 234.
8 Ibid., p. 234.

a classe é "universal e abstrata", de maneira que "a noção subjetiva, existencial, étnica da *negritude* 'passa', como diz Hegel, para aquela – objetiva, positiva, exata – do *proletariado*".[9]

Fanon dirá que não se pode extrair qualquer sentido da progressão dialética sartriana: "Este sentido já estava lá, pré-existente, esperando-me". A esse devir histórico já determinado, que desde o começo já contém em si mesmo o próprio fim, Fanon opõe "a imprevisibilidade", a novidade, a invenção política que não é dedutível do caminho do progresso e da teoria marxista dos estágios. O imprevisível como modo de sair da dialética é um tema que se encontrará, aprofundado e ampliado, em Lonzi.

A ruptura do historicismo teorizada e praticada pelos movimentos revolucionários é herdada pelos movimentos do pós-guerra. Em *Os condenados da Terra*, Fanon cria *igualmente* uma polêmica com o historicismo "*naïf*" de Engels em um ponto particularmente delicado: o exercício da violência, que Engels encontra uma maneira de fazer depender da "base material".

"O produtor das ferramentas de poder mais perfeitas (ou, em linguagem simples, de armas) derrota o produtor das ferramentas mais imperfeitas; e que, em suma, a vitória do poder tem por base a produção de armas e esta, por sua vez, a produção em geral, ou seja, o 'poder econômico', a 'situação econômica', os meios materiais à disposição do poder."[10]

O exercício da violência, como tudo na teoria marxista, depende do desenvolvimento de forças produtivas, segundo uma linearidade que Fanon contesta. O processo revolucionário é salto, ruptura não dialética da ordem da história que

---

9   Jean-Paul Sartre, "Orphée noir", apud Frantz Fanon, *Pele negra, máscaras brancas*, op. cit., pp. 121; 120.

10 Friedrich Engels, *Anti-Dühring: A revolução da ciência segundo o senhor Eugen Dühring*. Trad. Nélio Schneider. São Paulo: Boitempo, 2016, Seção II, "III. Teoria do poder, continuação".

deve desembocar na invenção e na descoberta de algo que a dialética ainda não continha. A revolução depende do desenvolvimento do movimento político, não das forças produtivas, e pode acontecer mesmo em países "atrasados". A máquina política vem antes da máquina técnica (as armas), mesmo que o movimento de ruptura tenha necessidade destas últimas.

1.2. Lonzi e a dialética patriarcal

Em *Sputiamo su Hegel* [Cuspamos em Hegel],[11] Lonzi destaca o outro lado, oculto ou ignorado, do saber europeu que a dialética hegeliana legitima, a dominação da mulher pelo regime patriarcal e a norma heterossexual.

Por que um título tão agressivo, "Cuspamos em Hegel", para um texto sobre um autor do qual Marx afirma ser discípulo? Porque os "pensamentos sistemáticos" como o hegeliano "confinaram a mulher ao limiar do mundo animal", da "esfera privada", "justificando com a metafísica as injustiças e atrocidades da vida da mulher".

Hegel racionaliza "da maneira mais dissimulada" o poder patriarcal "na dialética de um princípio divino feminino e de um princípio humano viril".[12] A lei divina é a lei da família, regida pelas preocupações imediatas das pessoas, lei sobre a qual preside a mulher. A lei humana é a da comunidade dos homens, regida pelo princípio viril da cidadania e pelo princípio do governo do universal pelo Estado. A mulher representa um perigo mortal à comunidade (dos homens),[13] pois ela não consegue "se separar do *éthos* da família

---

11   Carla Lonzi, *Sputiamo su Hegel/La donna clitoridea e la donna vaginale e altri scritti*. Milano: Scritti di Rivolta Femminile, 1978.
12   Ibid., p. 18.
13   Em Hegel, a comunidade tem na feminilidade em geral seu próprio inimigo interior, pois "a eterna ironia da comunidade [...] muda por suas

e acessar a força autoconsciente da universalidade pela qual o homem se torna cidadão".[14]

A maldição que Freud atribui à mulher, "a angústia metafísica" de uma falta que somente o desejo do pênis poderia suprir (o que levará Lonzi a afirmar que a relação homem-mulher não é uma relação entre dois sexos, mas uma relação "entre um sexo e sua privação"), tem um precedente na fenomenologia que distribui passividade e "virilidade" ativa segundo o mesmo princípio patriarcal.

A relação entre irmão e irmã é a mais importante da lei divina da família, pois ela se encontra, segundo Hegel, no "limite em que a família, circunscrita a si mesma, se dissolve e vai para fora de si". O irmão passa pela consciência da universalidade, deixando a "eticidade da família – *imediata, elementar* e por isso propriamente *negativa* –, a fim de conquistar e produzir a eticidade efetiva, consciente de si mesma", transitando da lei divina à lei humana da comunidade e do Estado. A irmã, por sua vez, se torna a mulher que é "a dona da casa", "a guardiã da lei divina".[15]

A dialética é a conceptualização acadêmica dessa dominação patriarcal e heterossexual. Ao torcer um dos mais célebres trechos de Hegel, Lonzi escreve que "a História é o resultado de ações patriarcais [...]. A *Fenomenologia do Espírito* é uma fenomenologia do espírito patriarcal".[16]

A relação de inferioridade da mulher não prevê qualquer reversão dialética, pois o poder patriarcal não o coloca como

---

intriga o fim universal do Governo em um fim-privado", o da família e de suas individualidades pré-éticas, e "perverte a propriedade universal do Estado em patrimônio e adorno da família". G.W.F. Hegel, *Fenomenologia do espírito, parte II*. Trad. Paulo Meneses. Petrópolis: Vozes, 1999, p. 29.

14 Carla Lonzi, *Sputiamo su Hegel*, op. cit., p. 18.
15 G.W.F. Hegel, *Fenomenologia do espírito, parte II*, op. cit., p. 18.
16 Carla Lonzi, *Sputiamo su Hegel*, op. cit., p. 20.

"um problema humano", portanto contingente, portanto modificável, mas como um "dado natural".[17] A superioridade e a inferioridade na verdade têm origem na guerra de conquista, na apropriação, e correspondem a um vitorioso (o homem) e a uma vencida (a mulher)! A dialética é impotente para desmanchar essa apropriação de uma classe pela outra.

A dialética naturaliza os papéis e funções da mulher que confirmam o homem em sua superioridade e favorecem, afetivamente, sua tarefa: "fazer história", ser cidadão de um Estado ético.

Abolir os papéis e a convocação à feminilidade ("a mãe, a virgem, a mulher, a amante, a filha, a irmã, a cunhada ou a prostituta") não significa sucumbir aos princípios da dialética, que só pode prometer a emancipação por meio do *trabalho* e da *luta pelo poder*, ou seja, os *valores da cultura patriarcal*. A dialética do senhor/escravo descreve uma "relação interna ao mundo masculino", construída segundo os princípios da "tomada do poder", pois a cultura patriarcal "é a cultura da tomada do poder".

A afirmação feminista, que "existe como afirmação de um ponto de vista de verdade que vem à tona, e não somente como uma lamentação", não reivindica qualquer participação no poder, mas, pelo contrário, uma discussão do conceito de poder e de tomada do poder, pois, para gerenciá-lo, a única coisa realmente necessária "é uma forma particular de alienação".

Enquanto para Fanon "as análises marxistas devem sempre ser ligeiramente distendidas",[18] já que seria necessário ampliá-las para nelas incluir a raça, o juízo de Lonzi sobre a capacidade do movimento operário de integrar a ação das mulheres à sua política é mais radical: "O proletariado

---

17 Ibid., p. 17. No *Tratado político* de Spinoza, a inferioridade da mulher também é ontologicamente justificada no que veio a ser a última página escrita pelo filósofo.
18 Frantz Fanon, *Os condenados da Terra*, op. cit., p. 29.

é revolucionário quanto ao capitalismo, mas reformista quanto ao sistema patriarcal."[19]

Se a dialética é ineficaz na situação colonial, no caso da relação de dominação homem-mulher a luta de classes igualmente fracassa. A luta senhor-escravo, que o marxismo transpôs do espaço-tempo da "cultura burguesa nascente" ao "concreto da luta de classes", conseguiu produzir a revolução, mas "a ditadura do proletariado demonstrou amplamente a incapacidade de dissolver os papéis sociais". O proletariado logrou a revolução política, mas fracassou na revolução social.

A "socialização de meios de produção não enfraqueceu a instituição familiar, mas a reforçou [...] ao excluir a mulher como parte ativa na elaboração dos temas socialistas".[20] O mesmo teria acontecido na Revolução Francesa.

A experiência dos projetos revolucionários do começo do século XX é radicalmente criticada porque é necessário "rediscutir o socialismo e a ditadura do proletariado".

Para tal, Lonzi propõe retomar o feminismo do lugar ao qual Lênin o reduziu, ao "fazer dele uma organização de mulheres comunistas privadas de autoconsciência".[21]

1.3. Hegel, e "é preciso ser absolutamente moderno" de Tronti

Tronti sintetiza notavelmente os limites do marxismo europeu, contidos todos em sua leitura da dialética hegeliana radicalmente diferente das de Lonzi e Fanon. A perspectiva de Tronti é eurocentrada e androcentrada, como

---

19   Carla Lonzi, *Sputiamo su Hegel*, op. cit., p. 22.
20   Ibid., p. 25.
21   Carla Lonzi, "La donna clitoridea e la donna vaginale", *Sputiamo su Hegel/La donna clitoridea e la donna vaginale e altri scritti*, op. cit., p. 97.

se o trabalho "gratuito" nas colônias e o trabalho não remunerado das mulheres não fizessem parte da acumulação e da história do Capital.

Segundo Tronti, o que Hegel faz é simplesmente descrever o "tornar-se livre do trabalhador". Para que o Capital possa emergir como modo de produção, primeiramente é preciso que o "trabalho já esteja livre da escravidão", ou seja, que o operário seja "livre", e, depois, que "o valor esteja assujeitado à riqueza", ou seja, que tudo aquilo que é "necessário, útil ou agradável à vida humana" (riqueza) se dobre à produção de valor.

A dialética do senhor e do escravo é uma relação de poder que cria as condições para a emancipação deste último. "O senhor é forçado a interpor o escravo entre a coisa e ele" de modo que, se ele pode gozar dos produtos do trabalho do escravo, ele abandona a este a capacidade de elaboração e de transformação. Ao trabalhar, o escravo vai além de seu ser natural, de seu lado animal, e alcança a independência da autoconsciência e a liberdade. "É, portanto, pelo trabalho que a consciência servil vem a si mesma."[22]

A dialética não é obstruída como em Lonzi e Fanon, mas, pelo contrário, ela age de maneira potente porque leva ao reconhecimento recíproco: "a Revolução, ao realizar *liberdade, igualdade, fraternidade*, realizou o reconhecimento de todos por todos", escreve Tronti em 2015.[23]

O problema, no entanto, está nesse "todos" no qual não se sentem incluídos nem Lonzi nem Fanon, nem as mulheres nem os negros – ainda que uns e outros tenham aproveitado a ocasião, com a Revolução Haitiana e a Declaração dos Direitos da Mulher (Olympe de Gouges, pseudônimo de Marie Gouze), para adotar o mote "o reconhecimento de todos por todos".

22 Mario Tronti, *Ouvriers et Capital*. Paris: Entremonde, 2016, p. 178.
23 Ibid., p. 252.

Na realidade, o desdobramento do reconhecimento de todos por todos, o majestoso universalismo europeu, estruturalmente produz excluídos.

Apesar da desconfiança quanto a todo historicismo, a narrativa de Tronti implica ainda um progresso da escravidão para a força de trabalho liberada, assim como um progresso da subtração de riquezas por meio de saques, roubos e impostos para a produção da mais-valia através do trabalho assalariado livre na fábrica. Esse duplo progresso é negado pela história e pela realidade da economia mundial, que, de fato, jamais são objeto de sua análise, por isso ela é tão limitada.

A tendência que emerge da leitura de *Operários e Capital* é de um assalariamento progressivo, de uma transformação inevitável de todo trabalho em trabalho assalariado. Concentrado no "trabalho abstrato", ele passa necessariamente ao largo do funcionamento real do capitalismo, articulado entre "trabalho abstrato" e "trabalho gratuito", organizado na dupla dimensão centro/periferias. A previsão implícita em seu trabalho, de uma purificação ulterior da relação capital-trabalho, se revelou falsa. A contrarrevolução escolheu fazer exatamente o contrário: ela impôs, mesmo no centro do capitalismo, a divisão "colonial" trabalho abstrato/trabalho gratuito, multiplicando as formas de trabalho precário, servil, não garantido. O capital que Tronti descreve jamais existiu, pois ele é inconcebível sem o imperialismo. O desenvolvimento do *General Intellect* implica sempre um desenvolvimento "lumpen", um não desenvolvimento.

A cegueira teórica se desdobra em uma cegueira política. Em *Operários e Capital*, as revoluções que continuam a estourar no Sul, conduzidas essencialmente por "campesinos", são totalmente ignoradas. Tronti se gaba de "não ter caído na armadilha do terceiro-mundismo", do "campo" e das "longas marchas campesinas". Se, por um lado, ele evitou a armadilha das "margens", por outro, ele certamente caiu na armadilha gêmea do centro, da classe operária e do *General Intellect*, únicos depositários das chaves da mudança e da revolução por serem os únicos "internos" à produção de valor.

A definição de Tronti de capital é "mutilada" e eurocêntrica, o que o impede de ver as dimensões raciais e sexuais da acumulação do capital realmente existente. A partir de Lonzi e Fanon, que veem a relação de capital desde a perspectiva das mulheres e dos colonizados, pode-se afirmar que o trabalho, mesmo quando se torna "abstrato" e se desterritorializa, não consegue se desfazer das divisões sexuais e raciais.

Se em *Operários e Capital* não há qualquer traço de racismo, de escravidão, de trabalho servil, de trabalho não assalariado, de divisão sexual do trabalho e de diferentes dispositivos de opressão das mulheres, é provavelmente porque a abstração requer uma "coragem crítica para implacavelmente se livrar" de "um excesso de traços pré-históricos que permaneceram ligados à história do capital propriamente dito"[24] (se bem compreendemos, entre esses traços pré-históricos deve-se igualmente contar, além das divisões raciais e sexuais, a acumulação primitiva).

Como dirá Tronti na forma de autocrítica cinquenta anos depois, sem tirar disso todas as consequências, "o limite do operaísmo foi ser marxiano em excesso". Querer ser "absolutamente modernos", que é ainda a palavra de ordem dos pós-operaístas, se "revelou ser uma posição subalterna". O Capital, embora "absolutamente moderno", carrega consigo relações de poder que remontam a tempos imemoriais.

"O suicídio da revolução não se consumou no campo da tradição, mas no da inovação"[25] – essa é a outra "autocrítica"

---

24   Ibid., p. 184.
25   Mario Tronti, *Noi operaisti*. Roma: DeriveApprodi, 2009.

que podemos partilhar, pois esse julgamento se encaixa perfeitamente com muitas teorias contemporâneas fascinadas pelas "possibilidades" da tecnologia e da ciência, regularmente negadas na realidade.

Diante dos movimentos políticos que se afirmam nos anos 1970 e da retomada da iniciativa capitalista, o próprio Tronti reconhecerá o fracasso de *Operários e Capital*. Dessa teoria só sobrevive o posicionamento *partisan* dos "operários". Apenas aquele que não reivindica nenhuma universalidade, mas um ponto de vista parcial, fundado em interesses políticos de classe, pode "reconstruir a verdade do todo" (do Capital). Mas, precisamente, a partir do pós-guerra, os explorados e dominados não se identificam com a classe operária; os pontos de vista *partisans* são numerosos e todos (os movimentos feministas, decoloniais, estudantis) afirmam "verdades" heterogêneas e de "todos" diferentes e frequentemente incompatíveis. Inútil dizer que a revolução, tanto em Tronti quanto no partido comunista no qual ele militou toda a sua vida, é a lembrança nostálgica de um Europeu crepuscular. O que parece escapar a Tronti é que a força da classe é a princípio ligada à possibilidade e à realidade da revolução. Sem revolução, os operários são uma mera componente do capital.

O marxismo europeu do pós-Segunda Guerra Mundial parece ter uma fraca consciência da revolução mundial em curso e, consequentemente, não tem os meios de antecipar nem de organizar as condições da revolução dentro da "Guerra Fria". Por outro lado, as organizações que reivindicam o marxismo, e principalmente os partidos comunistas, dos quais Tronti sempre foi um militante fiel, desempenham um papel fundamental na repressão do pós-68.

1.4. Assimetrias não dialéticas

Se Fanon parece quase lamentar a obstrução da dialética, Lonzi reivindica o fato de que "a mulher não está em uma relação dialética com o mundo masculino". Ela introduz uma assimetria radical que só pode escapar à dialética. Não sendo uma antítese, a relação homem/mulher implica "agir em um plano totalmente diferente".

Saímos de imediato de uma das armadilhas da dialética, "a identidade dos contrários", pedra angular da luta de classes tanto em Lênin quanto em Mao.[26] Os contrários "coexistem na unidade", coexistem no mesmo plano, aquele do qual Lonzi quer precisamente sair. A assimetria afirmada por Lonzi é reivindicada igualmente por Fanon: "O servo por essência é diferente do cavaleiro". O colono que "se impôs com o auxílio dos seus canhões e das suas máquinas [...] continua sendo um estrangeiro", uma espécie "que vem de fora", apesar da pacificação instalada pelas armas.[27]

Lonzi enuncia a assimetria como uma diferença que a política da mulher deve afirmar. A "não relação" de dominação entre termos absolutamente heterogêneos é o que a domesticação dialética tenta transformar em uma "relação" de *reconhecimento recíproco*. A dialética é um dispositivo que traz para uma relação totalizante e pacificada aquilo que é assimétrico. Ela só faz permutar os papéis e funções dos "contrários" (o senhor se torna escravo e o escravo se torna senhor), mas dentro

---

26 A dialética em Mao encerra um duplo movimento: "Lênin dizia: 'A *dialética* é a teoria que mostra como os contrários podem ser e são habitualmente (e tornam-se) idênticos ao converterem-se um no outro. Cada um dos dois aspectos duma contradição [...] pressupõe a existência do outro aspecto, que constitui o seu contrário, e ambos os aspectos coexistem numa mesma unidade." Mao Tsetung, "Sobre a contradição". *Obras escolhidas de Mao Tsetung*. Pequim: Edições em Línguas Estrangeiras, tomo I, 1975.

27 Frantz Fanon, *Os condenados da Terra*, op. cit., pp. 29-30.

do mesmo todo que continua igual a si mesmo. Do ponto de vista de Lonzi, a armadilha é evidente pois o que se propõe às mulheres é integrar os papéis masculinos.

"Para colocar a sociedade masculina em crise, concede-se (às mulheres) executarem os mesmos papéis",[28] fazendo com que essa concessão se passe por "uma compensação de sua exclusão" e uma vitória do feminismo.

A igualdade "formal" criada pelo reconhecimento recíproco instaura uma outra armadilha na qual não se deve cair: "Igualdade é o que se oferece aos colonizados no campo dos direitos [...] e o princípio na base do qual aquele que é o hegemônico continua a condicionar o não hegemônico [...], a igualdade entre os sexos é a máscara que dissimula a inferioridade da mulher."[29]

A igualdade é o mundo da unidimensionalidade, da uniformização, do universal formal. "A igualdade é um princípio jurídico; a diferença é um princípio existencial que concerne aos modos do ser humano [...]. A mulher recusa, como um dilema imposto pelo poder masculino, tanto o plano da igualdade quanto da diferença".[30] O único problema que importa é político: impedir a exploração e a dominação de um grupo social sobre outro grupo social, mesmo que ela não chegue a tematizar a passagem de uma política das diferenças a uma política das oposições das classes, como faz o feminismo materialista naquela mesma época. Lonzi critica simultaneamente uma política baseada tanto na igualdade (Rancière) quanto na diferença (Deleuze): *a abolição da exploração e da dominação é a única coisa que importa*.

A dialética é uma máquina de homogeneização, uma máquina de integração dos conflitos em uma realidade global que os desarma. A luta entre senhores e escravos pretende neutralizar a

---

28 Carla Lonzi, *Sputiamo su Hegel*, op. cit., p. 29.
29 Ibid., p. 15.
30 Ibid., pp. 14-5.

guerra e reconduzir os beligerantes à identidade (dos contrários). Em Hegel, ela pressupõe que os senhores e os escravos participam de uma mesma comunidade. Para lutar, ambos se apoiam em uma realidade social e política compartilhada da qual resulta não somente a identidade dos contrários, mas também a identidade do objetivo, pois eles buscam a mesma coisa: a tomada do poder.

Dominantes e dominados não compartilham uma realidade comum anterior, porque os valores, as instituições, as normas e as leis da "comunidade" foram estabelecidas pelos conquistadores, e os conquistados devem respeitá-las. A mediação integradora que a dialética busca fazer funcionar na Europa, ao tentar apagar da memória dos vencidos a guerra que os tornou "escravos", é inoperante na colonização e nas mulheres, uma vez que a "guerra" está sempre presente", não se transforma em "direito", em "instituições" compartilhadas, em normas pacificadas.

A dialética é a continuação da guerra por outros meios para integrar os "vencidos" ao "mundo comum" dos dominantes.

"O axioma de que tudo o que é racional é real reflete a convicção que a astúcia da razão não deixará de concordar com o poder. A dialética é o mecanismo que deixa continuamente aberta a porta para essa operação."[31]

O "negro" e a "mulher" não são realidades naturais que sempre existiram. Os conquistadores as criaram, assim como criaram os lugares que eles ocupam e os assujeitamentos aos quais são convocados. Eles não existiam anteriormente.

1.5. A heterogeneidade dos assujeitamentos

As classes das mulheres e dos colonizados introduzem novidades notáveis quanto às técnicas de assujeitamento e dão um novo conteúdo ao conceito de revolução social.

---

31   Ibid., p. 20.

Embora Tronti redescubra uma tradição do movimento operário segundo a qual a emancipação não passa pelo trabalho, mas por sua "recusa", a impossibilidade da dialética de desmanchar as relações hierárquicas colono-colonizado e homem-mulher força os colonizados e as mulheres a levar a crítica do trabalho a outro patamar, pois, mesmo trabalhando, eles não fazem parte nem da "força de trabalho" nem do "trabalho produtivo".

As modalidades de assujeitamento e subjetivação de mulheres e colonizados não se originam exclusivamente, tampouco principalmente, no "trabalho".

Certamente, afirma Lonzi, da mesma maneira que as feministas de origem operaísta do "salário para o trabalho doméstico", é preciso se questionar por que o marxismo não viu nem reconheceu a exploração da mulher na família, no trabalho de produção e reprodução da força de trabalho. Se é verdade que "o trabalho doméstico não remunerado é o serviço que permite que o capitalismo, privado e de Estado, se reproduza",[32] o problema colocado pelo feminismo vai além do trabalho, pois "a mulher é igualmente e sobretudo oprimida enquanto mulher, em todos os níveis sociais: não em um nível de classe, mas de sexo".

A dominação já se insere no ato sexual, que é uma relação entre um "sexo colonizador e um sexo colonizado". "A mulher é oprimida dentro do modelo sexual." Ela é submetida ao adestramento sexual de seu corpo, que Lonzi define como uma aculturação não ideológica que "programa" a mulher na diferença da hierarquia de sexo "desde a infância".

O ato sexual é o "núcleo primário" no qual se instala o poder patriarcal, cujo principal pilar é a heterossexualidade. É

---

32 Carla Lonzi, "Manifesto di rivolta femminista", *Sputiamo su Hegel*, op. cit., p. 8.

pelo ato sexual que a mulher é produzida como "passiva" e "inferior", ao passo que o homem encontra nela a convicção da própria superioridade. Ele é o "pressuposto da família patriarcal autoritária, opressiva e antissocial". A condição do feminismo é "a abolição do esquema sexual masculino".

Para reivindicar autonomia e independência, para se desfazer dos papéis femininos, ela deve passar primeiramente não pelo trabalho, mas por práticas sexuais que não sejam subordinadas à lógica patriarcal e heterossexual": a "mulher vaginal", cujo ato sexual é destinado tanto à reprodução da espécie quanto à valorização da virilidade do homem que a reduz a objeto de prazer, deve dar lugar à "mulher clitorídea" que, pelo orgasmo, "exprime uma sexualidade própria" e uma "autonomia psíquica em relação ao homem".[33]

O poder que a "torna sexualmente colonizada" passa pelo corpo, pela anatomia, de maneira que seu "desassujeitamento" só pode começar pelo corpo.

"Interpretar a partir de bases econômicas" a dominação da mulher "significa recorrer a um mecanismo cujo impulso motor é ignorado [...]. Escapa ao materialismo histórico a chave emocional que determinou a passagem à propriedade privada". A patologia possessiva encontra origem no primeiro objeto de posse "concebido pelo homem: o objeto sexual".[34]

A mulher vive na dependência econômica (da família, do pai, do marido), mas sua "liberação não consiste em alcançar a independência econômica, e sim em demolir a instituição que a escravizou por mais tempo que aos próprios escravos".[35]

A autonomia da mulher consiste na capacidade de "guardar para si a potência que, por milênios, ela cedeu ao seu senhor".

---

33 Carla Lonzi, "La donna clitoridea e la donna vaginale", op. cit., p. 66.
34 Carla Lonzi, *Sputiamo su Hegel*, op. cit., p. 16.
35 Ibid., p. 35.

O limite do marxismo (e de suas formas políticas de organização) é negligenciar as técnicas da constituição da subjetividade assujeitada. Ela é reduzida a uma simples dedução da estrutura econômica, enquanto "a família é o fundamento da ordem patriarcal, instituída não somente sobre interesses econômicos, mas sobre os mecanismos psíquicos do homem que em todas as épocas viu a mulher como um objeto de dominação".[36]

O espaço que o homem ocupa com o dispositivo de dominação patriarcal não é um espaço físico, mas "histórico, psicológico e mental".[37]

As revoluções socialistas não produziram qualquer mudança nas subjetividades, já que elas produzem as mesmas "disfunções da psique humana".

O que falta à teoria socialista, pergunta Lonzi, e que as mulheres poderiam trazer? "Lênin prometia liberdade, mas não aceitava o processo de liberação que para as feministas partia do sexo."[38] Ele acharia "escandaloso" o trabalho de Clara Zetkin, que, com as jovens operárias, se ocupava sobretudo de "sexo e casamento". Lênin negligenciava completamente a função político-econômica do modelo social, enquanto "as mulheres e os jovens viam uma relação direta entre eliminação da propriedade privada e amor livre".[39]

A mudança subjetiva não deve ser relegada a uma "revolução cultural que segue e integra a revolução estrutural", e, consequentemente, essa mudança não está fundada em uma revisão ideológica. O processo de dessubjetivação é uma tarefa fundamental da organização "política" que, para cumpri-la,

---

36 Ibid., p. 25.
37 Carla Lonzi, "La donna clitoridea e la donna vaginale", op. cit., p. 118.
38 Ibid., p. 98.
39 Carla Lonzi, *Sputiamo su Hegel*, op. cit., p. 24.

deve necessariamente modificar suas estruturas e objetivos, já que ela não se completa com a tomada do poder do Estado.

Livrar-se do assujeitamento "mulher" é, para Lonzi, tão revolucionário quanto se livrar do assujeitamento "operário". O processo de dessubjetivação "não é ideológico, mas vivido durante boa parte de sua própria vida, por meio de todo tipo de desvio da norma" que permitiu à mulher "experimentar sua própria iniciativa resistindo à pressão da colonização, que convocava fortemente aos papéis e, por isso, à promessa de gratificação e ao consenso do homem".[40]

Finalmente, Lonzi terá dificuldade em manter juntos o modo de produção patriarcal-doméstico e o regime político da heterossexualidade.

Os colonizados afirmam o mesmo "afastamento" quanto aos conceitos marxistas e às modalidades de organização do movimento operário.

O assujeitamento dos colonizados não coincide com o dos operários da metrópole. Em sua carta de desfiliação do Partido Comunista Francês, o poeta e militante antilhano Aimé Césaire aponta essa outra cegueira dos revolucionários europeus.

"A luta dos povos coloniais contra o colonialismo, a luta dos povos de cor contra o racismo é muito mais complexa – quero dizer, de uma natureza totalmente diferente da luta do operário francês contra o capitalismo francês, e não pode ser de maneira alguma considerada como uma parte, um fragmento dessa luta."[41]

Em uma situação não dialética como a da colonização, *o trabalho não tem qualquer função de emancipação; ele é simplesmente exploração, dominação, destruição de mundos e de subjetividades.*

---

40 Carla Lonzi, "La donna clitoridea e la donna vaginale", op. cit., p. 92.
41 Aimé Césaire, "Carta a Maurice Thorez", disponível em <https://www.humanite.fr/node/488777>.

O escravo da colônia "não é de forma alguma assimilável" ao escravo hegeliano, que, "perdendo-se no objeto, encontra no trabalho a fonte de sua liberação [...]. Em Hegel, o escravo se afasta do senhor e se volta para o objeto. Aqui, o escravo volta-se para o senhor e abandona o objeto".[42]

Fanon sinaliza que a autonomia e a independência do colonizado pressupõem um "trabalho" sobre si, pois "pouco a pouco se forma e se cristaliza no jovem antilhano uma atitude, um hábito de pensar e perceber" essencialmente branco. "Subjetivamente, intelectualmente, o antilhano se comporta como um branco."[43]

O reconhecimento que o colonizado busca é um "reconhecimento que Hegel não descreveu": ser reconhecido como branco. O negro, "após ter sido escravo do branco, se auto-escraviza".[44]

O assujeitamento do negro é diferente daquele do escravo hegeliano, mas igual ao do operário alienado de Marx, e deve ser objeto de uma intervenção política específica.

Na situação colonial, o trabalho político é duplo, pois não se pode "descartar a subjetividade". *O negro deve conduzir uma luta dupla*, tanto "no plano objetivo como no plano subjetivo". O homem de cor deve ser liberado de si mesmo, pois a "alma negra" é frequentemente "uma construção do branco".[45]

A colonização não é apenas uma máquina de expropriação, de pilhagem e de guerra, mas também um "complexo psicoexistencial".

A expropriação, o despojamento, a invasão e o assassinato vêm acompanhados de um saque e "de uma liquidação de seus sistemas de referência, o colapso de seus esquemas

---

42 Frantz Fanon, *Pele negra, máscaras brancas*, op. cit., p. 183.
43 Ibid., p. 132.
44 Ibid., pp. 69; 162.
45 Ibid., pp. 84; 29; 28.

culturais". O ocupante impõe "novas formas de ver" e um "julgamento negativo quanto a suas formas originais de existir".[46] A mumificação cultural gera uma mumificação do pensamento individual.

O colonizado não poderá conhecer o "fim da história" (pois ela nunca começou!), mas ele já conheceu "o fim do mundo".

A obstrução da dialética afeta a experiência corporal, pois a exclusão está ligada à pele. O poder colonial trabalha profundamente os corpos, até os músculos, *até* os nervos, *até* a estrutura fisiológica do colonizado.

Se, "no mundo branco, o homem de cor encontra dificuldades na elaboração de seu esquema corporal", "os sonhos do indígena são sonhos musculares, sonhos de ação, sonhos agressivos",[47] uma agressividade sedimentada nos músculos.

Lonzi e Fanon remontam essa não problematização da subjetividade à crença marxiana de que ela seria determinada por uma "base material".

"A cisão entre estrutura e superestrutura sancionou uma lei segundo a qual desde sempre e para sempre as mudanças da humanidade foram e serão mudanças de estrutura: a superestrutura refletiu e refletirá essas mudanças."[48]

46   Frantz Fanon, "Racisme et culture", in *Œuvres*, p. 721.
47   Frantz Fanon, *Pele negra, máscaras brancas*, op. cit., p. 103; *Os condenados da Terra*, op. cit., p. 39. Esse trabalho sobre a subjetividade não pode ser objeto da psicanálise ocidental, pois ela é um dispositivo cúmplice dos poderes dominantes, sobretudo o colonial e o patriarcal. Para Lonzi, o "feminismo deve tomar o lugar que a psicanálise ocupa para o homem". Fanon, por sua vez, tem fortes dúvidas quanto à fecundidade do complexo de Édipo, que "longe está de surgir entre os negros". A estrutura da família branca francesa e europeia é "uma instituição que pressupõe uma instituição mais vasta", a nação. O complexo de Édipo não se enraíza unicamente no "romance familiar", mas remete também à "pessoa moral" e "paterna" do Estado e à sua função na formação e no controle das subjetividades. A família colonizada não se estrutura segundo os princípios da família europeia e não tem a mesma relação com o Estado – uma saída para a cegueira universalista da psicanálise.
48   Carla Lonzi, *Sputiamo su Hegel*, op. cit., p. 36.

A divisão entre estrutura e superestrutura impede igualmente de alcançar a realidade da situação colonial, afirma Fanon: "Nas colônias a infraestrutura econômica é igualmente uma superestrutura. A causa é consequência: o indivíduo é rico porque é branco, é branco porque é rico."[49]

Em outras palavras, a divisão racial é um elemento estrutural da mesma maneira que a divisão do trabalho. Nas colônias, as duas divisões se sobrepõem da mesma maneira que as divisões de gênero se sobrepõem às divisões de classe.

Como para a mulher, a condição do colonizado tem parte com o trabalho, mas vai além dele, pois tange a raça e o sexo. A "recusa do trabalho" é aqui indissoluvelmente ligada à recusa da condição de colonizado e da condição de mulher – algo inconcebível para Tronti. A incapacidade de integrar essas reflexões é certamente a causa principal do desaparecimento dos partidos comunistas.

1.6. Sair da História e da dialética e romper com as revoluções socialistas

Lonzi e Fanon têm o mesmo problema: sair da história (e da dialética), o que significa muitas coisas. Antes de mais nada, para sair da história, é preciso se desfazer de sua concepção progressiva e linear que prossegue por etapas. Sair da história significa romper subjetivamente com a temporalidade, com as ordens causais, continuidades e objetivos predeterminados, e operar um "salto", uma descontinuidade ao introduzir "a invenção na existência". À definição da natureza do homem hegeliano como negativo-negador Fanon opõe a afirmação de que "o homem é *sim* [...]. Sim à vida. Sim ao amor. Sim à generosidade".[50]

---

49 Frantz Fanon, *Os Condenados da Terra*, op. cit., p. 29.
50 Frantz Fanon, *Pele negra, máscaras brancas*, op. cit., p. 184.

Seguir a via nietzschiana, no entanto, não significa cair na frenética *proliferação das diferenças* que evita se confrontar com o "negativo" não dialetizável da guerra, da exploração e da colonização. Saindo do trabalho do negativo hegeliano, a luta deve sempre exprimir um "não" potente, um "não" de recusa e de ruptura, articulando negação e afirmação: "O homem é também um *não*. Não ao desprezo do homem. Não à indignidade do homem. À exploração do homem."[51]

A transmutação do homem "reacional" em homem "acional" não se faz pela dialética, tampouco pela diferença, mas pela "potência da violência revolucionária".

Em Fanon, o que liberta não é a dialética do trabalho, mas a luta de "descolonização" que "atinge o ser, modifica fundamentalmente o ser" introduzindo "no ser um ritmo próprio" que transforma os "espectadores sobrecarregados de inessencialidade em atores privilegiados".[52]

O escravo produz um movimento que não é dialético, mas estratégico. Há uma oposição, mas ela não dá origem à identidade dos contrários que é sempre a expressão de uma lógica estatal. Somente os Estados (europeus) desencadeiam guerras entre "iguais". *As guerras de classes, de raça e de sexo envolvem forças heterogêneas e assimétricas.*

Os trabalhadores europeus falharam em dar continuidade à Revolução, "os trabalhadores, eles também, se imaginaram ligados à aventura prodigiosa do Espírito europeu".[53] Eles se fizeram apanhar no universal hegeliano, enquanto ele exclui por definição. A batalha política a ser levada adiante não busca o alargamento do universal. Como em Hegel, há limites bastante precisos, estruturais e não contingentes, que não

---

51 Ibid.
52 Frantz Fanon, *Os condenados da Terra*, op. cit., p. 26.
53 Ibid., p. 273.

podem ser ultrapassados pela simples extensão. A realização do universal é como a promessa de riqueza para todos no capitalismo, sempre adiada e sempre por vir. Além disso, o único universal realmente existente é o "dinheiro". Os limites do universal, continuamente dificultados e continuamente ampliados, são os limites do dinheiro.

Sair da história e da dialética significa, para Lonzi, sair do "sujeito" e de suas temporalidades. Com o conceito de "sujeito imprevisto", ela parece mirar na classe operária como uma subjetivação conhecida de antemão. "Aquele que não está na dialética senhor/escravo se torna consciente e introduz no mundo o sujeito imprevisto".[54]

O sujeito imprevisto é então ruptura dos papéis e funções da feminilidade, desidentificação da mulher, invenção e construção de novos "sujeitos" em vez de uma simples permutação. A produção de uma nova subjetividade suscita conflitos e inimigos, mas eles não seriam, respectivamente, nem dialéticos nem "idênticos" que se oporiam como "contrários".

O sujeito imprevisto implica um "ato imprevisto" que cria os possíveis de sua própria liberação, escapando assim aos "possíveis" contidos na cultura e na dominação masculina. "Apenas por meio de um ato imprevisto a mulher pode sair do papel de objeto, mas ser livre significa: não aceitar colocar a própria salvação nas mãos dos outros."[55]

O ato imprevisto requer audácia, pois ele não é regido por qualquer senso de história, tampouco pela certeza de uma missão histórica a ser cumprida. Ele não tem a segurança da dialética, que era ainda consoladora. O sujeito imprevisto e o ato imprevisto querem "estar à altura de um universo sem respostas", sem certezas, sem garantias.

54 Carla Lonzi, op. cit., p. 47.
55 Ibid., p. 115.

"Presente, não futuro" – esse enunciado de Lonzi, que não poderia ser mais sintético, exprime toda a passagem operada no século XX. O futuro continua uma promessa, enquanto o presente é a temporalidade da ruptura, o aqui e agora que abre o processo da destruição em ato dos estereótipos da feminilidade e de subjetivação.

"O problema feminino é em si meio e fim das mutações substanciais da humanidade. Ele não precisa de futuro [...]. Não existe objetivo, existe presente. Somos o passado obscuro do mundo, nós realizamos o presente."[56]

Nenhum futuro e imanência do fim e dos meios. Tempos, finalidades e meios são segregados pela ruptura e os processos de subjetivação, quer dizer, pela "máquina social" (feminismo) cuja interrupção do tempo histórico e a invenção de novos meios e novos objetivos tornaram a existência possível. A única maneira de conceber o futuro é considerá-lo "imprevisto em vez de excepcional".[57] "Nós não éramos o futuro, mas o desejo de não perder o presente", assim descreve Erri De Luca a geração de 1968.

O presente de que fala Erri de Luca não é o "presentismo" descrito pelos historiadores contemporâneos, mas o "aqui e agora" da revolução que requer não relegar a mudança ao amanhã, mas pensá-la e inseri-la no "presente".

Sair da história não significa de modo algum reencontrar uma essência perdida, já que, tanto para as mulheres quanto para os colonizados, não há paraíso a se reconquistar. "A ideologia da repressão criou uma falsa expectativa na humanidade por meio de um diagnóstico errado." A crença em uma "espontaneidade a ser recuperada" no passado havia vingado "porque era inconcebível que algo de novo pudesse

---

56   Ibid., p. 48.
57   Ibid., p. 36.

acontecer".[58] A mulher "não aspira ao matriarcado" como um estado originário, alienado pelo poder.

I.7. Autonomia das organizações políticas de mulheres e colonizados do movimento operário

> *Ser revolucionário é bom, mas para nós, negros, isso não basta. Não devemos ser revolucionários acidentalmente, mas propriamente negros revolucionários.*
> — Aimé Césaire

As mulheres e os colonizados reclamam organizações autônomas para responder aos problemas dos quais a organização e a teoria do movimento operário não se ocupavam. Sair da dialética e da história tem assim um último significado: abandonar as formas de organização do movimento operário codificadas pela Revolução Soviética e conquistar a própria autonomia e independência. O partido "é uma noção importada da metrópole. Esse instrumento das lutas modernas é aplicado sem alteração alguma"[59] na realidade proteiforme das colônias.

Confrontada a uma realidade que nada tem em comum com *Operários e Capital*, "a máquina do partido mostra-se impermeável a toda inovação",[60] pois, na colônia, a classe operária ou não existe ou é uma pequeníssima minoria.

Os colonizados não apenas se recusam a se submeter à hegemonia da classe operária e do movimento operário, mas também reivindicam modalidades de organização separadas. A questão colonial não pode ser tratada como parte de um

---

58   Ibid., p. 94.
59   Frantz Fanon, *Os condenados da Terra*, op. cit., p. 90.
60   Ibid., p. 103.

conjunto mais importante, os interesses do partido comunista, que, imbuído da política que ele mesmo deveria combater, gera desconfiança em Aimé Césaire.

As posições políticas dos membros do Partido Comunista Francês denunciadas pelo poeta antilhano demonstram que o espírito do imperialismo de apropriação e dominação do mundo passou para o marxismo: "O anticolonialismo dos comunistas franceses traz ainda as marcas do colonialismo que ele combate [...]: o assimilacionismo inveterado, o chauvinismo inconsciente, a convicção bastante primária – que compartilham com os burgueses europeus – da superioridade omnilateral do Ocidente, a crença de que a evolução tal como foi operada na Europa é a única possível, a única desejável, que é por ela que o mundo inteiro deverá passar."[61]

Aimé Césaire é bastante afiado em suas afirmações de independência e autonomia que rejeitam a hegemonia do movimento operário: "As forças que lutam contra a colonização só podem definhar em organizações que não lhes são próprias, feitas por elas, feitas para elas e adaptadas a fins que apenas elas podem determinar."[62]

Teoria e consciência não podem *vir de fora*. Ao mesmo tempo que montam as próprias organizações, os colonizados devem elaborar as próprias estratégias, como amplamente demonstrado pelas revoluções asiáticas.

"Que qualquer doutrina só valha quando repensada por nós, repensada para nós, convertida a nós", daí a necessidade de se livrar do paternalismo europeu que "em todos os partidos, e em todas as áreas, da extrema direita à extrema esquerda, tem o hábito de fazer por nós, o hábito de se dispor para nós, o hábito de pensar por nós, enfim, o hábito

---

61   Aimé Césaire, "Carta a Maurice Thorez".
62   Ibid.

de nos contestar o direito à iniciativa que é, em última análise, o direito à personalidade".[63]

Essa demanda de autonomia organizacional se encontra radicalizada no feminismo: "Nós nos comunicamos somente com mulheres." É talvez no movimento feminista que se encontra a crítica mais radical da centralização e da verticalidade das relações de poder dentro do "partido" e das finalidades "socialistas" da organização revolucionária. A transformação dos "papéis sociais", que a revolução remete a um pós-revolução, é o objeto imediato das práticas políticas. As mulheres, para se tornarem um sujeito político autônomo, inventam uma democracia radical "aqui e agora". No seio dos grupos de autoconsciência, elas experimentam novas relações horizontais, não hierárquicas, produtoras de um conhecimento coletivo específico das mulheres. O conceito e a prática da "representação" e da delegação estão ausentes, pois o problema não é nem a tomada nem a gestão do poder.

As modalidades de organização do movimento operário são construídas em vista da tomada do poder e são consideradas insuficientes para realizar a emancipação da mulher: "Nós buscamos a autenticidade do gesto de revolta, e não a sacrificaremos nem à organização nem ao proselitismo."[64]

Essa crítica acirrada da "revolução" tem um lado que poderia ser dito "despolitizante". Ao final de suas reflexões, Lonzi consegue separar as práticas de constituição e afirmação do sujeito autônomo, a revolução social (a prática de autoconsciência como modalidade de subjetivação entre mulheres) e a questão da revolução política, produzindo então dois conceitos de "politização" muito diferentes e, segundo ela, incompatíveis. A autonomia da organização feminista se fecha sobre

---

63 Ibid.
64 Carla Lonzi, "Manifesto di rivolta femminista", op. cit., p. 10.

ela mesma e conduz a uma subtração da ação política do confronto entre classes. Como Foucault, que, mais tardiamente, separa os "processos de liberação" das "práticas de liberdade", Lonzi opõe como não compatíveis as *"práticas sexuais" da liberdade* da libertação *das relações sociais de sexo*.

Essa separação pode ser identificada como uma das causas dos fracassos da revolução. A separação entre devir revolucionário e revolução como mudança de regime sociopolítico e como abolição das classes terá uma ampla difusão nos movimentos da época, e só pode levar a um beco sem saída.

Para Fanon, diferentemente de Lonzi, a "tomada do poder" jamais está em questão, o único problema dos povos colonizados é saber que forças mobilizar, que organização construir "para realizar um Dien Bien Phu".

Por outro lado, o sujeito e as modalidades da revolução são problematizados. De modo significativo, *Os condenados da Terra* traz respostas diferentes à questão do *quem* e do *como* da revolução. Fanon afirma primeiramente que a revolução só poderá ser mundial e "há de ser feita com o auxílio decisivo das massas europeias", mesmo que elas tenham frequentemente se alinhado "a respeito dos problemas coloniais nas posições de nossos senhores comuns".[65] Ele está, portanto, alinhado às posições de Ho Chi Minh.

Mais adiante, nas conclusões, é o "Terceiro Mundo" que, tendo em conta as "teses às vezes prodigiosas sustentadas pela Europa", mas também seus "crimes", está encarregado de "recomeçar uma história do homem".[66] Aqui, há uma oposição entre "Terceiro Mundo" e "Europa" que não parece levar em consideração aquilo que Fanon nomeia anteriormente "nossos senhores comuns". O inimigo se torna a Europa como tal,

---

65 Frantz Fanon, *Os condenados da Terra*, op. cit., pp. 84; 84-5.
66 Ibid., p. 274.

o capitalismo parece desaparecer sob a divisão racial e com ele a dupla ventosa da sanguessuga de Ho Chi Minh, que corta sempre em dois o proletariado mundial (centro e colônias) e que faz a força da máquina capitalista. Essas ambiguidades conhecerão uma infeliz retomada no pensamento pós-colonial e decolonial, porque a revolução será evacuada.

Em apenas trinta anos, o modelo revolucionário foi seriamente fissurado, de um lado, porque Lonzi lhe tira toda a legitimidade para "libertar" as mulheres e, de outro, porque Fanon, de maneira ambígua, hesita quanto ao sujeito da revolução, embora mantenha-se fiel à tomada de poder pela força. As críticas suscitadas são de todo legítimas, mas, assim como todos os outros inúmeros "distanciamentos" do modelo soviético e asiático, elas serão incapazes de desenhar uma alternativa política, deixando o caminho livre para o Capital implantar sua terrível vingança. Na realidade, é o conceito de "luta de classes" que sai mal dessas lutas e teorias. Durante esse período, nos movimentos das mulheres, emergem posições teóricas e políticas que parecem poder criticá-lo sem abandoná-lo e, ao contrário, enriquecê-lo.

2. As lutas de classes no feminismo materialista

> *O materialismo é a ferramenta teórica dos oprimidos porque é a única teoria da história para a qual a opressão é a realidade fundamental, o ponto de partida.*
> — Christine Delphy

> *Na época do apogeu da desconstrução, os textos de Wittig praticam a destruição.*
> — Colette Guillaumin

> *Prefiro esclarecer a economia política do gênero a remeter seus "problemas" à economia.*
> — Nicole-Claude Mathieu

No começo dos anos 1970, o "feminismo materialista" opera um avanço teórico e político decisivo ao introduzir o conceito de "classe das mulheres". Ele renova as modalidades da ação política, evitando a alternativa em torno da qual esse terceiro ciclo foi fortemente derrotado: ou o abandono da luta de classes ou sua utilização clássica. Se ele coloca em uma crise profunda o marxismo que serviu de teoria às revoluções da primeira metade do século XX, esse feminismo também estabelece as bases para ultrapassar seus limites, mas sem renegar suas conquistas revolucionárias: a necessidade de destruir as relações de poder que estão nos fundamentos de (todas) as classes – operários, mulheres, racializados, cujo objetivo não deve ser a emancipação, mas a abolição.

Para esse feminismo, as mulheres constituem uma classe no sentido de Marx, dado que é preciso remontar sua constituição à violência da apropriação dos homens. Estes últimos, graças à apropriação, detêm o monopólio dos recursos materiais e simbólicos por meio dos quais impõem suas normas. O objetivo da hierarquia assim criada é a exploração, de inspiração marxiana, mesmo que o sentido seja simultaneamente ampliado e deslocado em relação a Marx, pois essa hierarquia compreende o trabalho doméstico, o trabalho sexual, o trabalho dito reprodutivo, o trabalho afetivo e o trabalho de cuidados.

A apropriação, as classes, as modalidades de exploração e de opressão são um "modo de produção" específico não capitalista, o "patriarcado", que travará relações igualmente específicas com a acumulação do capital.[67]

---

67 A heterossexualidade, "ao produzir desigualdades culturais, políticas e econômicas entre homens e mulheres", é um modo de produção no sentido marxiano do termo, que, no entanto, não produz apenas "mercadorias, mas também pessoas". A heterossexualidade produz homens e mulheres como tais (Federico Zappino, *Comunismo queer*. Meltemi, 2019). O conceito de modo de produção evita os inconvenientes (uma espécie de "idealismo") das feministas que reduzem a dominação ao simbólico e ao performativo e pode até mesmo enriquecer o conceito de "produção

"O trabalho das mulheres forma um todo, apesar de utilizar mecanismos diferentes, trabalho assalariado e exploração doméstica. O mercado de trabalho não é puramente capitalista, mas também patriarcal, e o patriarcado, inversamente, como estrutura econômica, não tem uma localização – a família –, mas duas: a família e o mercado de trabalho. O modo doméstico 'puro' regride e um modo 'misto' se torna dominante", afirma Christine Delphy.

A inspiração é marxiana, mas ela escapa ao perigo do economismo no qual o marxista está sempre pronto para cair, pois essa enorme quantidade de trabalho não passa somente pelo mercado e pela produção propriamente capitalista. De maneira nenhuma esse modo de produção, como gostariam Marx e os marxistas, se subordinará completamente às relações de poder pré-capitalistas, o que implica que o patriarcado, antes de se acordar com o capital, garante vantagens e privilégios aos homens como classe. O trabalho assalariado não porá fim ao patriarcado, como acreditava Engels, e não substituirá o trabalho doméstico, como acreditava Lênin.

O feminismo materialista, até aqui ainda em sintonia com Marx, é uma teoria do conflito, pois sem "a revolta, a luta, não há categorias de oposição, mas apenas categorias de diferença".[68] O conflito é também condição do conhecimento fundado em um ponto de vista de *partisan*.

de subjetividade". Esse conceito também permite uma crítica bem-vinda do "trabalho reprodutivo". "A heterossexualidade é o modo, ou a racionalidade, que governa a transformação dos corpos em gêneros e a produção da matéria que nós somos em bens. Enquanto continuarmos a definir como 'produtivo' o trabalho necessário para esse objetivo, a possibilidade de identificar e subverter o modo de produção heterossexual nos será interdita. Exatamente como em Marx, o modo de produção heterossexual opera em duas frentes: por um lado, ele trabalha de maneira independente para reproduzir a si mesmo e, portanto, para conservar a ordem heterossexual dos gêneros; por outro lado, ele funciona para a criação da mais-valia" (Introdução à edição francesa de *Comunismo queer*).

68   Monique Wittig, *La pensée straight*. Paris: Amsterdam, 2007, p. 39.

A referência política a Marx acompanha uma crítica da teoria marxista, porque ela "não permite às mulheres nem às outras categorias de oprimidos que elas se constituam como sujeitos históricos",[69] ou seja, que elas se constituam numa classe, fazendo da relação mulher-homem uma relação natural.

Se esse feminismo retém e desenvolve o conceito de classe, e recusa sua definição exclusivamente "coletiva" pois "uma classe são também indivíduos um a um", isso quer dizer que o conceito deve assumir "a necessidade de todo ser humano de existir como indivíduo ao mesmo tempo que como membro de uma classe". Uma concepção distributiva da ação substitui uma simples definição coletiva de classe.

Nem "diferença", nem "alteridade", nem "dificuldade", mas lutas de classes: essa é a palavra de ordem desse feminismo, donde se pode deduzir que diferença, diversidade e alteridade, sem essas lutas, produzirão certamente "hierarquias" e servirão ao poder.

Esse ponto de vista não vingará entre as organizações políticas dos anos 1970 nem mesmo dentro do feminismo, submerso por uma terceira onda caracterizada por um recurso imoderado ao pós-estruturalismo. Retomá-lo e desenvolvê-lo parece necessário, pois a conjuntura do pós-68 é marcada por aquilo que o Capital e o Estado não hesitam em chamar de guerras entre classes.

2.1 Sexo, sexualidade, gênero

O feminismo materialista introduz novidades notáveis nos campos em que o marxismo não podia se aventurar devido a suas premissas históricas, enquanto demonstra a pertinência da metodologia das "lutas de classes" negligenciadas por grande parte das correntes da segunda (ver Lonzi acima) e da terceira onda feminista (parte do movimento *queer*).

69 Ibid., p. 54.

A opressão das mulheres e o poder dos homens sobre as mulheres devem ser analisados como "relações sociais de sexo", ou ainda "relações de classes de sexo". O sexo é uma relação social à moda marxiana ("o capital não é uma coisa, mas uma relação social").

Para Nicole-Claude Mathieu, que introduz esses conceitos já no começo dos anos 1970, a divisão binária do gênero é alheia à ideia de sexo como realidade biológica. O sexo é "social".

"Os sexos não são simples categorias biossociais, mas classes (no sentido marxiano) constituídas pela relação de poder dos homens sobre as mulheres e nessa relação, que é o próprio eixo da definição do gênero (e de seu avanço sobre o sexo)."[70] A dominação dos homens sobre as mulheres implica que um sexo só pode se conjugar ao outro, o que significa a imposição de uma heterossexualidade obrigatória.

O "sexo social" é criado para legitimar e sustentar uma hierarquia de gênero fundada na opressão. O sexo se torna então a marca que identifica as categorias de gênero ao mesmo tempo que mascara biologicamente a relação de poder.

É apenas nesse sentido que o biológico tem uma relação estreita com o poder, e certamente não pela biopolítica de Foucault ou Agamben. O poder opera precisamente a redução das hierarquias políticas a diferenças biológicas (sexo, raça). A ação dos movimentos de mulheres e colonizados desmascara o biológico como marca da opressão e afirma sua natureza política.

Para Christine Delphy, em resumo, a apropriação violenta cria os dois gêneros (ou classes) ao estabelecer uma hierarquia que, por sua vez, inventa os marcadores das duas classes, ou seja, os sexos.

Não existe um sexo biológico, um corpo biológico investido posteriormente pelas relações de poder entre classes. A linha causal é invertida, o sexo não é considerado um ponto de partida,

---

70   Nicole Claude Mathieu, *L'anatomie politique 2*. Paris: La Dispute, 2014.

um substrato natural sobre o qual se pode fazer uma diferenciação. Pelo contrário, a hierarquia cria uma divisão social, dois grupos que são identificados por marcadores. Esses marcadores (tanto o sexo quanto a cor, no caso do racismo) não são os primeiros nas divisões pois eles não podem por si próprios explicar a exploração. "A exploração só pode ser explicada por si mesma".

2.2. A crítica do queer

A polêmica com parte das posições do movimento *queer* merece destaque, pois a terceira onda do feminismo herda muito do pensamento 68 (principalmente de Foucault) e de seu apagamento das lutas de classes.

Na teoria *queer*, a principal área em que se exerce a opressão é a sexualidade, ou seja, a designação de cada indivíduo a um papel na sexualidade é o que constitui o essencial da opressão e da explicação da divisão binária da humanidade. Na teoria materialista, segundo Delphy, a obrigação de manter papéis determinados na sexualidade é algo que está "relacionado a outras áreas de opressão, porque o gênero é um estatuto social global" que exige que os dois gêneros "tenham papéis hierarquicamente estabelecidos em todas as áreas (*trabalho, cultura, amor, família, ciência, técnica, arte, literatura, sexualidade etc.*)." As posições de um gênero em uma área estão necessariamente ligadas às posições do gênero em outra, de modo que a sexualidade é apenas uma dessas áreas.

É preciso distinguir a *heterossexualidade como "regime político"* (Wittig) de *heterossexualidade como orientação sexual*. A primeira produz classes de homens e mulheres, distribuindo quem manda e quem obedece; a segunda decorre da primeira e a legitima.

A não distinção da heterossexualidade como regime político e orientação sexual levou a uma série de mal-entendidos. Antes de mais nada, não é na busca de outra sexualidade ou na invenção de novas inclinações sexuais que se deve investir, mas na destruição da heterossexualidade como instituição que autoriza e legitima que "alguns dominem e possuam tudo, incluindo as mulheres", e que os outros sejam "dominados e apropriados".[71] A heterossexualidade como regime político tem um alcance maior e mais radical que a determinação das orientações sexuais porque ela entra nos processos de constituição, de reprodução e de naturalização da "raça" e da "classe". A sociedade heterossexual não oprime "apenas as lésbicas e os homens homossexuais, ela oprime diversos outros diferentes, ela oprime todas as mulheres e numerosas categorias de homens, todos aqueles que estão na situação de dominado".[72]

As relações de poder entre os sexos e entre as raças estão "ancoradas na economia, no jurídico e no cultural" e são "perpetuadas pela violência verbal e física", nota Nicole-Claude Mathieu ao desfazer muitas das ilusões próprias às teorias dos anos 1970 retomadas ainda hoje: "Dizem-nos que é preciso conduzir as margens ao centro... Isso pode parecer loucura em termos de definição... Porque é tomar um conjunto (minorias/maioria) de definição dialética hierárquica (vertical) por um tabuleiro de xadrez (horizontal) em que as casas brancas e pretas são distintas mas equivalentes, e no qual qualquer peão, preto ou branco, pode de fato ser levado ao centro."[73]

A teoria *queer* afirma a artificialidade do gênero e, portanto, o considera modificável, mas ao mesmo tempo evita problematizar as "relações sociais de sexo". Para poder elaborar estratégias capazes de transformá-las, é preciso saber de que maneira elas foram construídas, com que dispositivo e com quais técnicas elas são reproduzidas. O feminismo materialista

---

71 Monique Wittig, *La pensée straight*, op. cit.
72 Ibid., p. 63.
73 Nicole-Claude Mathieu, *L'anatomie politique 2*, op. cit.

coloca na base de sua construção a opressão, o ato de apropriação pela violência que, construindo as classes, forma e distribui os gêneros, os sexos e suas funções.

A teoria *queer* concebe o gênero antes como a construção de uma diferença cultural ("somos *culturalmente construídos* de forma radical", diz Butler), subjetiva e produzida por normas (sobretudo linguísticas), mas não diz muito sobre a natureza e a instituição dessas normas.

"As normas nos precedem e agem sobre nós, e nós somos obrigados a reproduzi-las", mas elas não são, longe disso, unicamente de origem discursiva, performativa, simbólica. Elas são a expressão de uma guerra de conquista, institucionalizada em um modo de produção. O construtivismo *queer* não consegue conceber a especificidade desse modo de produção capaz de imbricar estreitamente a heterossexualidade como "regime político", a obrigação do trabalho servil e a dominação patriarcal. Imbricação indispensável ao funcionamento do capital.

Esse modo de produção compreende simultaneamente o ato de força na origem da formação das classes (a vitória de uma classe sobre outra, a mulher é uma "vencida", diz Lonzi) e a reprodução do assujeitamento normativo dos homens e das mulheres e das hierarquias necessárias à sua dominação e à sua inserção no "trabalho".

A teoria da "reprodução", que fez um grande sucesso a partir de 1968, sofre dos mesmos limites. Ela reconhece apenas um único modo de produção, o descrito por Marx, de modo que a reprodução ainda está subordinada à produção.

A teoria *queer* pretende "desfazer o gênero", desestabilizar o binarismo da heterossexualidade, como se o modo de produção distribuísse apenas as orientações sexuais, sem tocar na "materialidade" da divisão hierárquica em todas as áreas e não somente na sexualidade.

De modo algum isso é a mesma coisa que querer "problematizar os gêneros" e eliminar a relação de poder que os instituiu. Butler explicita perfeitamente os limites desse "feminismo *queer*", uma *tática* de todo legítima, aliás, mas parcial e limitada. "O objetivo era precisamente relaxar o domínio coercitivo das normas sobre a vida generificada – o que não é o mesmo que transcender ou abolir todas as normas – com a finalidade de viver uma vida mais vivível."[74]

Nancy Fraser especifica de maneira ainda melhor os pressupostos das políticas, frequentemente de origem liberal, assumidas por parte da terceira onda, que reivindicam a igualdade jurídica, o reconhecimento e a abolição das discriminações, ao afirmar que "não precisamos derrubar o capitalismo" para resolver esses problemas.[75] Isso significa que o capitalismo pode prescindir da heterossexualidade, novamente entendida unicamente como orientação sexual. Fraser ignora a natureza do gênero, que não é originada de uma simples discriminação. O gênero não se limita a determinar desigualdades, pois é uma "relação social de sexo" tanto quanto uma relação social de capital. Ambas essas relações produzem primeiramente não discriminações, mas classes.

---

[74] Judith Butler, *Corpos em aliança e a política das ruas: Notas para uma teoria performativa de assembleia*. Trad. Fernanda Siqueira Miguens. Rio de Janeiro: Civilização Brasileira, 2018.

[75] Os argumentos do feminismo materialista se diferenciam radicalmente do debate de Fraser e Butler, fundado na oposição econômica/cultural na governamentalidade do poder em vigor. Para tal debate, as raízes da opressão estariam na falta de "reconhecimento" da parte instituições que, ao construir a "heterossexualidade como norma e a homossexualidade como desvio", negam "a paridade participativa a gays e lésbicas" (Nancy Fraser). De qualquer forma, as duas feministas opõem-se a partir de uma concepção compartilhada: uma política do reconhecimento. Butler escreve: "A questão do reconhecimento é importante", pois se a igualdade é uma igualdade de reconhecimento, "todos os sujeitos humanos" devem ser "igualmente reconhecíveis" (*Corpos em aliança e a política das ruas*, op. cit.). Elas jamais saíram da dialética hegeliana.

Para Butler, o objetivo é "salvaguardar os rompimentos com a normalidade e oferecer apoio e afirmação para os que realizam essas rupturas". "A aspiração política desta análise, talvez o seu objetivo normativo, é permitir que a vida das minorias sexuais e de gênero se tornem mais possíveis e mais suportáveis."[76]

Em vez de abolir os gêneros, a teoria de Butler busca multiplicá-los ao construí-los diferentemente, desconstruir o binarismo dos gêneros tornando suas fronteiras porosas, criar novos gêneros pela combinação de características.

Butler vê a possibilidade de variar o gênero como uma negociação, no entanto a base do gênero é um ato que não é negociado, mas imposto. Pode-se negociar apenas uma variação dentro dos limites fixados pelas classes (homens/mulheres, ou seja, dentro da heterossexualidade como regime político, patriarcal e doméstico), assim como os sindicatos só podem negociar dentro da relação de poder capital/trabalho que, por sua vez, não é negociável em si.

A teoria *queer* critica o feminismo materialista por considerar a divisão heterossexual como um bloco rígido e não transformável, incapaz de desmontar os dispositivos da heterossexualidade. Centradas em "identidades constituídas" (homens e mulheres), as feministas materialistas acabariam por considerar essas oposições binárias como "essências" (uma crítica surpreendente, pois é como se se afirmasse que as classes dos capitalistas e dos trabalhadores são oposições binárias essencializadas, ao passo que sabemos, pelo menos desde Hegel, que elas são apenas a expressão das relações de poder contingentes cuja existência depende das estratégias políticas).

---

76 O posicionamento de Butler é sintomático das mudanças ocorridas na teoria feminista após os anos 1970. Em sua produção encontram-se todos os autores e disciplinas que haviam sido duramente criticados pela segunda onda do feminismo, sobretudo Hegel, Lacan e a psicanálise.

A terceira onda do feminismo acredita ser capaz de desmanchar as relações de força estabelecidas pela apropriação material e pela tomada subjetiva por meio de uma simples performatividade/performance, o retorno do estigma contra aqueles que o causaram, a capacidade de desempenhar de outra maneira (paródia) "a comédia inevitável" da divisão de gênero inventando papéis, travestismos etc.[77]

Christine Delphy é bastante seca ao responder que a multiplicação dos "gêneros" pela combinação de elementos não resolverá o problema da hierarquia, pois a criação de novos gêneros será feita dentro de polos constituídos pelas duas classes (homem/mulher), ou seja, que a heterossexualidade como "regime político" continuará intacta.

"Você pode multiplicar à vontade os degraus de uma escada. Enquanto eles estiverem nessa escada, eles continuarão sendo simples graus de um *continuum* que é a própria hierarquia entre o masculino e o feminino. O superior e o inferior, que definem a escada, não são minimamente destruídos, sequer danificados! Um *continuum* na hierarquia não é uma ausência de hierarquia! Em vez de acabar com a hierarquia, ele apenas a deixa ainda mais sofisticada, sem acabar com os dois polos e sua significação social."

---

[77] Críticas sobre como emergir de dentro da galáxia "queer", a citação, a ressignificação e a o deslocamento por meio da paródia da masculinidade e da feminilidade, sobre os quais Butler e o *queer* insistem, constituem estratégias de resistência – e frequentemente de sobrevivência – cujas legitimidade e necessidade não só jamais devem ser confundidas com uma escolha, como também não devem esconder que, na falta de uma "subversão da heterossexualidade" [como regime político], as mulheres, os gays e as lésbicas continuam a depender do acaso ou da sorte de sua própria habilidade individual de produzir citações, significações e deslocamentos. O fora da heterossexualidade indicado por Wittig só pode ser construído se não nos privarmos da possibilidade de pensar a subversão material do modo de produção heterossexual do gênero, e não somente o deslocamento por meio da paródia e dos gêneros já "heterossexualmente produzidos". Federico Zappino, "Femminismo (e) queer. Per una critica dell'eterosessualità", in Anna Curcio (org.), *Introduzione ai femminismi*. Roma: DeriveApprodi, 2019.

Os gêneros *queer* não são gêneros no sentido da teoria materialista, mas das atitudes, das orientações sexuais, dos comportamentos unicamente na área da sexualidade, da prática social e da aparência.

A teoria materialista, que vê o gênero como aquilo que divide a humanidade entre opressores e oprimidos, deseja, pelo contrário, suprimi-lo. Esse ato político deve desfazer não apenas a sexualidade, mas antes a relação de poder e seus termos (as classes homens/mulheres). Ser feminista, para Wittig, seguindo Marx, significa "alguém que luta pelas mulheres como classe e pelo desaparecimento dessa classe".

O trabalho antropológico de Mathieu demonstrou que a "subversão do gênero" por sua proliferação não é uma novidade de nossa "pós-modernidade" sexual. Toda sociedade tradicional contempla um número improvável de desvios, de transgressões individuais ou coletivas, permanentes ou temporárias, quanto a sexualidade, gênero e sexo. Mas essas práticas *queer avant la lettre*, assim como as práticas *queer* contemporâneas, enfraquecem apenas parcialmente a opressão das mulheres, ou seja, a divisão em classes dos sexos. Depois de atravessar a heterogeneidade dos "problemas de gênero" das sociedades tradicionais, ela conclui que "apesar das mudanças de gênero e até mesmo de sexo [...], na base e abaixo da escala do gênero está o feminino: o sexo social 'mulher'",[78] ou seja, relações

---

78 "Embora o transexualismo esteja presente no pensamento inuíte [...], o sexo feminino original se transexualiza menos que o sexo masculino. [...] Apesar de as passagens de gênero existirem para os dois sexos nos fenômenos dos berdaches, as qualidades técnicas do homem-mulher eram frequentemente julgadas superiores às das mulheres comuns. Embora a passagem de gênero, tanto para os berdaches quanto para os inuítes, conferisse aos dois sexos uma qualificação para o xamanismo e os poderes de cura, o alcance e a qualidade desses serviços parecem muito mais importantes no homem tornado mulher que na mulher tornada homem" (p. 348). Os "berdaches", segundo a definição de Mathieu, "realizam um tipo de transgressão do sexo pelo gênero. Seja como rapaz que se torna mulher social ou

de produção que consistem na exploração das mulheres. As "transgressões", "quaisquer que sejam os modos de articulação conceitual entre sexo e gênero, e mesmo em suas transgressões recíprocas", afirmam sempre a inferioridade proclamada das mulheres em relação à classe dos homens e o funcionamento assimétrico dos gêneros.

O abandono das relações sociais de sexo, ou seja, da luta das classes, conduz não à "morte do Sujeito, mas à morte do Sujeito Político", afirma Mathieu.

2.3. Michel Foucault ou a teoria queer do poder

"Dizer a verdade sobre o sexo" certamente não é a obra do imenso aparelho de poder de que fala Foucault. Foram os movimentos feministas que produziram uma verdadeira "*parresía*" ao proclamar uma verdade sobre o "sexo" que derrubou instantaneamente o que a medicina, a psicanálise e outras ciências sociais produziram a esse respeito. É surpreendente o fato de que, ao escrever o primeiro volume da *História da sexualidade*,[79] em plena década de 1970, Foucault pareça ignorar totalmente as lutas e teorias feministas.

Para nós, a história foucaultiana da sexualidade é uma outra maneira de constatar como o abandono da luta de classes é prejudicial até mesmo a uma análise do "sexo".

A metodologia da luta de classes dos sexos tem uma importância extraordinária não só política, mas também epistemológica. Wittig nota que "enquanto não há luta das mulheres,

---

menina que se torna homem social (pelo travestismo e a adoção de tarefas e atitudes do outro sexo), os berdaches representam um 'terceiro sexo' ou um gênero misto, dotados de poderes específicos, sobretudo xamânicos".

[79] Michel Foucault, *História da sexualidade 1: A vontade de saber*. Trad. Maria Thereza da Costa Albuquerque e J.A. Guilhon Albuquerque. 4. ed. Rio de Janeiro: Paz e Terra, 2017.

não há conflito entre homens e mulheres"; logo não há meio de identificar os problemas de poder que esse conflito implica. Foucault, sem dar qualquer atenção às lutas das mulheres, está impossibilitado de ver o que escondem as teorias burguesas sobre o sexo, a saber, a opressão, a repressão, a exploração da classe das mulheres (consequentemente, para ele também é difícil reconhecer a classe dos "homens") e a luta continuamente conduzida contra esse poder patriarcal/capitalista. Não há classes nem "modos de produção", mas apenas dispositivos de poder e de saber que produzem, modelam e controlam nossos comportamentos e sexualidades pelas normas.

Ao tratar dessa questão, Foucault leva em consideração unicamente o saber burguês, tentando daí afastar-se, mas, sem mobilizar o "ponto de vista *partisan*", como fazem as feministas da mesma época, ele jamais conseguirá. Sem esse perspectivismo, o resultado é paradoxalmente um sexo que não tem sexo (classe). Esse sexo é certamente construído; é o resultado das operações de poder, mas nunca remete a seu fundamento, a divisão de classe entre homens e mulheres, nem a suas modalidades de opressão, que, em Foucault, são reduzidas fundamentalmente à sexualidade. A exploração é negligenciada em geral (conceito marxista demais!), mas é completamente ignorada na história da sexualidade, ao passo que ocupa um lugar enorme na história das mulheres e de sua dominação. Jamais definido como uma "relação social de sexo", apenas a ação do poder é contemplada. Embora a questão da sexualidade se apresente a todo momento, a palavra "heterossexualidade" como "regime político" está completamente ausente, pois ela é apenas uma orientação sexual.

Se, segundo o próprio Foucault, ele se aborrecia profundamente ao trabalhar esse assunto, é porque ele estuda unicamente os comportamentos sexuais e os dispositivos de "conduta" desses comportamentos (governamentalidade) e não as relações entre classe, ou seja, as relações de poder, as "relações sociais de sexo". O trabalho sutil e pacificado das normas substitui, ao mesmo tempo que oculta, a violência da apropriação e da hierarquia. A crítica da função repressiva do poder e a exaltação de sua dinâmica incitativa, positiva, descreve o trabalho de construção de uma sexualidade múltipla, díspar, versátil. O poder não só não é repressivo, mas desenvolve uma impressionante teoria *"queer"* que o movimento homônimo parece limitar-se a desmontar, fazendo dele uma estratégia das minorias sexuais.

A sociedade burguesa do século xix não é, a princípio, uma sociedade repressiva, mas uma "sociedade de perversão explosiva e fragmentada". O poder que age sobre o corpo e o sexo "não tem a forma da lei nem os efeitos da interdição: ao contrário, que procede mediante a proliferação das sexualidades singulares. Não fixa fronteiras para a sexualidade, provoca suas diversas formas [...]. Não a exclui, mas inclui no corpo à guisa de modo de especificação dos indivíduos [...]. Tais comportamentos polimorfos foram, realmente, extraídos do corpo dos homens, dos seus prazeres".[80]

As sociedades modernas, enquanto operam localmente "procedimentos de interdição", em geral favoreceram uma "explosão visível das sexualidades heréticas" garantida por "uma rede de mecanismos entrecruzados, a proliferação de prazeres específicos e a multiplicação de sexualidades disparatadas".[81]

A dramática situação das oprimidas, a exploração e a repressão que decorrem da hierarquia de classes de sexo retornam numa fantasmagoria da multiplicação das sexualidades que demonstra a fraqueza de sua concepção "positiva" de poder.[82]

80 Michel Foucault, *História da sexualidade 1*, op. cit., pp. 52; 53.
81 Ibid., pp. 54; 55.
82 O escritor Stefan Zweig (*Autobiografia: O Mundo de Ontem*. Trad.

Foucault tem uma visão um pouco exaltada da potência do (bio)poder identificado a "uma expansão infinita da força, do vigor, da saúde, da vida". "A sexualidade está ligada a dispositivos recentes de poder; esteve em expansão crescente a partir do século XVII"; ela "não se ordena em função da reprodução", mas, "desde a origem, vinculou-se a uma intensificação do corpo".[83] É difícil imaginar uma posição de tal maneira afastada

Kristina Michahelles. Rio de Janeiro: Zahar, 2014) viveu a última parte da época "vitoriana" numa Áustria mais aberta que a Inglaterra. Filho de uma filha família burguesa, ele ocupa um lugar privilegiado para dar conta da vida sexual dessa classe durante a segunda parte do século XIX. Sua narrativa é bem diferente da narração foucaultiana da "História da sexualidade", porque o que Zweig parece ler não é em parte alguma uma proliferação de sexualidades, nem uma "sociedade da perversão explosiva e fragmentada", mais uma miragem de Foucault que uma realidade histórica. É só depois do fim da época vitoriana que a sexualidade começou a se desfazer dos pesados ferrolhos que, para ser produtivo, era igualmente repressivo: "É a saúde, a confiança em si da geração vinda depois da nossa, que conquistou a liberdade dos modos". No período que se sucedeu à Primeira Guerra Mundial, o "disparate sexual" não é "produzido e fixado" pelo poder, a quem Foucault atribui uma potência que nega a uma população que só pode padecer de sua ação "produtiva". Zweig desenha o retrato de uma juventude austríaca que, ao mesmo tempo que a moeda se desvalorizava, inventava novos valores contra os da época vitoriana: "Por puro prazer com a revolta, todos se rebelavam contra qualquer forma vigente, até contra a vontade da natureza, contra a eterna polaridade dos gêneros. As meninas cortavam o cabelo tão curto que não se podia distingui-las dos rapazes; os jovens, por sua vez, raspavam a barba para parecerem mais femininos, a homossexualidade e o lesbianismo tornaram-se moda". A "proliferação das sexualidades" não é produzida pela "extensão do poder", mas pela revolta contra o poder ou, como na Alemanha de algum tempo depois, por seu desabamento: "Nem a Roma de Suetônio conheceu orgias iguais às festas de travestis em Berlim, onde centenas de homens dançavam vestidos de mulher e mulheres vestidas de homens sob o olhar benévolo da polícia." Paradoxalmente, a *História da sexualidade* só vê continuidades; por outro lado, as descontinuidades (a Primeira Guerra Mundial, a queda de impérios e suas morais) explicam muitas coisas em Zweig. É preciso esperar o fim da época vitoriana e sobretudo o fim da Primeira Guerra Mundial para que o corpo floresça, tome vigor e cores, mas só por um brevíssimo momento, porque ele já será espezinhado, assassinado, ferido, esquartejado e fragmentado pelos fuzis da Segunda Guerra Mundial.

83 Michel Foucault, *História da sexualidade 1*, op. cit., pp. 136; 117.

das teorias feministas. O patriarcado, o trabalho gratuito, a heterossexualidade obrigatória e a hierarquia do superior e do inferior em todos os domínios desenham uma genealogia totalmente diferente do "sexo" e da "sexualidade". Quanto à produção do corpo, Foucault não distingue realmente a produção do corpo dos homens do corpo das mulheres, algo já afirmado na época pelos movimentos feministas.

A ação das normas como protótipo do "soft power", a imagem do poder produtivo, incitativo e positivo é fortemente contrariada pela "história da sexualidade" escrita pelas mulheres: "Colette Guillaumin apontou, numa análise precisa (centrada nas sociedades ocidentais, mas válida para muitas outras) na qual compara os comportamentos dos dois sexos, que, embora o corpo seja construído de dois lados, o das mulheres [...] é limitante: restrições de vestimenta e da apresentação de si, entraves à mobilidade, limitações de alimentação, da ocupação do espaço público, da utilização do tempo, da exteriorização de sentimentos violentos, proibição a armas, fabricação de um corpo 'próximo' e disponível para os outros (homens, crianças, velhos, doentes...) etc. [...] [São] relações de poder que permitem a apropriação física, mental e afetiva de outros seres humanos."[84] Diga-se de passagem, é o conjunto dessas técnicas, discursivas e não discursivas, e não o *deus ex machina* do performativo, que constrói e modela o corpo e o sujeito.

Ao criticar a chamada "liberação sexual", Foucault recai em outro equívoco ao distinguir o "processo de liberação" e as "práticas de liberdade". Se ele critica o primeiro, é porque na verdade este não lhe é necessário, pois o "sexo" não é uma função da divisão das classes da qual é preciso libertar-se; não é uma opressão da qual é preciso desvencilhar-se; não é algo

---

84 Nicole-Claude Mathieu, op. cit.

que está na base de uma relação de exploração que é preciso abolir. Dado que o sexo é o resultado da ação das normas, não é necessário passar pela "liberação", bastando inventar outras pela prática das "artes de viver". Se a heterossexualidade não é um regime político, não é necessário aboli-la. Se ela é apenas uma orientação sexual, basta vivê-la diferentemente. Essa ideologia terá um longo seguimento, tanto nos movimentos políticos quanto nas teorias (as "formas de vida" que se podem desenvolver sem passar pela luta e o conflito de classes).

A simultaneidade e a imbricação de "relações sociais de sexo" com relações de poder de raça e de classe (no sentido marxiano) são esvaziadas.

A concentração nos "prazeres" e na sexualidade como orientação sexual é exclusiva e determina absolutos contrassensos. "O problema não seria antes tentar definir as práticas de liberdade através das quais seria possível definir o prazer sexual?"[85]

O que constitui "o" problema para Foucault, a sexualidade e o prazer sexual, não é a "questão principal" do feminismo materialista de Wittig. "A categoria de sexo é uma categoria política que funda a sociedade como heterossexual. [...] Disso se deduzirá que o prazer sexual ou as diferentes formas da sexualidade não são para mim a questão principal."[86]

Quando afinal admite que a liberação é uma condição das práticas de liberdades, Foucault pensa apenas na sexualidade, no prazer sexual, no comportamento sexual, e não na opressão de classe dos homens sobre as mulheres. O problema para o feminismo materialista não é antes o "liberemos nossa sexualidade", mas um liberemo-nos da opressão de classe, das relações sociais

---

85   Michel Foucault, "A ética do cuidado de si como prática da liberdade (1984)", *Ética, Sexualidade, Política*. Trad. Elisa Monteiro; Inês Autran Dourado Barbosa. Rio de Janeiro: Forense Universitária, 2004, p. 266 (Ditos e escritos; V).

86   Monique Wittig, op. cit.

de sexo, para poder praticar também outras sexualidades. Por isso o feminismo materialista jamais acreditou na "revolução sexual" como simples revolução dos comportamentos sexuais.

A distinção entre "processo de liberação" e "prática de liberdade" é outra maneira de separar o "devir revolucionário" da "revolução", que é certamente o impasse ao qual nos conduz o pensamento 68, impasse reproduzido depois de meio século com a obra de Rosi Braidotti, totalmente centrada no devir. Trata-se sem dúvida da melhor maneira de manter as relações de *poder* de uma classe sobre as outras.

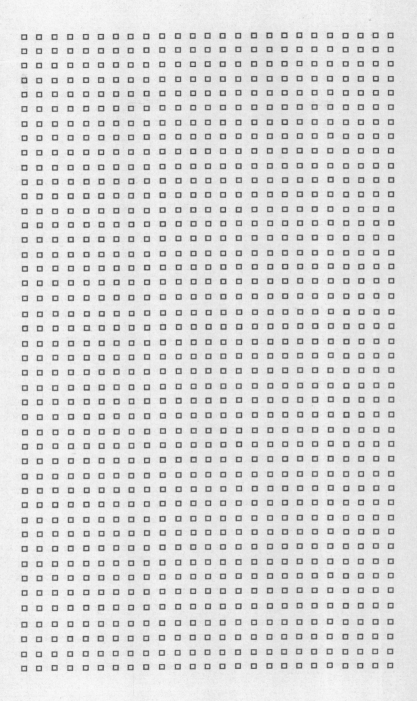

V CRÍTICA DA EXPLORAÇÃO E DA PRODUÇÃO DE SUBJETIVIDADE

| 1. Propriedade é roubo? > 1.1. "Propriedade é roubo" | 2. A guerra de conquista das subjetividades > 2.1. Guerra de conquista e normas > 2.2. A normalização precede a norma > 2.3. A constituição das classes das mulheres no feminismo materialista > 2.4. O que precede a norma é a "subjetividade vencida" |

> *Quando a atividade de produção se transforma em trabalho alienado, contabilizado e imposto por aqueles que vão tirar proveito dos frutos desse trabalho, é sinal de que a sociedade tornou-se uma sociedade dividida em dominantes e dominados. A relação política de poder precede e fundamenta a relação econômica de exploração. Antes de ser econômica, a alienação é política, o poder antecede o trabalho, a emergência do Estado determina o aparecimento das classes.*
> — Pierre Clastres

> *Além disso, Marx e Engels, em sua análise, omitiram um fator, a guerra. Os marxistas nunca analisaram o fenômeno da guerra nem a relação com o regime [capitalista], já que eu não chamo de análise a simples afirmação de que a avidez dos capitalistas é a causa da guerra. Que lacuna! Que crédito é dado a uma teoria que se diz científica, mas que é capaz de tal omissão?*
> — Simone Weil

Os movimentos feministas, principalmente o feminismo materialista, ao introduzirem as novas classes, abalam ao mesmo tempo a filosofia política e o marxismo, sobretudo sua teoria da exploração. Para conceber uma teoria geral da exploração que não se limite ao trabalho abstrato (assalariado), ela deve ser pensada a partir do trabalho das mulheres e dos escravizados, pois, apesar de serem a maioria dos "trabalhadores", ambos não são considerados "força de trabalho" no sentido marxiano.

Uma teoria da exploração válida para todos os oprimidos deve privilegiar as lutas de classes em relação à economia e a sua crítica, uma vez que sua explicação é política. Da mesma maneira, a produção do assujeitamento (operários, mulheres, racializados) não deve se limitar a considerar a ação das normas sobre a subjetividade, mas deve ampliar-se para os conflitos e guerras de conquista que estão na origem da formação das classes. A invenção do sexo (paralela à invenção da raça) é uma técnica de assujeitamento capaz de legitimar a dominação e a exploração do trabalho gratuito, transformando as *vencidas* em *governadas*.

A sociedade das normas foucaultiana dá continuidade à guerra de conquista ao transpor a violência em dispositivo, a força em hábito, a apropriação em comportamento normalizado. Assim, o assujeitamento, embora efetivo, permanece precário, sempre pronto, se reunidas as condições políticas, para se transformar em subjetivação antagonista, para passar da violência que conserva (norma, direito) à violência que funda as relações entre as forças (divisões das classes) e para tentar desfazê-las.

1. Propriedade é roubo?

A descrição do capitalismo como uma máquina mundial que opera a dupla captura do trabalho abstrato e do trabalho não remunerado a partir de uma dupla territorialização é sensivelmente diferente da análise que a economia política e até o marxismo propõem.

O erro dessas teorias, mesmo quando elas dizem tratar, como é o caso do marxismo, do mercado mundial, é o eurocentrismo. Marx também é afetado, em sua teoria do valor, por esse foco quase exclusivo no "trabalho abstrato".[1] As definições de cadeia de valor, de força de trabalho e de sua composição terminam severamente limitadas. A evicção da outra metade

---

1 Marx descreve o "saque dos países coloniais pelo capital europeu, mas ele só estuda esses fatos sob a perspectiva da 'acumulação primitiva'. [...] Quando passa para a análise teórica do processo capitalista – tanto da produção quanto da circulação –, ele retorna incessantemente à hipótese da dominação general e absoluta da produção capitalista", omitindo "a existência de camadas e de sociedades não capitalistas". Rosa Luxemburgo, *L'Accumulation du Capital*, t. II. Paris: François Maspero, 1976, pp. 39-40. [Ed. bras.: *A acumulação do Capital*. Rio de Janeiro: Civilização Brasileira, 2021.]

da máquina, a parte colonial e o trabalho das mulheres, faz do capitalismo um sistema progressista, até mesmo revolucionário, cujo uso da força se torna, à medida que se desenvolve, uma exceção. A guerra de conquista, a apropriação, o saque e a violência desempenham, vistos do Norte, um papel menor tanto na formação das classes e em sua reprodução quanto na produção dos assujeitamentos aos quais os vencidos são submetidos. Mas para elaborar uma teoria da revolução é indispensável, pelo contrário, problematizar a função da guerra das classes na constituição da máquina mundial de acumulação e na produção de subjetividade.

Michel Foucault, Gilles Deleuze e Félix Guattari, como a maioria dos críticos marxistas, reconhecem um mérito principal na análise de Marx. Os socialistas, para descrever o fenômeno paradoxal de uma produção de riqueza abundante e de uma crescente miséria dos operários que eram seus "produtores", recorriam ao conceito de "roubo". Segundo os socialistas, os operários eram vítimas dos mecanismos produtivos e políticos que Foucault define como "negativos" (que bloqueiam, rejeitam, excluem, obstruem), pois eles operavam como o "confisco" nas sociedades feudais. Os senhores feudais se apropriavam de uma produção da qual em nada participavam. Esses dispositivos de captura eram "negativos" pois transcendiam completamente o "trabalho" dos campesinos e artesãos, pois eles não o organizavam.

Segundo Foucault, os socialistas teriam caído na armadilha da lógica do "negativo". A questão negativa ("Como os patrões nos roubam? Como a burguesia nos rouba?") não podia encontrar qualquer resposta porque "a essa questão negativa eles respondiam com uma resposta negativa: vocês são pobres porque são roubados".[2]

2   Michel Foucault, "Pouvoirs et émancipations. Entretien inédit entre

Marx desfaria a concepção unilateralmente "negativa" do funcionamento do capitalismo, ao descrever os dispositivos "positivos formidáveis" (que incitam, fazem agir, fazem advir) que os diferenciam da captura "negativa" por "confisco" exercida no feudalismo. A acumulação do capital, a organização do trabalho e os dispositivos disciplinares e biopolíticos não obstruem as forças, mas as organizam para aumentar-lhes a potência, a produtividade. A polêmica contra uma concepção "negativa" do poder é uma constante da teoria foucaultiana e a manifestação mais consumada de seus limites eurocêntricos.

A captura capitalista da produção funcionaria de maneira radicalmente diferente do confisco feudal, sendo a própria exemplificação da natureza "positiva" do poder. A produtividade dos operários e de sua cooperação se manifesta como uma força produtiva do capital, pois ela não existe antes de os capitalistas a organizarem e a colocarem em movimento. Os capitalistas compram a força de trabalho individual, e a cooperação coletiva, que intensifica a produtividade das forças individuais, é apropriada gratuitamente, mas de maneira "legítima".

Deleuze, ao citar Marx numa longa nota do platô "Aparelho de captura", explica por quê. Os capitalistas não operam nenhum roubo, nenhuma violência porque se apropriam daquilo que ajudaram a criar. Uma vez estabelecido o capitalismo, pode-se ainda recorrer à "coerção, ao uso da força bruta, mas apenas excepcionalmente", afirma Marx no *Capital*. A captura que o capitalismo opera sobre o trabalho abstrato não é o mesmo que o confisco operado pela aristocracia feudal. Deleuze encontra uma citação bastante explícita de Marx a esse respeito nas *Notas sobre Adolph Wagner*: o capitalismo "não se

---

Michel Foucault et quatre militants de la LCR, membres de la rubrique culturelle du journal quotidien *Rouge* (juillet 1977)", *Revue du MAUSS* 2011/2 (n. 38), pp. 33-50. Disponível em <https://www.cairn.info/revue-du-mauss-2011-2-page-33.html>.

limita a antecipar ou a roubar, mas extorque a produção de uma mais-valia, *o que quer dizer que ele* contribui antes para criar aquilo sobre o que se fará a antecipação. [...] Há, no valor constituído sem o trabalho do capitalista, uma parte de que ele pode se apropriar de direito, ou seja, sem violar o direito correspondente à troca de mercadorias".[3]

Do ponto de vista do funcionamento real, quer dizer, do ponto de vista da máquina mundial do capitalismo, essas afirmações de Marx, Deleuze, Guattari e Foucault são certamente errôneas, pois consideram apenas uma parte do dispositivo de "captura", a da produção de trabalho abstrato, e negligenciam completamente o trabalho das naturezas humanas e extra-humanas (terra, mulheres, escravizados, servos, colonizados, indígenas), sempre e necessariamente "roubado". Esse trabalho entra, assim como o trabalho operário, na formação do valor. Tais autores negligenciam os dispositivos de poder "negativos" (escravidão, servidão, sexagem, trabalho das mulheres, saque, guerra etc.) que fazem parte do poder da máquina mundial e que garantem que o "roubo" do trabalho e das "riquezas" da terra continuem a ser produzidos de forma imperturbável.

A ideia que funda a produtividade exclusivamente na organização do trabalho abstrato, a técnica, a ciência e o *know-how* dos operários é exaltada pela teoria do *General Intellect*, esboçada por Marx em escritos anteriores ao *Capital*, que o pós-operaísmo retomou sem sair do quadro eurocentrado do "trabalho abstrato".

Com o *General Intellect*, a fonte da riqueza e da produtividade não é mais nem mesmo a exploração do trabalho imediato ou do tempo de trabalho dos operários, pois, nas palavras de Marx, o "saber social geral, *knowledge*, tornou-se força produtiva imediata".

---

3 Apud Gilles Deleuze e Félix Guattari, *Mil platôs: Capitalismo e esquizofrenia*, vol. 5. Trad. Peter Pál Pelbart e Janice Caiafa. São Paulo: Editora 34, 1997.

"O roubo do trabalho de outrem" (aqui, para dar mais força a seu argumento, Marx assume o ponto de vista "socialista" que ele mesmo havia criticado antes) constitui uma base miserável de apropriação na época do *General Intellect*.

A acumulação primitiva e sua violência – o roubo, o saque, a expropriação – são uma vaga lembrança, pois a verdadeira acumulação começou com a revolução industrial inglesa (Manchester como modelo do Capital) e o capital, para utilizar os termos de Foucault, tornou-se um dispositivo de poder "positivo".

O Capitalismo é doravante um modo de produção "puro" e em vias de purificação contínua, de modo que toda relação "pré-capitalista" é anacrônica. As impurezas que não correspondiam a seu conceito (sexo, raça, escravidão, servidão etc.) foram eliminadas. O poder é imanente aos dispositivos que a ideologia contemporânea define como biopolíticas e tecnocientíficas.

Se, com o *General Intellect*, o capital é finalmente adequado a seu conceito, ele acaba por ser amplamente inadequado à realidade das lutas de classes (contemporâneas). Mulheres, escravizados, pobres, precarizados e operários afogam-se num dilúvio ideológico de tecnologia, de trabalho cognitivo, de inovação, de autonomia e de independência ontológica da Multidão que é incapaz de explicar o racismo, o sexismo, os fascismos, o exercício direto do poder, as guerras.

Ao contrário do que pensava Marx (e do que continuam a pensar todos os que se referem a essas páginas dos *Grundrisse*), para que a inovação, as "revoluções tecnológicas", "científicas" e "organizacionais" do *General Intellect* se realizem, é preciso uma enorme quantidade de "trabalho imediato" e uma quantidade ainda maior de tempo de "trabalho não remunerado" fornecido por "naturezas humanas e extra-humanas", junto a uma violência direta que não é de maneira alguma incorporada na propriedade, na produção, no direito, mas se manifesta pela guerra, assassinato, repressão, roubo, violência cotidiana contra as mulheres e minorias etc. Para que a taxa de lucro não caia, é preciso que esse trabalho e esse tempo sejam expropriados por mecanismos extraeconômicos. Foi o que ocorreu a partir dos anos 1980 na África, na China, na Índia, no Brasil etc. Não há financeirização ou revolução digital sem a expropriação de milhões de hectares de agricultura, sem o trabalho de milhões de campesinos (colocados à disposição primeiramente pelo "socialismo", sobretudo chinês), sem o esgotamento do solo, da água, do ar, sem a precariedade, sem a desvalorização do trabalho, até mesmo o abstrato.

Com o *General Intellect*, tem-se um entendimento "idealizado" e "pacificado" do desenvolvimento do capitalismo que é completamente interno à evolução do trabalho abstrato, da técnica e da ciência. Esse entendimento pacificado foi partilhado por uma boa parte dos pensadores da geração de 1968.

"O 'confisco' tendeu a não ser mais a forma principal" dos mecanismos de poder, escreve Foucault, pois "a partir da época clássica, o Ocidente conheceu uma transformação muito profunda desses mecanismos",[4] uma transformação "positiva" da ação do poder que tem funções de incitação, vigilância, proposição e possibilidade. Ao contrário dessas afirmações, o "confisco" continua sendo parte integrante da acumulação do capital. O "roubo", o saque e a apropriação devem se estender ainda mais, afetar um espaço ainda maior e populações mais numerosas que o espaço e as populações da época industrial.

O capitalismo não é uma evolução mais ou menos linear do trabalho servil para o trabalho abstrato. A cada fase de seu desenvolvimento, ele deve inventar uma nova relação entre

---

[4] Michel Foucault, *História da sexualidade 1: A vontade de saber*. Trad. Maria Thereza da Costa Albuquerque e J.A. Guilhon Albuquerque. 4. ed. Rio de Janeiro: Paz e Terra, 2017.

valorização do trabalho abstrato e desvalorização do trabalho não remunerado, uma nova articulação entre produtividade e saque, organização do trabalho e guerra.

1.1. "Propriedade é roubo"

Segundo o feminismo materialista de Christine Delphy, mesmo no quadro do "trabalho abstrato", mesmo na produção especificamente capitalista, trata-se de uma questão de "roubo" de trabalho gratuito, de extorsão de trabalho não remunerado, de apropriação direta de tempo de trabalho dos operários.[5]

Ela compartilha, com Proudhon, a ideia de que "propriedade é roubo".

Sua crítica da teoria marxiana da mais-valia merece que nos detenhamos sobre ela, pois visa à construção de uma teoria geral da exploração. A exploração marxiana definiria, segundo ela, uma especificidade do trabalho abstrato que a impediria de ser relacionada à exploração das mulheres, dos escravizados, dos colonizados e, mais geralmente, a do trabalho desvalorizado.

A demonstração ataca o cerne da teoria do Capital, a separação que os economistas burgueses não souberam estabelecer entre "trabalho" e "força de trabalho". Essa distinção entre trabalho e força de trabalho não garante, segundo Delphy, o fundamento científico da exploração, como gostaria Marx. A exploração não é explicável nem cientificamente nem economicamente, mas apenas politicamente, e é seu fundamento político, *a apropriação pela violência e o roubo, que a classe operária partilha com a exploração das outras classes.*

---

5   Todas as citações de Christine Delphy foram retiradas do seguinte volume: *Théorie générale de l'exploitation*. Paris: Syllepse, 2015

A teoria marxiana diz: o patrão compra a força de trabalho do operário, não seu trabalho. O valor da primeira corresponde à quantidade de bens necessários à sua reprodução. A mais-valia decorre do fato de que o patrão pode fazer o trabalhador trabalhar além do tempo indispensável à sua reprodução. A diferença entre esses dois "valores", o valor da força de trabalho e o valor do trabalho produzido pelo trabalhador, constitui a mais-valia e a medida da exploração. Christine Delphy afirma que nem o valor da força de trabalho nem o trabalho do operário comandado pelo patrão são mensuráveis "cientificamente" (economicamente).

Em O anti-Édipo, Deleuze e Guattari chegam à mesma conclusão: a mais-valia não pode ser medida aritmeticamente, e propõem uma outra maneira de medir a mais-valia pelo cálculo diferencial. Delphy destaca, por outro lado, a dimensão do roubo do tempo que está na base da mais-valia.

O valor da força de trabalho contém um elemento *moral* e *histórico*, pois as "necessidades" não têm base "natural", fisiológica, e o tempo de trabalho que o patrão impõe ao operário é igualmente histórico-político. A duração da jornada de trabalho do operário não depende de qualquer lei econômica, mas unicamente da lei política da luta de classes. A redução do tempo de trabalho foi a primeira grande luta que definiu os limites da jornada de trabalho por uma relação de força.

A "medida" e o conteúdo da reprodução não dependem, então, da formação dos preços pelo mercado. Ela é fixada pela luta, a relação de força entre capitalistas e operários. São as lutas operárias que não fazem parte da definição "científica" (econômica) do valor da força de trabalho que a determinam.

A lei do valor marxiana não se interessa muito pelas mulheres (e os escravizados), pois seu trabalho jamais é integrado, levado em consideração, calculado.

Na história do capitalismo, tudo parece confirmar a natureza política da medida da força de trabalho e do trabalho. O salário funcionou como variável independente ao longo de todo o keynesianismo, ao mesmo tempo que se tornou uma variável totalmente subordinada à lógica do valor acionário na financeirização. Não há qualquer explicação econômica que justifique essas diferenças. Os motivos de sua involução devem ser buscados no "mercado" político, no mercado da guerra de classe. A explicação mais plausível é o desmanche das relações de força atestado pelo eclipse da revolução.

Mesmo no caso da produção especificamente capitalista, o salário, para grande parte dos assalariados, é determinado por relações de poder que nada devem às leis da economia.

O fato de o salário das mulheres ser sempre inferior ao dos homens (com uma diferença ainda maior na aposentadoria) e de o salário dos imigrantes "racializados" ser sistematicamente uma fração do dos brancos não se explica pelo mercado. Sua remuneração é determinada pelos "estatutos" políticos que lhes são designados.[6] Os modos de produção não capitalistas aos quais pertencem determinam sua condição na produção capitalista propriamente dita.

A explicação marxiana da exploração é economicista. Mesmo se fosse possível quantificá-la, ela "nada mediria da exploração do trabalhador e da trabalhadora", pois ela mede apenas

---

[6] Na França o salário das mulheres é 25% menor que o dos homens, 40% no caso das aposentadorias. No Canadá, onde as estatísticas "raciais" são permitidas, os dados confirmam o modo como as relações de poder não capitalistas estruturam o mercado de trabalho capitalista. Os "rendimentos empregatícios" de imigrantes de grupos racializados são em média 26% menores que os de outros imigrantes. A diferenças não se limitam à renda. As taxas de desemprego dos imigrantes negros (12,5%), árabes (13,5%) ou vindos da Ásia ocidental (como Irã, Turquia e Arábia Saudita) e do Egito são mais altas que as dos imigrantes não racializados (7,3%). A situação é frequentemente pior para as mulheres: dentre elas, as que pertencem a grupos racializados ganham 41% menos que um homem não racializado.

o que falta a se ganhar. Se os proletários pudessem "recuperar o que lhes foi roubado, [...] eles seriam proletários mais ricos ou menos pobres. A divisão do trabalho e a hierarquia social que a acompanha permaneceriam intactos".

A esse caminho longo e erroneamente explicativo da lei da mais-valia, Delphy prefere a via direta da propriedade: "O capitalismo, considerado um regime econômico, é baseado na propriedade privada, que é uma instituição"[7] jurídico-política.

Trata-se de uma convenção imposta pela força, pela expropriação, pela arbitrariedade, e mantida pela organização do trabalho, o mercado, a produção e o direito do trabalho. A posse de uns (a posse "dos meios de produção" e, hoje, a de ações) e a despossessão de outros explicam e possibilitam a exploração.

No modo de produção capitalista, é difícil dizer quem rouba e quem é roubado e até mesmo onde se encontra a violência (Deleuze e Guattari). Escapa-nos o que formou o trabalhador e o capitalismo, pois ele opera em outros modos de produção. O capitalismo apaga a apropriação originária e impõe suas próprias normas, instituições, línguas e símbolos como o verdadeiro começo. As mulheres, assim como os escravizados, apreendem aquilo que o capitalismo mascara justamente porque não participam inteiramente desse modo de produção.

As técnicas disciplinares e biopolíticas, utilizando os termos de Foucault, controlam e governam os comportamentos, uma vez que a divisão entre quem possui e quem não possui foi estabelecida pela força, processo no qual o Estado desempenhou um papel primordial. Parece que Marx quer explicar a razão da exploração uma vez que o capitalismo se encontra

---

7 Christine Delphy, *Théorie générale de l'exploitation*. Paris: Syllepse, 2015, p. 107.

estabelecido, aceitando, portanto, a "verdade" de suas leis, como o fato, por exemplo, de que "o trabalho é vendido por seu preço de mercado. Mas quem diz isso, a não ser o próprio mercado?", nota Delphy.

É por meio da propriedade que uma teoria *geral* da exploração pode começar a ser estabelecida. A questão da propriedade é politicamente decisiva. Marx teve uma ideia da relação entre propriedade e capitalismo que se revelou uma ilusão ou, pior, uma ingenuidade. A produção capitalista produziria por si própria uma socialização da propriedade, a sociedade por ação, que encarnaria, a princípio, uma propriedade sem proprietário que conteria em si mesma a antecipação do comunismo (o "comunismo do capital"). O desenvolvimento das forças produtivas (socialização) entraria assim em contradição com as relações de produção (apropriação privativa).

Na realidade, essa contradição jamais foi constatada, e a mais recente financeirização chegou até mesmo a demonstrar o contrário. É a propriedade privada como instituição, como convenção, como dispositivo político de apropriação, de roubo e de expropriação que se apodera da integralidade do jogo constituído pela "socialização das forças produtivas". Ela não é a expressão de nenhuma lei econômica, mas apenas de uma vontade política de apropriação que reproduz a expropriação originária. A análise que considera que se trata de roubo, de apropriação, mesmo na produção especificamente capitalista, encontrou uma sólida e dramática confirmação na economia contemporânea.

A propriedade, sacralizada pelas revoluções políticas (primeiramente a americana, conduzida por proprietários de escravizados, e a francesa, por proprietários burgueses) muito antes do desenvolvimento da "revolução" industrial, é um instrumento inteiramente político, transformado em principal "direito do Homem". A propriedade é um *a priori* que permite que novas classes, e não mais a aristocracia, se apropriem das riquezas. Em cada ciclo financeiro, elas mostram o que realmente são: oligarquias que designam lugares aos oprimidos desde o nascimento. Sem ruptura revolucionária, a evolução "natural" do capitalismo é fazer da produção uma galinha dos ovos de ouro para os rentistas e transformar as classes em "castas". Nos dois casos, o que faz a diferença é o nascimento. Embora os operários tenham tido certa mobilidade social nos Trinta Anos Gloriosos graças às revoluções do século xx, eles tiveram pouquíssimas chances de realmente ascender na hierarquia social.

A relação política que caracteriza a expropriação originária, a apropriação e a submissão das classes é, ainda hoje, a verdadeira lei da economia. A única diferença quanto à época da aristocracia é a lógica do infinito que forma a lei da acumulação da propriedade. Diferentemente da época feudal, ela não tem qualquer limite.

O capitalismo contemporâneo não pode de maneira alguma se definir como "parasitário". Hardt e Negri, que utilizam essa terminologia, referem-se ainda ao "comunismo do capital", ao "depósito ontológico", à antecipação do comunismo que a produção encerraria. O que anima a luta de classes não é a relação entre forças produtivas e relações de produção, mas uma estratégia política. Não há qualquer ontologia do trabalho e das forças produtivas que prefigure o comunismo.

A contradição entre forças produtivas e relações de produção é válida somente para o trabalho abstrato, certamente não para o modo de produção doméstico e para o modo de produção escravagista e racial. O que a ascensão do capitalismo demonstrou vai ainda mais longe, pois não apenas a relação entre forças produtivas e relações de produção não implica qualquer contradição, mas o que caracteriza o capitalismo do *General Intellect* é a apropriação arbitrária, o roubo, o saque.

Pode-se chegar às mesmas conclusões por outro ponto de vista: o "trabalho" tem por fundamento apenas a política.

Nunca é o *conteúdo* de uma atividade o que define se ela é trabalho ou não, se ela produz valor ou não. Uma mesma atividade pode não produzir valor algum, constituir uma perda ou ser um trabalho produtivo, que traz dinheiro para o capitalista e contribui para o crescimento.

Um professor que ensina matemática ao próprio filho em casa não faz nada do ponto de vista da economia política (e do marxismo). Se ele ensina a mesma coisa numa escola pública, sua atividade é classificada como uma despesa, uma perda, pois ela pesa nas despesas públicas. Se, por outro lado, ele faz exatamente a mesma coisa numa escola privada, ele produz valor e pode se valer de ser "produtivo". Meus amigos do capitalismo cognitivo cometem um erro grosseiro quando afirmam que o saber é a fonte da valorização. O que define o valor econômico é sempre uma relação de poder. São as relações de poder (as lutas de classes) que decidem o valor, o trabalho e a remuneração. A mesma atividade, em relações de poder diferentes, ganha uma "natureza" diferente.

O "trabalho" doméstico, desempenhado por uma mulher casada, não é trabalho e, portanto, não merece salário. O mesmo trabalho desempenhado por uma empresa de trabalho doméstico é produtivo e merece salário. A atividade doméstica é tomada em relações de poder em que uma classe (os "homens") domina e explora outra classe (as mulheres) e pode decidir o que é o "trabalho" e quem merece um salário.

É preciso, portanto, reconsiderar a lei da exploração à luz do capitalismo contemporâneo. A teoria marxiana tem o inconveniente de "riscar do mapa todas as explorações que não passam pelo mercado" e de "particularizar excessivamente a exploração capitalista", reservando o próprio conceito ao trabalho dos assalariados.[8]

---

8   Christine Delphy, op. cit., p. 87.

Embora as modalidades de apropriação por meio do "roubo" e do saque sejam partilhados pelos modos de produção (doméstico, escravagista, propriamente capitalista), estes se diferenciam quanto à "natureza" do trabalho que mobilizam.

O conceito de trabalho não remunerado, que retomamos de Jason Moore, não foi inventado por ele. Moore encontrou esse conceito nos debates dos movimentos feministas dos anos 1970, principalmente nas feministas do "salário para o trabalho doméstico". A crítica de Colette Guillaumin a Selma James, uma das fundadoras do movimento epônimo, *Wages for Housework*, não apenas esclarece aquilo que deve ser entendido por trabalho não remunerado, por apropriação, por dispositivos extraeconômicos e por modo de produção não capitalista, mas também os limites das teorias do "salário para o trabalho doméstico", pois elas consideram o "modo de produção doméstico" tomado por inteiro no capitalismo, perdendo assim a possibilidade de definir "a classe das mulheres" e a especificidade do exercício do poder da "classe dos homens". Os benefícios desse modo de exploração não recaem apenas no capital, mas nos homens, que tiram dessa exploração "serviços" de todo tipo (afetivos, sexuais, pessoais, domésticos etc.). O fato de que se trata de um modo de produção específico é o que mostram os dispositivos de controle necessários à reprodução da classe explorada que não são capitalistas. A violência cotidiana necessária para confirmar a distribuição hierárquica do poder entre homens e mulheres, cuja expressão mais letal é o feminicídio, é exercida pelos homens. Essas relações sociais (violência dos homens sobre as mulheres) não entram no conceito do Capital, mas, sem essas relações não capitalistas, o Capital teria poucas chances de sobrevivência.

No contexto da teoria do "salário para o trabalho doméstico", Selma James recorre, para descrever a exploração das mulheres, ao conceito "marxiano" de força de trabalho ("a única coisa que o operário tem para vender é a força de trabalho"). Segundo o feminismo materialista de Guillaumin, pelo contrário, a força de trabalho refere-se apenas aos operários homens, certamente não às mulheres "como classe". Na apropriação da classe das mulheres pela classe dos homens, diferentemente do que implica a força de trabalho, *é impossível separar essa última do corpo das mulheres* (o operário vende sua força de trabalho, por um tempo determinado, segundo uma medida estabelecida, mas não vende seu corpo). As mulheres, desse ponto de vista, estão antes na mesma condição que os escravizados. A apropriação do trabalho das mulheres implica um conceito específico de trabalho não remunerado. "Se o trabalho não é remunerado, é porque ele não é remunerável. Se ele não pode ser monetarizado ou quantificado, é porque ele só pode ser adquirido de uma outra maneira. Essa outra maneira implica que ele é adquirido globalmente, de uma vez por todas, que não tem seu valor estipulado por considerações monetárias. A remuneração não se dá por hora ou por atividade desempenhada, que é como costumam ser avaliadas, em geral, as formas de cessão da força de trabalho; essas avaliações, justamente, não se aplicam a esse caso."[9]

Há uma diferença fundamental entre o feminismo materialista e o feminismo do salário para o trabalho doméstico. Para o primeiro, as mulheres são uma classe autônoma e independente da classe operária; para a segunda, as mulheres são uma parte dessa última. "Mas eu me lembro que havia certa resistência, bastante forte, por parte dos intelectuais operaístas, em aceitar ampliar o conceito de classe operária para incluir, como defendíamos no começo dos anos 1970, as donas de casa."[10]

9   Colette Guillaumin, *Sexe, race et pratiques du pouvoir*. Paris: Côté-Femmes, 1992.
10   Mariarosa Dalla Costa, *La crise de la reproduction sociale*. Montréal: Les Éditions du rémue-ménage, 2020

2. A guerra de conquista das subjetividades

> As cordas que ligam uns para com os outros são em geral cordas de necessidade; pois é preciso que haja diferentes graus, porquanto todos os homens querem dominar e todos não podem fazê-lo: alguns, contudo, podem-no. Imaginemos, portanto, que os vemos começando a se formarem. É fora de dúvida que lutarão até que a parte mais forte oprima a mais fraca e que haja, enfim, um partido dominante. Determinado isso, os senhores, que não desejam a continuação da guerra, ordenam que a sucessão da força que têm nas mãos se processe como lhes convém, uns a entregam à eleição do povo, outros ao direito de nascença etc.
> E aí é que a imaginação principia a desempenhar seu papel. Até então, o poder força o fato; agora, é a força que se estabelece, pela imaginação, em certo partido, na França dos fidalgos, na Suíça dos plebeus etc.
> Essas cordas, que ligam pois o respeito a tal ou qual, em particular, são cordas de imaginação.
> — Blaise Pascal

A exclusão da guerra, da violência, da força é um outro limite que também caracteriza a maneira como a crítica dos anos 1970 pensa a produção dos assujeitamentos (operários, mulheres, colonizados).

A guerra de conquista não é travada apenas fora da Europa. A caça às bruxas, a promulgação das leis do "Bloody Code" contra vadios e mendigos, as *enclosures* inglesas e a resultante expropriação das terras dos campesinos, o início do tráfico de escravizados e a exterminação das populações do Novo Mundo são eventos que decorrem no mesmo período (sempre o longo século XVI) e que constituem o conjunto das guerras civis e das guerras de conquista, na base do capitalismo.

A apropriação pela força, que é o ato de nascimento das classes, vem acompanhada de uma tomada "subjetiva" cujo objetivo é transformar os *vencidos em sujeitos (no sentido de assujeitados) a serem governados*. Como lembra Margaret Thatcher, dando continuidade à estratégia secular do capital, a economia neoliberal é apenas o método; o objetivo é a captura e a formação do "espírito".

A tomada violenta do poder, expropriado de uns e concentrado por outros, pressupondo uma política da constituição das classes, se repetirá a cada mudança de regime de acumulação. A última grande apropriação/distribuição do poder e da riqueza, designando lugares e funções às classes vencidas, foi a "contrarrevolução mundial" dos anos 1970, hipocritamente chamada de globalização. O golpe de Estado de 1973 no Chile é ao mesmo tempo um modelo de reapropriação do monopólio do poder ameaçado pela "revolução", de destruição assassina da ação coletiva dos oprimidos e de *transformação dos vencidos em governados por meio da ação das normas neoliberais*.

Hayek, o grande reacionário, não tem qualquer problema em justificar a necessidade da utilização da força quando a propriedade privada é ameaçada pela revolução, como no Chile do começo dos anos 1970. Para que o mercado possa funcionar como um computador, é preciso primeiro livrá-lo de tudo que possa travá-lo.

Em uma entrevista concedida em 1981 ao jornal chileno *El Mercurio*, Hayek declara oposição a uma ditadura de longa duração (referindo-se à ditadura fascista, que, com sua visita a Pinochet, ele se apressa em legitimar), mas afirma que ela pode ser necessária em épocas de transição. Compreende-se por transição a época em que, em termos mais claros, eliminam-se fisicamente todos os que ameaçam a ordem da propriedade e redistribuir poder e riqueza aos ricos.

"Para um ditador, é possível governar de maneira liberal", quer dizer, nos interesses da livre propriedade. "É possível, para uma democracia, governar sem liberalismo", ou seja, limitando a liberdade de ser proprietário. Hayek conclui o raciocínio afirmando que "prefere um ditador liberal, que prefere sacrificar temporariamente a democracia a sacrificar a liberdade", quer dizer, a propriedade! A "norma" democrática pode e deve ser militarmente suspensa pelo tempo necessário para reestabelecer o poder dos que possuem."

11 Foucault não apenas ignora esse "pacto" abjeto com o fascismo e o imperialismo, mas também parece ignorar que o neoliberalismo nasce como resposta ao excesso de democracia e pluralismo que a República de Weimar teria imposto ao Estado. Essa teoria profundamente reacionária ("Estado forte e economia livre" são as palavras de ordem que levariam diretamente ao Hayek citado anteriormente) é expressa perfeitamente por Wilhelm Röpke: "A Revolução Francesa é a árvore genealógica do mal", pois, derrotando a ordem do Antigo Regime, favoreceu a "revolta das massas", sua "ascensão ao poder". O verdadeiro problema não é o Estado ou o mercado, mas a revolução. A República de Weimar é apenas uma etapa de uma longa crise aberta pela dissolução das "sociedades de ordens" (o clero, a nobreza e o Terceiro Estado), de que derivam a proletarização da sociedade, e, portanto, a sociedade dividida em classes e não mais em ordens, o fim da distinção entre Estado e sociedade, uma temporalidade não linear e não previsível que mina a estabilidade da ordem, a questão social, ou seja, a possibilidade de organização para os proletários outrora politicamente sem voz – enfim, nada além dos últimos resultados da Revolução Francesa. Os alunos contemporâneos de Foucault, desconhecendo em profundidade, tal como seu mestre, a natureza e o funcionamento do capitalismo, não conseguem compreender que a reedição da "Belle Époque" nos anos 1980 e 1990 do século XX graças ao "mercado" (ativação "positiva" do sujeito livre e autônomo – o capital humano) produzirá, a partir da primeira Guerra do Golfo, de 1991, a mesma situação catastrófica da "Belle Époque" histórica – com uma notável diferença, pois os fascismos contemporâneos se adaptam à democracia e vice-versa. Um texto de 1929 de Alexander Rüstow, "A ditadura nos limites da democracia", poderia servir de base para essa compatibilidade. Se Foucault buscava um dispositivo de gestão da norma econômica como ação positiva, imanente, capaz de evoluir e de se adaptar etc. (uma cópia isomórfica da dinâmica atribuída ao mercado), ele procurou no lugar errado. A norma neoliberal é sinal de algo completamente diferente: sua força, alternativa à lei e ao político-jurídico, começa com o fascismo e acaba com as novas formas de fascismo.

À reafirmação das hierarquias e das divisões de classe segue-se a governamentalidade neoliberal que Foucault descreve em *Nascimento da biopolítica*. O objetivo é, uma vez assegurada a tomada do poder, *capturar a subjetividade* dos vencidos, transformando-os em "empreendedores de si", em "capital humano".

Cinquenta anos depois, durante as revoltas de 2019 no Chile, os manifestantes atacam frontalmente a longa contrarrevolução fascista e sua normatividade liberal, conduzidas e consolidadas por todos os "governos democráticos". Como compreender essa ruptura subjetiva, como explicar a memória ainda viva das lutas, combates e revoluções dos anos 1970, após uma "governamentalidade" que passou da ditadura à "sociedade das normas" foucaultiana, sem que nenhuma mudança da constituição fascista seja necessária?

Começando a responder a essa pergunta, podemos tentar reconfigurar o processo de "produção de subjetividade", bastante idealizado pela geração de pensadores de 1968 e profundamente pacificado pela *substituição das lutas de classes pelo "normativo"* operada por Foucault (e parte do feminismo).

2.1. Guerra de conquista e normas

A conquista em sua realização, em sua primeira estabilização e consolidação, não tem necessidade de normas. Ela é um fato, um golpe de força. Mas se ela pretende durar, construir instituições e "formas de vida", ela deve instalar e se apropriar das instituições jurídicas, legislativas, políticas, econômicas e assujeitar os vencidos às suas normas. O jurista italiano Natalino Irti sintetiza a relação entre *conquista* e *norma* numa definição concisa que desmonta de uma só vez as bases da biopolítica: "*A norma é o signo sumário da conquista*",[12] ou seja, a afirmação institucional da vitória de uma classe sobre a outra.

12   Natalino Irti e Massimo Cacciari, "Destino di nomos", *Elogio del Diritto*. Milano: La nave di Teseo, 2019.

A biopolítica elimina essa relação entre conquista e norma, fazendo desta uma potência capaz de autoinstituição: a norma se funda sobre si mesma; é uma potência imanente que não necessita de nada além do próprio desenvolvimento. A "sociedade das normas", outro nome da biopolítica, é a operação de pacificação de que participam marxistas, feministas "pós-modernas" e foucaultianos de esquerda. A negação da "tomada" como ato de criação e submissão das classes e a repressão da violência necessária à reprodução desse acontecimento histórico fundador têm consequências nefastas não apenas na concepção do poder e do capitalismo, mas também na maneira de se compreender a ruptura subjetiva, a constituição do sujeito insurgente, a possibilidade da revolução.

Embora tenha desempenhado um papel fundamental na geração de pensadores de 1968, a subjetivação deu origem a um processo de constituição do sujeito político completamente "normalizado" e mutilado. No pensamento pós-68, a adesão dos marxistas (Negri, Hardt, Macherey) e das feministas (Butler e parte da teoria *queer*) à "sociedade das normas" e à concepção foucaultiana da constituição do sujeito representa a continuação da neutralização contemporânea dos conflitos de classe. No próprio momento em que a máquina do Capital se vê obrigada a passar a uma intensificação violenta de sua estratégia, em que o Estado de exceção se integra ao de direito e em que as forças neofascistas se desenvolvem, esses autores descrevem a ação do poder como imanente às normas econômicas, jurídicas e de gênero.

Pierre Macherey[13] ilustra muito precisamente a ação "produtiva" do poder biopolítico na subjetividade. As normas sociais, diferentemente das normas jurídicas, não obrigam. Elas não agem nem pela coerção nem pela proibição, tampouco pela

---

13 Pierre Macherey, *Le sujet des normes*. Paris: Amsterdam, 2014.

violência. Sua ação é imanente a um campo de intervenção que não lhes preexiste, mas que elas criam. Elas delimitam um domínio em que lidam com o "possível" em lugar do "real", de modo que sua ação é *preventiva*, *preditiva* e se baseia na avaliação daquilo que *está emergindo no momento*. Enquanto a autoridade legal é "fechada", o biopoder é "aberto", uma vez que ele age no que se passará (*work in progress* da norma que corrige, ajusta, calibra seus erros e impasses, adaptando-se aos movimentos em curso, à maneira do "mercado" no caso dos liberais). Diferentemente da lei, ela considera o indivíduo "no nível de suas potencialidades" e "não de seus atos" já consumados. A norma intervém num "futuro que não é completamente controlado nem controlável, que não é medido e não mensurável".

Esse poder imanente à vida não é definido nem mesmo como uma "técnica de dominação", pois abandonou seu caráter transcendente. Governar significa "estruturar o campo de ação dos outros", agir sobre sua "liberdade". A norma é o próprio exemplo da natureza positiva do poder que, em vez de reprimir, proibir e impedir, encoraja, solicita, suscita, possibilita.

Para Hardt e Negri, é inútil (e até mesmo irresponsável) brandir o fantasma da guerra, da guerra civil, da guerra de conquista, da violência sem mediação. Até mesmo nomeá-los seria perigoso, pois todo poder é "imanente às estruturas jurídicas e econômicas". Não há poder que não seja incorporado à propriedade e ao Capital.

Mas a propriedade e o Capital, no entanto, nada têm de imanente. *De saída*, a propriedade não é um resultado da produção capitalista, mas daquilo que a precede e a funda. A propriedade pressupõe uma expropriação pela força que cria ao mesmo tempo os que têm e os que não têm, determinando e legitimando essa violência no direito e na instituição da propriedade privada. A propriedade de que falam Hardt e Negri é a reprodução daquela que decorre da apropriação original.

Da mesma maneira o direito, segundo Natalino Irti, "nasce dos conflitos entre forças, do qual resultam vencedores e vencidos. Estes são obrigados a assumir a lei dos primeiros e reconhecer sua autoridade, que produz a norma. Em algum ponto das *Considerações sobre a história universal*, Jacob Burckhardt [...] fala do Estado como 'redução da força a um sistema', ou seja, a redução da violência original a uma ordem de normas, compostas segundo uma hierarquia dinâmica e produtiva. Trata-se da 'paz lógica' do sistema, que necessita de um princípio unificador, pois é apenas dessa maneira que as inúmeras normas, regras e disposições 'podem manter-se unidas', e esse princípio reside na *Grundnorm*, no fundamento imposto pela violência constitutiva [...]."[14]

O direito não é o que elimina a violência porque a própria violência é assumida por ele e legitimada pelos procedimentos jurídicos. Na origem do direito há sempre um ato violento fundador. Uma vez fundado, o direito exclui toda violência alheia a seu exercício legítimo. O direito, para Benjamin, nada mais é que a violência à violência, para o monopólio da violência.

O direito é a "palavra armada", e torna-se ainda mais duro e restritivo "se o poder normativo é assumido pela tecnoeconomia, por uma força que sai vitoriosa do conflito de interesses ou da 'concorrência' entre empresas". A incorporação da violência na concorrência "esconde a dureza da luta, as violências e farsas que abalam os mercados, as vítimas inúmeras e anônimas".[15]

A recusa em levar em consideração essas genealogias da propriedade e do direito faz do poder contemporâneo uma relação que se exerce exclusivamente através das normas, leis, convenções, quer dizer, dos dispositivos impessoais que refletem a violência direta, a violência pessoal nas modalidades de exercício

---

14 Natalino Irti e Massimo Cacciari, "Destino di nomos", op. cit., p. 145.
15 Ibid. p. 129.

do poder pré-capitalistas, fadadas ao desaparecimento. Hardt e Negri certamente reconhecem a conquista fundadora, a expropriação originária, mas parecem confinar essa violência a uma época passada. Ela seria completamente incorporada nas normas, confundindo-se com seu funcionamento. "É até difícil detectar ali a violência, de tanto que o comando é normalizado e sua força é aplicada de maneira impessoal".

2.2. A normalização precede a norma

A finalidade da biopolítica, modelo da incorporação do poder nas normas, é a "normalização" no sentido de que ela torna aceitável, para o governado, um poder fundamentalmente "normalizador".

Em O *conceito do político*, Carl Schmitt (há mais a se aprender com reacionários que com "progressistas", sugeria Marx!) descreve um funcionamento das normas que nos parece corresponder à natureza do poder que a Europa exerceu dentro de suas fronteiras e no mundo colonial. A "normalização" voltada às "sociedades das normas" não é apenas um resultado, mas antes um pressuposto de seu funcionamento, sem o qual a norma não pode operar. *A normalização pela norma pressupõe uma normalização preliminar pela guerra, pela violência, pela força.* O estabelecimento da ordem é, para Schmitt, a condição de existência da norma jurídica e, podemos complementar, da norma biopolítica (simbólica e social).

"Não existe norma aplicável ao caos. Antes a ordem deve ser estabelecida: somente então a estrutura jurídica terá sentido [...]. Toda norma pressupõe uma situação normal, e não há norma que possa exercer autoridade numa situação totalmente anormal em relação a ela."[16]

16   Carl Schmitt, *La notion de politique*. Paris: Calmann-Lévy, 1994.

Da mesma maneira que o direito pressupõe o não direito da tomada como sua origem, a norma implica a não norma da imposição pela força como sua genealogia. A anomia (da guerra de conquista) é a condição da produção da norma.

A vitória, nas guerras civis e nas guerras de conquista, põe fim ao "caos" e impõe uma situação "normal". Uma vez "estabelecida a ordem", os dispositivos de normalização podem começar a agir na subjetividade. Uma vez assegurada a ordem dos vencedores, uma vez imposta "uma situação totalmente normal", os vencidos podem ser submetidos ao regime do "trabalho abstrato" e do "trabalho não remunerado", aos assujeitamentos (operário, mulher, escravizado, indígena, colonizado) e às normas de comportamento disciplinares e "biopolíticas". A ação "positiva" das normas necessita da ação "negativa" (destruição, repressão, execução, genocídio) da guerra civil e da guerra de conquista. A subjetividade do "governado" só pode ser construída na condição de uma derrota, mais ou menos violenta, que o faça passar do estatuto de adversário político ao de "vencido".

As normas não intervêm primordialmente para construir e administrar um comportamento "produtivo" ou "reprodutivo", para garantir o "controle" de uma população, mas, após um conflito político, uma guerra civil ou uma guerra de conquista, para garantir a continuidade da distribuição do poder adquirido. Elas operam numa situação relativa e temporariamente pacificada, para estabilizar e dar continuidade à distribuição do poder que os vencedores impuseram aos vencidos. É apenas nesse momento que se pode falar de uma ação "positiva" do poder, pois após interromper, proibir e destruir, ele nos faz agir, nos solicita e nos incita, mas sempre dentro do quadro restrito da governamentalidade e seus assujeitamentos.

A sociedade das normas é a continuação da guerra de conquista para transformar os campesinos expropriados em operários; impor, uma vez constituída pela força a classe das mulheres, o trabalho doméstico, de produção (sexual, afetivo etc.), enquanto nas colônias a guerra de conquista se dá no Estado de exceção permanente para transformar os africanos em escravizados, os indígenas em colonizados (e mantê-los assim).

Sem o exercício da violência nenhuma inscrição da norma nas subjetividades é possível. Inscrição, no entanto, relativa, dado que nenhuma norma pode eliminar *a ferida da derrota*, nenhuma ação positiva do poder pode esconder *a atualidade da exploração e da expropriação*. Sob a normalidade das normas impera a anomia da guerra civil e da guerra de conquista.

A descrição "positiva" do biopoder, sobretudo no que se refere à fabricação dos sujeitos, elimina sua "sombria" genealogia, que firma profundamente suas raízes em guerras civis ou de conquista. O ponto de partida para a apreensão da constituição e do funcionamento dos assujeitamentos não pode ser de maneira alguma nem a "norma", nem a linguagem, nem o simbólico, nem a governamentalidade – ponto de partida defendido, entretanto, por Judith Butler. No quadro biopolítico, Butler sublinha fortemente a natureza da subjetivação seguindo quase ao pé da letra os ensinamentos de Foucault.

O poder da norma não se limita a agir sobre um sujeito preexistente, mas produz e dá forma a esse sujeito. As normas não podem ser simplesmente interiorizadas, uma vez que não existe sujeito constituído antes das normas, pois estas garantem a inteligibilidade do mundo e dos outros (seguindo um raciocínio extraído diretamente de Foucault). As normas nos precedem e agem sobre nós, e nós somos então obrigados a reproduzi-las. O assujeitamento à norma inaugura um processo de subjetivação produzido pela própria norma.[17]

---

17   Para uma crítica mais ampla da noção butleriana de linguagem, ver: Maurizio Lazzarato, *Signos, máquinas, subjetividades*. Trad. Paulo Domenech Oneto. São Paulo: n-1 edições; SESC, 2014.

A força que impõe e constrói o gênero é imanente à escrita, à língua e ao simbólico. A constituição do gênero e do sexo, longe de remeter à conquista, foi inaugurada por uma norma, por um acontecimento gráfico (o registro do sexo no nascimento pelo Estado é uma tomada de poder sobre a identidade) ou por um acontecimento discursivo, performativo.[18]

2.3. A constituição das classes das mulheres no feminismo materialista

O *feminismo materialista* é bastante distante dessa maneira de compreender a constituição dos gêneros e dos sexos exclusivamente pelas normas, pela linguagem e pelo performativo. Sexo e gênero são o resultado de uma guerra de conquista, legitimam a criação e a existência das classes dos opressores (homens) e das oprimidas (mulheres) e regulam o modo de produção doméstico que designa às mulheres papéis subordinados em qualquer atividade, não apenas na sexualidade. Assim como para os operários e escravizados, a constituição das classes das mulheres ocorre primeiramente pela

---

[18] Não basta dizer que a linguagem nos precede, que não somos nós que a fizemos, mas que, pelo contrário, ela que nos fez. Dessa maneira, a produção, difusão e reprodução da linguagem seriam obra de forças impessoais (estruturalismo), ao passo que a apropriação de uma classe por outra compreende até mesmo a linguagem. A língua dos vencidos é a primeira coisa que se impõe na guerra de conquista. O francês é uma língua de uma minoria imposta à força às outras línguas. Séculos de proibições, opressões, de controle de expressões, de dominações linguísticas cotidianas foram necessárias para que o Estado-nação fizesse de sua língua a língua de todo mundo. E não é somente a língua dos vencedores que chega com a conquista, mas também a religião (*Cuius regio, eius religio*), máxima que traduz o princípio político afirmado no século XVI segundo o qual a religião de um povo deve necessariamente ser a de seu soberano), as instituições etc. Quando não vemos a conversão e a reversibilidade sempre possível entre a violência de apropriação e a violência da instituição, corremos o risco de perder de vista os processos de assujeitamento e de subjetivação.

violência da apropriação-expropriação. A ação produtiva do poder vem após sua ação destrutiva.

"Pois não há sexo. Não há sexo, exceto aquele que é oprimido e aquele que oprime. É a opressão que cria o sexo, e não o contrário", diz Monique Wittig.[19] É a relação (de apropriação) que cria os termos (homens e mulheres) e, ao mesmo tempo, os qualifica (sexo e gênero), hierarquizando-os. Os homens e as mulheres não existem antes da imposição dessa relação pela força. Para o feminismo materialista, a "fabricação" das mulheres" ("fabricam-se mulheres como produzem-se escravos ou eunucos") é "imposta e mantida por coação".

Os dois momentos e sua sequência – apropriação e criação das classes, de um lado, e atribuição a um sexo, a papeis e funções, de outro – são precisamente descritos por Colette Guillaumin desde os anos 1970.

O assujeitamento pelas normas só pode ocorrer naquilo que "já é apropriado", passando pela "naturalização" (redução biológica) das relações de poder historicamente instituídas pela força. A invenção da natureza "não pode ser separada da dominação e da apropriação de seres humanos".[20]

No ato de conquista propriamente dito de uma classe por outra, o conceito de "natureza" permanece embrionário e, na verdade, não é realmente necessário, pois a força se legitima por si mesma. Apenas "quando uma classe apropriada é constituída e coerente" que "a ideia de natureza se desenvolve e se precisa, acompanhando a classe como um todo e cada um de seus indivíduos do nascimento até a morte".[21]

A naturalização "atinge os indivíduos pertencentes a uma

---

19 Monique Wittig, *La pensée straight*. Paris: Amsterdam, 2013, p. 38.
20 Colette Guillaumin, *L'idéologie raciste*. Paris: Gallimard, 2002 [1972].
21 Colette Guillaumin, *Sexe, race et pratiques du pouvoir*, op. cit. Quando não indicadas de outro modo, todas as citações seguintes são de Guillemin.

classe apropriada enquanto classe", o que significa que a apropriação coletiva precede a apropriação privada. Apenas após a constituição da classe dos escravizados que se pode comprar um escravizado no mercado; apenas após a constituição da classe das mulheres que se pode casar com uma mulher; apenas após a constituição da classe dos operários que se pode comprar a força de trabalho de um operário. A tomada da subjetividade é "associada e dependente da relação da apropriação de classe, ou seja, de uma apropriação não aleatória, que deriva não de um acidente para o indivíduo apropriado, mas de uma relação social fundante da sociedade – envolvendo, portanto, classes resultantes dessa relação, sem a qual não existiriam".

Os limites da interpelação althusseriana (outra referência de Butler) como dispositivo de transformação do indivíduo em sujeito (em governado) são facilmente apreendidos. O "ei, você aí!" enunciado por um policial pressupõe a constituição das classes, do Estado e de sua polícia. É apenas nesse caso que o indivíduo "já apropriado", já tomado numa relação de comando-obediência, é obrigado a responder à injunção sob pena de acabar na prisão ou no hospital psiquiátrico (se o médico, representante da instituição, estabelecer que o sujeito não é "normal", incapaz de reconhecer a ordem política imposta).

Quanto às mulheres, o assujeitamento se dá após a apropriação coletiva. Nessa "segunda" fase (que só pode ser separada teoricamente), a "força intervém apenas como modo de controle daquilo que já é apropriado", enquanto a norma, a linguagem e o simbólico implementam e legitimam *a ideia de natureza concernente ao mesmo tempo a humanos e não humanos*.

"A colonização de apropriação dos homens (tráfico de escravizados e, depois, de mão de obra) e das terras (a dos dois últimos séculos) e a apropriação do corpo das mulheres (e não apenas de sua força de trabalho) induziram a proclamação da natureza específica dos grupos [...]. Na verdade, os grupos aqui são um mesmo grupo natural." A invenção desses grupos naturais é a invenção da raça, do gênero e do sexo.

A operação de naturalização é uma "normalização" dos comportamentos que segue a "normalização" produzida pela ação (vitoriosa) de tomar e submeter. Ela se realiza ao designar uma "marca" corporal (sexo, cor da pele) como signo visível e tangível da "diferença" das classes.

A biopolítica transforma o histórico e o político em biológico, enquanto as lutas das mulheres e dos colonizados ocuparam-se de desmanchar essa transformação para encontrar o histórico e o político da apropriação pela força, a opressão violenta dos assujeitamentos que criam o sexo e a raça.

"A marca da pele *seguia-se* à escravidão e de maneira nenhuma precedia o grupo de escravizados; o sistema escravagista *já* existia quando se pensou em inventar as raças."[22]

A invenção da natureza opera uma inversão de causa e efeito. Pretende-se que as características físicas dos apropriados sejam as causas da dominação.

"Uma relação social, aqui uma relação de dominação, de força, de exploração, que decorre da ideia de natureza, é considerada produto de características internas ao objeto que sofre a relação [...]. A escravidão torna-se um atributo da cor da pele, e a não remuneração do trabalho doméstico, um atributo da forma do sexo."[23]

O fato de o sujeito não preceder as normas e de a submissão surgir apenas com a linguagem e o simbólico é a tradução que Butler faz da psicanálise lacaniana, segundo a qual não há sujeito – por conseguinte, nem política – antes da "Lei", antes da castração, antes do simbólico. Elias Canetti tem uma fórmula magnífica que, sozinha, bastaria para desfazer a virada

---

22 Colette Guillaumin, *L'idéologie raciste*, op. cit., p. 337.
23 Ibid.

linguística e o estruturalismo, ao mesmo tempo que sublinha o papel que desempenha a política da força, da violência, da apropriação no assujeitamento: a ordem precede a linguagem, a submissão vem antes de sua institucionalização jurídica e simbólica, pois "até um cachorro entende o comando, até um animal doméstico entende que deve obedecer", mesmo que não seja dotado de linguagem.

A subjetividade psicanalítica lacaniana não conhece a história política.[24] O sujeito é submetido a "Leis" simbólicas universais, gravadas (sobretudo as que regem o gênero) na psique desde a origem – "Leis simbólicas" que não devem ser confundidas com aquelas, positivas, que os homens podem fazer e desfazer. A psicanálise ignora a história coletiva das classes, as rupturas, as vitórias e derrotas políticas e a maneira como elas afetam a subjetividade. Sua história é a do "romance familiar" que começa com o nascimento e, se a subjetividade se enraíza em algum lugar, é na história individual dos pais e de suas famílias. As "normas" biopolíticas trabalham, como a psicanálise, numa subjetividade vazia, sem posicionamento de classe, sem memória política, pois a apropriação das classes jamais ocorreu.

2.4. O que precede a norma é a "subjetividade vencida"

Na perspectiva da biopolítica (e da teoria de Butler), é impossível explicar como, no Chile, subjetividades assujeitadas por décadas às normas neoliberais puderam se revoltar violentamente. Se as normas não se limitam a inscrever em si mesmas

---

[24] Comparar a citação seguinte de Butler com a perspectiva de Wittig supracitada (de que a opressão e a apropriação das mulheres criam o sexo) para compreender a diferença entre os dois feminismos: "Foi muito importante para mim voltar à categoria de sexo, ao problema da materialidade, e me perguntar como o próprio sexo pode ser construído como uma norma. Suponho que este seja um pressuposto da psicanálise lacaniana: o sexo é uma norma" ("Gender as Performance", *Radical Philosophy* 67, 1994, p. 32).

as condutas conformes, mas fabricam também as subjetividades, como podem elas reivindicar e se religar à revolução do começo dos anos 1970? Por que, na ocasião de confrontações políticas de certa intensidade, as memórias das guerras civis emergem imediatamente (Espanha, Grécia ou a resistência na Itália, para nos limitarmos à Europa)?

A repressão da formação violenta das classes tem por consequência lógica que a subjetividade sobre a qual agem as normas é considerada como "virgem", uma massinha de modelar disponível à ação de naturalização do assujeitamento.

Contrariamente à ideologia do assujeitamento pelas normas, deve-se assumir que a subjetividade preexiste à sua "produção" biopolítica (normativa). As classes não preexistem à sua apropriação pela força, mas preexistem à *naturalização* pelas normas. Por conseguinte, a subjetividade a ser normalizada não é uma *tabula rasa* sobre a qual o poder pode escrever livremente a prescrição dos comportamentos. A subjetividade precede a ação das normas sob a forma particular de uma subjetividade "vencida".

Ao quadro animado pelas lutas de classes, pela violência fundadora e sua reprodução, a teoria de Butler opõe um processo de assujeitamento mutilado: a relação entre normas e sujeito se dá dentro de um quadro já dado, não problematizado e "pacificado", no qual o conflito e as negociações já são regulados pela governamentalidade. Essa teoria não explica a existência das "classes" dos homens e das mulheres – o que, pelo contrário, o feminismo materialista faz de maneira notável.

Para Butler, a possibilidade de escapar desse governo dos comportamentos não encontra seu fundamento no *desmanche da apropriação*, mas na *reprodução defeituosa* das normas, pois a biopolítica é, como escreve Macherey, um círculo que não tem exterior. Só se pode escapar das normas porque sua reprodução contínua e necessária passa por fracassos, por falhas dentro das quais a recusa da binaridade do gênero encontra refúgio e implementa outras sexualidades (Butler).

Os ciclos de lutas de 2011 e de 2019-2020 mostram que as rupturas políticas ocorrem não no aproveitamento das falhas reprodutivas das normas, mas no ataque às hierarquias de classe e aos processos de naturalização que as estabilizam. A possibilidade de recusa e de revolta não se baseia nas normas propriamente ditas (em seu possível fracasso), mas na persistência e na reprodução das divisões de classe.

Os chilenos, após o golpe de Estado comandado e dirigido pelos americanos, tinham apenas uma alternativa, como resume o jurista italiano citado anteriormente, que, após ter desvelado a *genealogia truncada das normas*, agora desmascara a *genealogia mutilada do sujeito político*.

"O indivíduo que falhou entre os vencidos e que mede sua incapacidade de reverter o resultado da luta histórica se encontra diante da alternativa de ir embora (se algum dia tiver essa possibilidade), de 'desobedecer' e 'resistir' ou de assumir a *Grundnorm* vitoriosa. Ir embora significa também a revolta, a destruição apaixonada de bens diversos, os protestos sem objetivo, o fato de formar fisicamente uma aglomeração e de se agitar em praça pública."[25]

No Chile, a destruição apaixonada dos bens parece ser a opção escolhida pelos vencidos, o que escandalizou a alma bela e delicada da escritora Lucy Oporto Valencia, horrorizada com "a destruição sistemática das infraestruturas públicas e privadas, a começar pela sabotagem e a destruição do metrô de Santiago, em seguida a destruição, o saque e o incêndio de supermercados, farmácias, micro-ônibus, pedágios, lojas, hotéis, bancos, prefeituras, igrejas, prédios tombados e monumentos históricos por todo o país e em massa".

Se o vencido não tem a possibilidade de ir embora (exílio),

---

25   Natalino Irti e Massimo Cacciari, "Destino di nomos", op. cit., p. 145.

resta-lhe submeter-se à "força vitoriosa". "Se ele escolhe, como costuma acontecer mais frequentemente, o caminho da adesão, então ele pertence ao novo Kosmos, à unidade dos bens e das finanças, onde encontra a 'razão' de sua própria vida."[26]

Os chilenos foram obrigados a aderir, mas não conseguiram encontrar no capitalismo de Friedman e Hayek seu "novo Kosmos" e a "razão de sua própria vida", pois sua participação na sociedade dos proprietários (o verdadeiro nome da "sociedade das normas") se deu somente na condição de não proprietários, de "capital humano" perpetuamente endividado e perpetuamente mobilizado para quitar a dívida, quitação que ocorrerá somente por meio da morte (é o que ocorre nos Estados Unidos, com os estudantes que endividam-se para terminar os estudos – essas políticas da dívida foram inicialmente experimentadas no Chile).

Mas essa adesão é apenas parcial e temporária. Ela esconde uma recusa silenciosa mas obstinada, uma resistência que busca os instrumentos estratégicos da revolta, da ruptura, da reversão das relações entre forças estabelecidas pela guerra civil.

Esse processo ao mesmo tempo de apropriação e de assujeitamento, mas também de recusa e de resistência, é visível em todos os dominados, em todas as classes vencidas e, mais radicalmente, nos escravizados e nos colonizados. *A decolonização começa no primeiro dia da dominação colonial*. Processos de subjetivação e de assujeitamento se misturam e se combatem nos comportamentos dos escravizados e dos colonizados, perfeitamente descritos por Fanon e Du Bois: as duas almas do escravizado, ao mesmo tempo "negro" e "americano", ao mesmo tempo submisso e revoltado, lutam num mesmo corpo. A força da revolta está presente desde o primeiro dia da apropriação, e é nessa força que deve se

[26] Ibid., p. 147.

apoiar a ação coletiva para romper as normas.

O desdobramento da recusa não depende das falhas na reprodução das normas, mas da possibilidade da ação coletiva, da capacidade de se articular uma estratégia revolucionária que começa a se afirmar no século XIX, tanto na Europa quanto nas colônias, e se consolida fortemente a partir da Revolução Soviética.

A memória da conquista, dos combates e lutas não é apagada com a derrota, mas continua a fluir como um rio que busca romper as margens que o cerceiam. A subjetividade política que se quer tomar e assujeitar pelas normas não pode ser "produzida", como em Butler, Macherey e Foucault, porque a sociedade é dividida *ab origine*, e essa divisão *atravessa* e *orienta* a linguagem, o simbólico, as normas ("a ordem precede a linguagem, até um cachorro entende isso", mas não os filósofos).

Nietzsche, inspiração de Foucault antes de seu alinhamento com a governança, explica que a "emergência" das forças e a distribuição hierárquica dos poderes resultantes determinam o "fato" de uns mandarem e outros obedecerem. Mas na obediência, que nada mais é que o reconhecimento do fato de ser vencido, a "força própria" daquele que obedece "não é de maneira alguma perdida". Da mesma maneira, "comandar" não significa que "a força do adversário" seja completamente "derrotada, fagocitada, dissolvida. Mandar e obedecer são formas complementares da luta."

Butler utiliza uma fórmula bastante ambígua (a sexualidade e, mais geralmente, a subjetividade são "coextensivas ao poder") que pode nos desviar completamente da compreensão da ação do sujeito político. Mais justo seria dizer que a sexualidade e a subjetividade são *coextensivas às relações de poder caracterizadas por uma distribuição hierárquica de comando e obediência*. Nessa relação de poder, a força daqueles que obedecem não é anulada pela derrota e pela submissão, e a força daqueles que mandam não corresponde a uma dominação e a um controle absolutos da situação. O poder, tão desajeitadamente definido por Butler, é na realidade uma relação estratégica na qual as forças que comandam e as que obedecem, mesmo dispostas hierarquicamente, são igualmente "agentes".

A ideia de que a subjetividade é unilateralmente formada pelo poder e suas normas implica a neutralização dessa luta e das estratégias que os vencidos tentam mobilizar para desmanchar essas relações entre as forças.

Não acredito em "servidão voluntária". A servidão voluntária é a consequência da incapacidade de se superarem coletivamente as relações de força estabelecidas e mantidas pela coerção. Trata-se de uma questão estratégica e de organização política, de maneira nenhuma de "vontade individual". A subjetividade é politicamente rachada não pelo trauma da castração própria ao "romance familiar" da psicanálise lacaniana retomado por Butler, mas pela reprodução das hierarquias e das explorações e pela emergência das lutas de classes que a impedem de aderir verdadeira e completamente ao assujeitamento do "capital humano".

A subjetivação do vencido e a captura de seu "espírito" pelas normas são continuamente corroídas, de dentro para fora: primeiro pela exploração e a dominação cotidianas, pois as normas, ao mesmo tempo que buscam *aniquilar as lutas de classes pela biopolítica das populações*, devem imperativamente reproduzir os dualismos de classe (capitalistas e proletários, homens e mulheres, brancos e não brancos, natureza e cultura), sob a pena de colapso político e econômico da acumulação do capital; depois, pelas lutas que regularmente buscam superar a submissão; por fim, pela memória da derrota, pela memória dos corpos mortos pela tortura, a morte, o desaparecimento, o exílio, memória que irrompe na cena da história sempre que a capacidade de ação coletiva é redescoberta.

Para compreender as revoltas de nossa época, é preciso

livrar-se da maneira com a qual Foucault definiu e diferenciou *poder* de *violência* na sociedade das normas. Embora o primeiro consista na ação da "governamentalidade" na ação de um sujeito "livre", a segunda não age numa ação, mas em corpos e objetos "passivos".

As lutas das insurrecionais de 2011 e 2019-2020 desmontam impiedosamente essa dupla definição da violência e do poder. O poder fere, mutila e torna inválidos corpos na França, mas mata, tortura e assassina outros corpos no Sul global, justamente porque ali ele tem diante de si não corpos "passivos", mas "sujeitos livres", finalmente libertados da "liberdade" que a governamentalidade lhes designava. Essa liberdade é insuportável para o poder, pois, não tendo sido por ele concedida, ele vê nela uma autonomia e uma independência que o ameaçam diretamente. Violência e poder são, na verdade, inseparáveis, representando apenas dois aspectos da mesma máquina capitalista. A governamentalidade decide entre violência e poder apenas com base em contingências políticas.

A ordem, uma vez instaurada pelo Capital e o Estado, não tolera que haja uma *pré-história* que possa ser convocada. A história deve começar com as constituições, as instituições jurídicas e econômicas, as normas, a linguagem, o simbólico, a biopolítica. A violência já ocorreu, já se produziu (embora se reproduza continuamente). Ela faz parte da pré-história à qual é proibido retornar. A eliminação da guerra de conquista como característica permanente das relações sociais é uma verdadeira obsessão do poder desde Hobbes.

Butler, Macherey, Foucault, Negri e Hardt seguem à risca essa injunção dos poderes estabelecidos. Instalados no modo de produção capitalista, as normas, o direito, o trabalho e a constituição os cegam. Mas a dominação não surge apenas do poder econômico e jurídico, da potência das normas, da instituição da produção, mas implica sempre, como pré-requisito, uma apropriação-expropriação, ou seja, uma vitória político-militar sobre as classes.

As lutas de classes contemporâneas (como sempre, aliás) têm uma tarefa diferente: destruir o tempo que as separa da emergência de sua opressão, para desvelar assim sua atualidade, a permanência sob as modalidades da exploração econômica e dos assujeitamentos raciais e sexuais. Com um duplo objetivo: primeiramente afirmar que a governança é a outra face da tomada de poder, da tomada das subjetividades que continua por outros meios, e, em segundo lugar, remeter à ordem do dia a questão do desmanche dessa "origem" que não para de ressurgir. Reatar com a revolução não tem outro significado.

Na normalização que ocorre após a constituição das classes, produz-se a invenção da natureza, entre outros, por meio da linguagem, do simbólico, do performativo, mas inverter as relações entre forças instituídas pela força somente ou principalmente pela mobilização da linguagem, do performativo e do simbólico é um "idealismo".

Se queremos "nos desfazer" dos assujeitamentos, não precisamos nos deter nas diferentes técnicas de poder que os autores "pós-modernos" estimam poder agir sobre a subjetividade (normas, discursos, hábitos, performatividade, simbólico), mas remontar às vitórias e derrotas que as tornaram possíveis.

Sem voltar à guerra civil ou à guerra de conquista, não é possível desmanchar a distribuição do poder que é a base das normas e dos assujeitamentos. É preciso manter juntos os dois momentos do processo de assujeitamento, sob a pena de um "idealismo" impotente, no qual estamos mergulhados desde a eclipse da revolução.

É preciso ler no biopoder e no governo dos comportamentos o "sangue que secou nos códigos", ver por trás das instituições e normas "o passado esquecido das lutas reais, das vitórias efetivas, das derrotas que foram talvez mascaradas, mas que continuam profundamente inseridas" na relação entre forças (citação de um grande momento de Foucault). Mas isso apenas uma teoria revolucionária é capaz de realizar.

VI A REPRESSÃO DAS LUTAS DE CLASSES

| 1. Karl Marx | 2. Foucault e a biopolítica | 3. Hardt/Negri | 4. Gilles Deleuze/Félix Guattari | 5. A ecologia de Bruno Latour |

O chamado Pensamento 68 e as teorias críticas contemporâneas interpretaram a derrota da "luta de classe" capital/trabalho como um fim das classes e de seus dualismos. Embora não possamos mais lidar com esses conceitos da forma como o marxismo nos ensinou, é preciso manter os conceitos de *luta* e de *classe*, ampliando-os e reconfigurando-os, seguindo o convite do feminismo materialista. Ainda necessitamos dessas armas teóricas e políticas para definir as condições de uma política revolucionária comparável à iniciativa capitalista.

O marxismo, que armou ideologicamente as revoluções do século xx, é hoje incapaz de assumir a mesma função. As teorias que nos anos 1960 e 1970 buscaram inventar alternativas ao marxismo, no entanto, também falharam, desvelando suas fraquezas políticas perante as iniciativas da contrarrevolução capitalista.

As minorias (Gilles Deleuze e Félix Guattari), a multidão (Michael Hardt e Toni Negri), as contracondutas (Michel Foucault), os sem parte (Jacques Rancière), a democracia radical do populismo de esquerda (Ernesto Laclau) – todas essas teorias são uma fantasmagoria de conceitos que deveriam produzir uma superação "da" luta de classes. Eles se revelaram incapazes de alcançar o nível da ofensiva que, no começo dos anos 1970, os capitalistas desencadearam – uma ofensiva vinda de todos os lados contra as conquistas das revoluções e até mesmo contra o compromisso social-democrata, ofensiva justificada, assumida e reivindicada como ofensiva de classe.

Temos, assim, uma outra tarefa antes de retomar um debate sobre as condições da revolução: fazer uma avaliação crítica do marxismo, do pensamento de 1968 e do pensamento crítico contemporâneo.

I. Karl Marx

As classes marxianas cobrem apenas parte da realidade das opressões e explorações das sociedades capitalistas. As mulheres e os racializados, no entanto, são classes no sentido indicado pelo próprio Marx, assumindo que "a história de toda sociedade até agora é a história de lutas de classes". Os operários e os capitalistas seriam apenas os últimos de uma longuíssima sucessão enunciada no Manifesto do Partido Comunista: "o homem livre e o escravizado, o patrício e o plebeu, o barão e o servo [...], enfim, opressores e oprimidos".

A crença na existência estratégica de duas classes apenas, capitalistas e operários, se baseia numa ilusão teórica e política. O capital seria capaz de dissolver e subordinar progressivamente todas as relações "pré-capitalistas", tais como o patriarcado, a escravidão, o colonialismo, a servidão e seus modos de produção, implantando em todas as sociedades e no planeta como um todo sua exploração centrada no "trabalho abstrato" e suas relações de poder impessoais. Essa profecia jamais se realizou: a servidão, a escravidão, o racismo, o sexismo e o patriarcado não desapareceram. Eles persistem e se reproduzem dentro de uma nova configuração da qual o capital soube mais que se aproveitar. Hoje, sem esses modos de produção, definidos por Marx como "anacronismos", garantindo um trabalho gratuito ou barato – enfim, desvalorizado –, as mais modernas organizações do trabalho, as mais empolgantes inovações da ciência e da técnica não seriam capazes de evitar a queda da taxa de lucro.

A célebre afirmação do Manifesto segundo a qual, no capitalismo, "tudo que é sólido desmancha no ar" não parece dizer respeito a todas as relações de poder, nem a todas as classes. Percebemos facilmente os limites que o capitalismo se recusa a "empurrar cada vez mais longe". A infinidade da superação e a contínua transformação das condições de existência emperram diante do sexo e da raça, que, por sua vez, não parecem dever ser superados, mas reproduzidos, qualquer que seja o desenvolvimento das forças produtivas. As leis do capital têm exceções mais que significativas que deveriam levar à redefinição dos princípios e da metodologia da teoria marxiana – coisa que os marxistas não fazem. Pelo contrário, eles mantêm uma visão progressiva da ação do capital, que tiraria a humanidade das relações de poder tradicionais. Do ponto de vista do Sul e das mulheres (aqui falo de Arundhati Roy), esse progressismo perde todas as suas promessas.

"Muitos, incluindo o próprio Karl Marx, acreditavam que o capitalismo moderno eliminaria ou superaria as castas na Índia. Foi o que aconteceu? [...] Será que essa pequena classe corporativa – que possui portos, minas, usinas de gás, refinarias, telecomunicações, redes de dados e de telefones celulares de alta velocidade, universidades, usinas petroquímicas, hotéis, hospitais, supermercados e redes de televisão –, será que essa classe que possui e controla virtualmente a Índia também tem uma casta? [...] As castas e o capitalismo se fundiram para criar uma liga peculiarmente letal, peculiarmente indiana."[1]

George Rawick, o historiador marxista citado anteriormente, levantou o mesmo problema num *meeting* na Universidade de Trento, na Itália, em 1967. "A posição do negro nos Estados Unidos é uma posição de casta, uma situação que é transmitida para as crianças por herança. Como posição de casta, ela tende a coincidir com a divisão em classes, ou seja, os negros têm condições de vida inferiores às dos brancos, a

---

1   Discurso de Arundhati Roy no Elgar Parishad 2021. Disponível em: <https://scroll.in/article/985529/arundhati-roy-our-battle-for-love-must-be--militantly-waged-and-beautifully-won>.

começar pelo salário médio, que é a metade do dos brancos. A maior parte da esquerda americana nega a natureza de casta da vida negra e, assim, ignorou a dialética complexa de casta e classe, pois a crença de que a classe eliminará e incorporará a 'casta' está na base do 'marxismo'. A mesma coisa pode ser dita dos imigrantes de longa data na França, que continuam a ser chamados de segunda, terceira geração (de imigrantes), como se a condição de imigrante se transmitisse 'de pai para filho', quando na verdade eles são franceses."

Nem o sexo, nem a raça, nem as castas, nem a guerra, nem a apropriação pelo roubo, nem os fascismos, cujas relações de poder estão, no entanto, no coração de nossa atualidade –nada disso está contido no conceito marxiano de Capital.[2] Karl Marx afirma que o desenvolvimento das forças produtivas do capital fará com que ele finalmente coincida com seu conceito, realizando a ideia de um capitalismo puro: eis o que a história das lutas de classes não cessa de desmentir. Em nenhum lugar e em nenhuma época encontramos um capital e um capitalismo "puros", mas sempre hibridizado com aquilo que há de mais violento, racista, sexista, bélico e reacionário!

O termo "pré-capitalista" merece uma explicação. Ele se refere a relações de poder que, embora arcaicas, não são menos contemporâneas das relações de poder capitalistas. Exemplo: a família nuclear (pai, mãe e dois filhos) é produzida pelo

---

[2] David Harvey se engana profundamente quando considera que as relações raciais e as relações sexuais "nada dizem especificamente sobre o funcionamento do motor econômico do capital". Ao Capital concebido como processo econômico opomos um capital concebido como processo político-econômico, cuja estratégia compõe e decompõe diferentes modos de produção e diferentes relações de poder, sem as quais o motor do capitalismo pararia imediatamente. Se as relações raciais e sexuais não se incluem no conceito de capital, então é o conceito de capital que deve ser mudado. Definir as manifestações do "Black lives matter" como "lutas antirracistas" e não como "lutas anticapitalistas" indica o quanto é urgente que Harvey mude seu conceito de capital.

capitalismo e para o capitalismo; ela é construída com base em relações de poder patriarcais, com base na violência que os homens exercem sobre as mulheres, de modo que ela é tão anacrônica quanto atual. O mesmo ocorre quanto ao racismo. Gilles Deleuze e Félix Guattari dão uma definição apropriada a essa realidade, que chamam de "neoarcaísmo".

A persistência de práticas de vida, de culturas, de crenças e de comportamentos pré-capitalistas foi estratégica *até* para o desenvolvimento *"da"* luta de classes. Eles trazem para a fábrica um éthos, um estilo de vida, de crenças incompatíveis com a racionalidade da organização científica do trabalho. *Em contato com as lutas de classes, esses arcaísmos revelam-se vantagens.* Por exemplo, foram os operários originários do sul da Itália, supostamente atrasado, que encabeçaram as lutas nas fábricas do norte. O mesmo ocorre com as castas baixas em países como a Índia.

A definição da classe operária sem a raça e o sexo revela-se um grande limite do marxismo. A partir dos anos 1960, quando essas classes começaram a reivindicar a própria autonomia e independência políticas, a influência do marxismo começa a diminuir.

2. Foucault e a biopolítica

O abandono da análise das "formas gerais ou institucionais de dominação", ou seja, a renúncia à análise das lutas entre classes em favor da análise das "técnicas e procedimentos" por meio dos quais o biopoder "conduz a conduta dos outros", enunciado em 1983 por Foucault, surge-nos como uma rendição ao espírito da época e a sua "governança".

A governamentalidade pretende dar os meios de organizar um poder descentralizado, flexível, móvel, capaz de acompanhar e se adaptar à heterogeneidade das lutas que se iniciam no fim dos anos 1960 e no começo dos anos 1970. Diante de um conflito que pode surgir de qualquer lugar, a governamentalidade se opõe a uma emergência contínua, uma crise permanente, uma política de segurança, buscando assim dissolver as classes para desintegrá-las numa nova partição entre população e indivíduos. Dessa forma, ela percorre do avesso o caminho de Marx, que, justamente, havia imaginado a teoria das classes contra a teoria das populações dos economistas "burgueses".

Acredito que devemos nos manter fiéis a Marx, ao mesmo tempo que extraímos as classes – novamente no plural – das populações. É o confronto entre as classes – dos capitalistas e dos operários, as classes dos homens e das mulheres, as classes dos brancos e dos não brancos –, e não as populações, que os dispositivos de regulação e de integração requerem para evitar qualquer ruptura política.

Foucault entulha completamente o espaço político com um duplo modelo, jurídico-político e biopolítico, de seus respectivos "sujeitos", o povo e a população, o primeiro remetendo ao Estado e o segundo, à Economia. O objetivo da operação foucaultiana, consciente ou inconsciente, é suturar a intrusão marxiana que havia aberto o espaço fechado pelo par povo/população e Estado/economia pela introdução das classes e das lutas. Ela intervém com um *timing* perfeito, pois corresponde ao esgotamento da força revolucionária da classe operária e sua derrota histórica. O Estado soberano e a biopolítica (técnica de governo estatal e extraestatal) venceram; só resta espaço político para contracondutas, lutas contra o "excesso de poder", subjetivações que visam diretamente à "liberdade" dentro do sistema, sem passar pela "libertação" (revolução).

A reconstrução foucaultiana do contorno do espaço político não é uma simples repetição do trabalho dos "economistas". Ela inovaria a ideologia da máquina de duas cabeças do

Capital-Estado, pois, como a economia teria se tornado bioeconômica, ela diria respeito à "vida" e os "viventes". A novidade foucaultiana ("o biológico se reflete no político") é problemática, pois os viventes são sempre politicamente qualificados. A máquina do poder está sempre relacionada aos operários, mulheres, escravizados e colonizados. As políticas biopolíticas não se ocupam do nascimento, da morte, da doença, da saúde etc., mas do afeto de todas essas coisas nos operários, mulheres, escravizados e colonizados. Ela deve produzir diferenciais entre vidas assim qualificadas.

O duplo modelo jurídico-político e biopolítico ignora o capital e suas classes, que, no entanto, progressivamente reconfiguram o sistema jurídico-político e dão um sentido e uma direção à biopolítica. Esta, por sua vez, parece ignorar esse poder sobre a vida e os corpos que já existia há alguns séculos e do qual ela é a conceptualização tardia e mutilada. A tomada de poder sobre os *corpos viventes* ocorre primeiramente pela apropriação violenta e a formação das classes das mulheres, dos operários, dos escravizados e dos colonizados, incluídas na "produção" por meio de sua exclusão do domínio político.

O poder da máquina Capital-Estado, desde sua origem, jamais teve como objetivo cuidar da vida da população, mas, pelo contrário, explorá-la e dominá-la, dividindo as vidas e os corpos, valorizando certas vidas e certos corpos e desvalorizando outros. As vidas dos escravizados, dos indígenas, das mulheres e, no ocidente, dos operários são tidas como próximas a fenômenos naturais. Eles são, portanto, como todos os produtos da natureza, apropriáveis e exploráveis.

A biopolítica é sempre e obrigatoriamente racista, sexista, classista, no sentido de que ela deve produzir e reproduzir não apenas a população e os indivíduos, mas as *divisões* de homens e mulheres, brancos e racializados, capitalistas e operários.

A "grande virada do histórico-político para o biológico" ocorreria, segundo Foucault, a partir da segunda metade do século XVIII. Na verdade, ela já estava em ação durante todo o "longo século XVI", pois a formação das classes foi legitimada, considerando os trabalhadores, os escravizados, os indígenas e as mulheres de *raças inferiores* como humanos diminuídos e reduzidos à dimensão biológica. O eurocentrismo de Foucault remonta o racismo ao desenvolvimento do "fazer viver" próprio da biopolítica exercida no velho continente a partir do século XVIII. Na verdade, o "Código Negro" ("Ordenação sobre os escravos das ilhas da América") promulgado pelo rei Luís XIV da França marca, já em março de 1685, o fim de uma primeira etapa da "estatização do biológico", iniciada com as guerras de conquista das Américas, que pode igualmente ser definida como a época da invenção biológica da raça.

Uma alternativa radical à biologização do político (seja à versão de Foucault ou à de Agamben) se exprime em 1977 no editorial do primeiro número da revista *Questions féministes* pelo feminismo materialista francês. As questões ("O que há de político no biológico? Que função política tem o biológico?") não são colocadas a partir do ponto de vista do Estado e do capitalismo, como em Foucault, mas do ponto de vista das classes ("Como e por que as classes sociais de sexo correspondem às classes biológicas de sexo?") a romper, *avant la lettre*, com a ideologia biopolítica ("O biológico como ideologia que racionaliza o político").[3]

---

[3] A classe política dos homens define as mulheres como classe biológica para basear na natureza a justificativa de seu poder. Eles se servem da diferença, mas apenas em um sentido, pois somente as mulheres e os negros têm uma constituição física e biológica particular. Os homens (brancos) não manifestam diferenças porque são seres universais. Os homens são o padrão, a medida de todas as coisas. A transição do político para o biológico se funda no processo de formação das classes, não na "vida nua" ou na "vida" em geral.

As lutas das mulheres e dos colonizados não cessarão de enfrentar a "grande virada do histórico-político para o biológico". Os conceitos foucaultianos têm apenas um ponto de apoio: a Europa. A versão foucaultiana da governança é uma *consequência não reconhecida como tal* da divisão estratégica entre proletariado do Sul e proletariado do Norte. Ao longo do desenvolvimento do capitalismo, ela deu lugar a uma diferenciação das modalidades de exercício do mesmo poder: a integração *relativa* dos trabalhadores na Europa e a manutenção da escravidão e da servidão fora dela (e dominação das mulheres em todos os lugares), Estado constitucional e de direito nas metrópoles e Estado de exceção nas colônias, políticas de *relativa* valorização pelas políticas de Welfare da força de trabalho nos países desenvolvidos e políticas de desvalorização violenta dos corpos e das vidas no Terceiro Mundo.

Nesse sentido, a biopolítica de Giorgio Agamben exaspera ainda mais os limites da biopolítica foucaultiana. Sua remissão inflacionada à Antiguidade e ao teológico-político obscurece ainda mais que Foucault a diferença específica do capitalismo. O papel fundamental que o capital desempenhará na organização política a partir do "longo século XVI" surge claramente se compararmos as funções dos escravizados, das mulheres (e dos artesãos) na sociedade grega e dos escravizados, das mulheres e dos trabalhadores nas sociedades capitalistas.

Na *pólis*, o trabalho dos escravos e o trabalho das mulheres tinham por objetivo a reprodução do *"bios politikos"* (tornar possível aos *homens* libres viver sem trabalhar), enquanto no capitalismo os *corpos viventes* dos escravizados, dos operários e das mulheres funcionam dentro de uma *oikonomia* totalmente diferente, cujo objetivo da produção é a própria produção.

A crematística ("a produção pela produção", escreve Marx) era conhecida e bastante temida pela sociedade grega, que obstruía sua implementação de diversas maneiras (políticas, sociais, religiosas, éticas etc.). Em nossas sociedades, ela é a regra das regras (*Grundnorm*). Todas as barreiras que impedem a reprodução ampliada do mesmo (a moeda que produz moeda assim como "a pereira produz peras") devem ser eliminadas, de modo que a "economia" possa se separar da sociedade e constituir um domínio autônomo e hegemônico.

A inclusão dos oprimidos na produção por sua exclusão no espaço político não é a mesma na Antiguidade e no capitalismo. A primeira é estática, a segunda é dinâmica. A produção, com seu objetivo em si mesma, deve estender-se continuamente (reprodução ampliada do capital), o que significa que ela deve continuamente aumentar o número de operários, escravizados, mulheres e sua exploração. Muito rapidamente, ela deve até, sob certas condições, transformá-los em consumidores, incluindo mesmo populações "não capitalistas" (Rosa Luxemburgo), pois a mais-valia deve ser realizada (os ricos e seus gastos extravagantes não são suficientes para essa tarefa). O perigo político que a biopolítica deve esconjurar é a intensificação dos conflitos e rupturas que a produção e a reprodução das classes não deixarão de produzir.

O pensamento 68 considerou esse funcionamento do capital como específico da época de Marx, portanto há muito ultrapassado. Esse grande equívoco teve como consequência uma cegueira coletiva quanto à estratégia da máquina Capital-Estado, da qual a obra de Foucault no fim dos anos 1970 é testemunha exemplar.

Na conclusão da fase governamental de sua obra, a questão do poder assume uma autonomia e uma independência do capitalismo que será rapidamente negada. Em 1978, Michel Foucault havia se fixado num grande erro de julgamento: o século XIX teria sido assombrado pelo aumento da produção da riqueza e pela "pauperização daqueles mesmos que a produzem",[4] ou seja, pelo capitalismo propriamente dito. No fim do século XX, no entanto, esse problema não seria mais colocado "com a mesma urgência". As sociedades contemporâneas teriam sido atravessadas por outro tipo de inquietação totalmente diferente da produção de lucro: a "superprodução do poder". Foucault continua: "Assim, tal como o século XIX precisou de uma economia que tivesse como objetivo específico a produção e a distribuição das riquezas, poderíamos dizer que necessitamos de uma economia que não se basearia na produção e na distribuição das riquezas, mas nas relações de poder."[5] "A superprodução do poder" é evidentemente o outro nome para "biopoder"

"Mais do que a vantagem econômica, o que está em questão [...] é a própria modalidade pela qual o poder se exerce."[6] Consequentemente, as lutas deveriam ter "essencialmente por objetivo os próprios fatos de poder, muito mais do que ocorreria caso se tratasse de alguma coisa como uma exploração econômica, muito mais do que ocorreria se fosse algo como uma desigualdade".[7]

Na narrativa biopolítica, um papel fundamental foi desempenhado pela medicina, cujo saber elaborou as técnicas de gestão das epidemias, da loucura, dos comportamentos anormais, constitutivos de um novo exercício do poder. Essas estratégias de controle e de regulação, estabelecidas em colaboração com a "polícia", fazem da medicina e de seu saber técnicas capazes de solicitar, induzir, fazer surgir comportamentos capazes de assegurar a ordem e a saúde da sociedade.

4   Michel Foucault, "A Filosofia Analítica da Política (1978)", *Ética, Sexualidade, Política*. Trad. Elisa Monteiro; Inês Autran Dourado Barbosa. Rio de Janeiro: Forense Universitária, 2004, p. 39 (Ditos e escritos; V).
5   Ibid.
6   Ibid. p. 50.
7   Ibid., p. 49.

A grande virada não é a do "histórico para o biológico", mas também "do constituinte ao médico".

Num texto de 1982, o equívoco de Michel Foucault quanto à biopolítica e ao capitalismo – que levou gerações de ativistas e pesquisadores a ilusões teóricas e políticas – é surpreendente à luz da pandemia de 2020. Nesse texto, Foucault iguala o problema político aos "efeitos de poder enquanto tais". Assim, a censura que os movimentos políticos dos anos 1970 teriam dirigido à classe médica não era antes o fato de "ser um empreendimento lucrativo", mas o fato de exercer "um poder sem controle sobre os corpos das pessoas, sua saúde, sua vida e morte".[8]

A catástrofe sanitária atual invalida a hipótese da subordinação do capitalismo à "superprodução do poder", ao biopoder, explicitando justamente o contrário.

A estratégia escolhida pela máquina capitalista e por seus Estados a partir dos anos 1970 exige um retorno ao "empreendimento lucrativo" dos sistemas de saúde. Ela coloca no centro a exploração econômica e a ampliação das diferenças entre classes, a produção de riqueza e de pobreza, aplicando suas técnicas de produção de lucro/renda justamente aos "corpos, à saúde, à vida e à morte".

Há anos os profissionais da saúde criticam a organização da saúde pública – mais ainda no contexto da pandemia – justamente por ela ser um empreendimento com fins lucrativos que visa à produtividade, que organiza a concorrência entre hospitais e serviços, que põe em prática o gerenciamento no estilo *just in time* ("zero cama, zero estoque") da produção industrial, que impõe o faturamento por serviço prestado e mede assim o valor econômico de cada intervenção médica.

---

[8] Michel Foucault, "O Sujeito e o Poder". In: Paul Rabinow e Hubert Dreyfus, *Michel Foucault: Uma trajetória filosófica*. Trad. Vera Porto Carrero. Rio de Janeiro: Forense Universitária, 1995, p. 234.

Por que o sistema de saúde dos países ocidentais estava tão mal preparado para cuidar da população na pandemia? Porque, no neoliberalismo, as direções dos hospitais, das pesquisas, das companhias farmacêuticas e do Estado jamais se ocuparam dos princípios enunciados pela biopolítica: "um poder destinado a produzir forças, a fazê-las crescer". O sistema de saúde visa a um objetivo totalmente diferente, comum a toda a produção capitalista: o crescimento das forças é subordinado e finalizado aos objetivos da acumulação, ou seja, gerar lucros, tornar rentável qualquer procedimento médico, transformar a própria pesquisa numa empresa lucrativa, capturável pela máquina do rendimento financeiro. O Estado e a biopolítica devem "favorecer, solicitar, possibilitar" a instauração do "New Public Management", copiado do gerenciamento industrial, em todos os serviços, do hospital à polícia.

A gestão das vacinas pelas multinacionais farmacêuticas tornou evidente o que significa a industrialização/financeirização da saúde pública em curso há cinquenta anos.

A estratégia de apropriação capitalista da saúde se centra na construção e gestão dos hospitais hipertecnológicos que tratam das doenças mais rentáveis, mas são as multinacionais farmacêuticas que, com seu monopólio, operam a completa submissão da "vida" à lógica do lucro. A *big pharma*, resultado de uma concentração e centralização da produção e do poder sem precedentes, promovidas e estimuladas pelos Estados, estão "em situação de quase-monopólio", o que os permite fixar os preços dos medicamentos que, sem mais nenhuma relação com os custos de produção, são simplesmente uma fonte de renda. "Mais que grupos industriais, [essas empresas] são antes grupos financeiros, que fazem malabarismos aos bilhões com ativos e patentes. Em vez de conduzirem pesquisas por si mesmos, preferem comprar start-ups, usar suas patentes e desenvolvê-las. O sonho delas é obter um *blockbuster*: o remédio que ultrapassará a marca de um bilhão de dólares em vendas."[9]

As multinacionais da indústria farmacêutica recusam categoricamente, sempre com o consentimento dos Estados, a disponibilização de patentes (a propriedade intelectual limita ao máximo os lugares de produção, gerando uma escassez artificial), a única coisa capaz de garantir a interrupção do contágio. A defesa do lucro, da propriedade intelectual e dos monopólios é incompatível com a saúde da "população",[10] algo que sabemos pelo menos desde a epidemia de AIDS. Sua única preocupação verdadeira não é a "vida" da população, mas como conseguir aumentar o valor de seus títulos na bolsa. O "valor para o acionário" se torna o ponto principal de toda a sua estratégia. A responsabilidade dos monopólios é voltada unicamente para os acionários.

Na pandemia, o poder de vida e de morte é uma prerrogativa das empresas (farmacêuticas e médicas) que, com as vacinas, distribuem a morte e a vida segundo as oportunidades de lucro, ou dos Estados que, com as vacinas, distribuem a morte e a vida segundo as oportunidades da potência geopolítica. Nos dois casos, segundo princípios que nada têm a ver com a biopolítica e menos ainda com seu oposto, a necropolítica (um conceito *preguiçoso*, pois não analisa a produção do lucro e a produção da potência).

Se a "sociedade não existe", se há apenas indivíduos, a saúde pública é um falso problema! A doença, compreendida nos

---

9   Martine Orange, <https//www.mediapart.fr/journal/economie/030221/ce-que-sanofi-dit-de-la-politique-industrielle-francaise>.
10 O grupo Goldman Sachs publicou em 2019 um relatório intitulado "The genome revolution" no qual perguntava: "O cuidado de pacientes é um modelo de negócios sustentável?". O tratamento de hepatite C com um medicamento produzido pela Gilead rapidamente esgotou o estoque de pacientes tratáveis, representando uma quantia que passou de 12,4 bilhões de dólares em 2015 para 4 bilhões em 2018 – é nesse sentido que eles se perguntam. Relatório disponível em: <https://www.gspublishing.com/content/research/en/reports/2019/09/04/048b0db6-996b-4b76-86f5-0871641076fb.pdf>.

limites estritos do "biomédico" e do biológico, é inteiramente naturalizada, enquanto o corpo vive de maneira simbiótica com o social, o econômico e o político, de modo que o "biológico se reflete no político" mais radicalmente que na teoria de Foucault, *pois se reflete nas diferenças das classes*.

Segundo as últimas descobertas científicas, a vida biológica (*zoé*) e a vida qualificada (*bios*) são inseparáveis, pois seu funcionamento é simbiótico. O biólogo Carlo Alberto Redi fala em "*condivíduo*", conjunto provisório dos *elementos divisíveis* em relações não apenas entre eles, mas também com o fora, em oposição a "indivíduo". Ele aponta que "o genoma (DNA) de cada célula dos milhões de bilhões de células que compõem um '*condivíduo*', nas diferentes fases de desenvolvimento, é exposta a uma variedade de agentes químicos e físicos e também a meios e causas sociais de diferentes naturezas (família, formação, religião, trabalho e renda etc.): esses fatores materiais e imateriais são capazes de marcar epigeneticamente o funcionamento do genoma". Essas pesquisas "têm como objetivo esclarecer [...] de que maneira o social penetra na pele e se torna biológico, de que maneira a classe social penetra as moléculas, as células".[11]

O sistema de saúde dos EUA, berço do neoliberalismo, representa perfeitamente a lógica "biopolítica" contemporânea, pois é pensado e organizado para enriquecer as seguradoras (protótipo de todo dispositivo biopolítico), e não para cuidar das populações. Esse processo chega a ser caricatural, pois o "fazer viver e deixar morrer"[12] é estritamente subordinado à conta bancária do doente.

---

11 Carlo Sini e Carlo Alberto Redi, *Lo specchio di Dioniso*. Milano: Jaca Book, 2018.

12 Para o capitalismo, as vidas não têm o mesmo valor. Centenas de milhões de pessoas continuam a morrer de doenças endêmicas que afetam os pobres do planeta. A indústria farmacêutica não tem qualquer interesse em cuidar dessas populações, preferindo concentrar seus investimentos nas doenças do Norte.

Há anos as políticas de saúde são objeto de uma intensa luta de classes, pois os "pobres" lutam por uma segurança universal que busca reduzir as desigualdades perante a doença, enquanto os "ricos" brigam para que as seguradoras privadas reproduzam os privilégios de classe até nos cuidados com a saúde. A pandemia demonstrou que as políticas de saúde não cuidam da população, mas das classes, pois o vírus se encaixa perfeitamente com as desigualdades de renda, raça e patrimônio.[13]

Paradoxalmente, a população é produzida não pela biopolítica, mas pelas lutas de classes, no sentido de que, enquanto estas são implantadas, uma segurança universal, um Welfare para todos torna-se possível (o direito a saúde, moradia, educação para todos etc.), um aumento da potência de vida se realiza. Quando a revolução é derrotada, a biopolítica apenas redistribui a saúde, a educação, a renda etc. segundo as hierarquias de classe, raça e sexo, ou seja, diminuindo a potência de vida dos oprimidos.

A catástrofe da Covid-19 não é exógena ao capitalismo, mas se origina em todo tipo de desigualdade, no saque da "natureza" e na desestruturação da "saúde pública" operada pela finança. A catástrofe não foi antecipada, mas preparada pelo funcionamento da biopolítica: nenhum de seus dispositivos trabalha para "aumentar a potência de vida" ou para preservá-la, mas para criar as condições para que toda vida, em todas as suas etapas, dependa da renda e do patrimônio.

Michel Foucault pensa a biopolítica como um dispositivo de poder autônomo, animado por princípios "universais" que lhe são próprios: "fazer viver e deixar morrer", aumentar

---

13 A pandemia deixou às claras todas as divisões de classes que atravessam nossas sociedades. A questão da saúde coincide perfeitamente com a linha de cor neocolonial, essa que a "biopolítica" governa, ou melhor, reproduz de maneira completamente subalterna às políticas de grandes multinacionais farmacêuticas: 53% das doses das vacinas contra a COVID serão destinadas a 14% da população mundial (Norte).

a potência das forças etc. Constata-se sem dificuldade que a biopolítica continua sempre subordinada a forças que a ultrapassam e que a dobram segundo seu bel prazer, produzindo desequilíbrios, neutralizando toda compensação, aumentando desigualdades, contribuindo fortemente para a afirmação de uma classe sobre todas as outras.

As políticas públicas de Welfare fazem parte do arsenal da guerra social em curso contra as populações. No século xix, os operários (homens, mulheres e crianças) deixaram a própria vida e a própria saúde nas fábricas – e, quando eles se tornaram perigosos, organizados e suscetíveis a ameaçar a ordem estabelecida, a chamada "biopolítica" se encarregou deles. Ao longo de todo o século xix, os "dispositivos garantidores" foram a ponta de lança dos patrões para estabilizar seu poder e pacificar as relações industriais. No século xx, o Welfare (resultado das relações das forças determinadas pela revolução soviética, as lutas dos operários no final da Primeira Guerra Mundial, a crise de 1929, as tomadas de poder dos partidos nazistas e fascistas etc.) tornou-se mais favorável aos trabalhadores apenas por motivos políticos, embora ainda dividindo a vida dos proletários por meio da valorização do operário homem e a desvalorização da vida dos trabalhadores improdutivos, ou seja, principalmente as mulheres.

A esse respeito, Sylvia Walby aponta que o Welfare organiza a passagem do patriarcado privado ao patriarcado público reproduzindo e reconfigurando as relações entre a classe dos homens e das mulheres. O Welfare não é apenas sexista, mas também racista. Jill Quadagno lembra que o Welfare, assim como as políticas públicas em geral, não é apenas marcado pelo sexo, mas também pela cor.[14]

---

14 "Embora a reforma das políticas de Welfare seja a questão política que mais facilmente traduz o código racial, outros programas sociais

A "biopolítica" silenciosamente *deixou morrer* os negros e *fez viver* os brancos nos Estados Unidos, enquanto a organização política coletiva de negros permaneceu incapaz de impor outras relações de força.

François Ewald, aluno de Michel Foucault, em seu livro sobre o Estado de bem-estar social, não apenas ignora o modo como a biopolítica "governa" as populações segundo uma lógica com origem nas lutas de classes, raça e sexo, como, ao definir o Welfare unicamente pelo "risco" e as "técnicas securitárias", antecipa e legitima a *terceira via* na política (Blair) e na teoria (Anthony Giddens, Ulrich Beck, entre outros).

Atualmente o "Welfare state" não é a continuação de princípios biopolíticos inefáveis, mas estritamente subordinado a uma dupla estratégia capitalista: por um lado, ele é objeto de um processo de privatização que deve gerar lucro e renda e reduzir drasticamente as despesas públicas ditas "sociais", ou seja, valorizar a vida do capital e desvalorizar a vida dos trabalhadores, mulheres e racializados. Por outro lado, a reestruturação das políticas públicas visa à intensificação dos dualismos das classes, que, longe de eliminarem-se sob a dupla forma das populações e dos indivíduos, aprofundam suas divisões.

– renovação urbana, formação profissional etc. – suscitam conotações similares. Os políticos dizem que estão falando de programas sociais, mas as pessoas entendem que eles estão falando, na verdade, de raça. Os americanos têm bons motivos para compreender que as mensagens codificadas sobre a política social substituem as discussões sobre a raça, pois existe uma ligação real entre raça e política social. A raça tornou-se pela primeira vez indissociável da política social durante o New Deal de Franklin Delano Roosevelt. O New Deal alcançou um objetivo duplo: estabeleceu um piso de proteção para a classe operária industrial e reforçou a segregação racial por meio de programas de proteção racial, da política de trabalho e da política de habitação. Esses obstáculos para a igualdade racial permaneceram intactos até os anos 1960, quando os movimentos dos direitos civis fizeram das lutas por oportunidades iguais a questão social predominante da década", resultando na vitória de Trump. Jill Quadagno, *The Color of Welfare: How Racism Undermined the War on Poverty*. Oxford University Press, 1996.

A biopolítica está presa num *double bind*: eliminar as classes reduzindo-as ao par população-indivíduo e reproduzir imperativamente os dualismos de sexo, raça e classe sem os quais o capitalismo colapsa.

Nós não vivemos num regime biopolítico, mas numa sociedade ainda e sempre dominada pelo capital. Para ter noção de nossa condição, é obrigatoriamente necessário sair do quadro biopolítico, da governamentalidade, das populações, dos indivíduos, redescobrindo as "classes" sob seu funcionamento.

A biopolítica representa a perspectiva da máquina do Capital-Estado, de onde não se pode jamais sair. Para passar para o outro lado da relação de poder, como desejava Foucault, é necessário já estar lá desde sempre (como Marx), ou isso jamais acontecerá.

Após o abandono da "guerra" (1975), as novas categorias foucaultianas ("biopolítica", "população", "governamentalidade") operam uma despolitização radical (uma nova forma de "pacificação"), cuja difusão ocorrerá com Stiegler, Dardot e Laval, entre outros. Os escritos sobre a Revolução Iraniana dão testemunho dos objetivos dessa despolitização, "expulsar a revolução de seu discurso", como afirma Renzo Guolo.[15]

---

15 Renzo Guolo ("La spiritualità politica", in *Taccuino persiano*. Milano: Guerini e Associati, 1998) tece uma crítica implacável quanto aos posicionamentos de Foucault. Para Foucault, o islã xiita revolucionário introduz uma dimensão espiritual na vida política, ocasião histórica para que esta "não seja, como sempre, um obstáculo para a espiritualidade, mas seu receptáculo, sua ocasião, seu fermento". A política fecundada pela espiritualidade se oporia às categorias da "política" e da "revolução" elaboradas na Europa. Khomeini representa o antipolítico porque sua recusa em negociar com o regime o situa "fora da política". Foucault não tem medo de afirmar: "Khomeini não é um 'homem político': não haverá um partido de K., um governo de K. Ele é o ponto de encontro de uma vontade coletiva" à qual não falta absolutamente uma "organização política", como gostariam os princípios da tradição "revolucionária". Guolo aponta que essa perspectiva só pode resultar num "naufrágio" da análise: "A esperança de Foucault na espiritualidade política do islã revolucionário se revelará muito rapidamente

O que surge no fim do dito neoliberalismo estava lá desde o princípio. O fascismo de Pinochet diferenciou-se com Bolsonaro e Trump, tornando-se compatível com as instituições democráticas. A violência da primeira globalização metamorfoseou-se na destruição que acompanha a impossível globalização do capital (Rosa Luxemburgo). A financeirização que se experimentou primeiramente contra o Sul global (África, América Latina, Ásia) gradativamente impôs o endividamento como modo de governança do planeta. A impressionante concentração de poder econômico nos lembra que os monopólios e os Estados, e não o mercado, animaram e dirigiram a contrarrevolução desde os anos 1960 e 1970. A centralização do poder político nacional após a crise de 2008 parece focar no Estado, ao passo que, sem sua soberania, nem a financeirização, nem a constituição dos monopólios, nem a destruição do Welfare, nem a guinada dos novos fascismos, do racismo e do machismo seriam possíveis. A máquina Estado-Capital termina onde ela havia começado, intensificando as guerras contra as "populações". O racismo colonial transformou-se em neocolonial, ao mesmo tempo que é uma arma estratégica da "colonização interna" que faz com que todos os estados pareçam a secular democracia racial dos Estados Unidos. O verdadeiro paradigma da nova/antiga colonização, no

equivocada [...]. O homem que, segundo Foucault, 'não faz política' se coloca imediatamente como fonte de legitimação do poder revolucionário [...]. A política mostra, ao contrário, sua alma de aço. Em 19 de fevereiro de 1979 nasce o Partido da República Islâmica, braço político do movimento do Hezbollah e do clero radical. O Partido tem um papel fundamental no encerramento do sistema político nascente e busca imediatamente a eliminação de toda e qualquer oposição... Em 8 de março uma manifestação das mulheres é atacada pelas milícias do Hezbollah. Em novembro, K., o antipolítico, liquida definitivamente os liberais da cena política e marginaliza a esquerda [...]. A estratégia política de K. é bastante lúcida." A finalidade que Guolo encontra nesses escritos de Foucault ("expulsar a revolução de seu discurso") fracassa diante da realidade.

entanto, é Israel, donde o apoio incondicional dos Estados ocidentais, depositários da "consciência" melancólica e homicida da raça branca cujo inevitável declínio pressagia novos e assustadores genocídios.

A biopolítica não apenas se privou de todos esses conceitos e realidades ao legitimar a ação positiva de um capitalismo embranquecido, purificado e reduzido ao "mercado", "empresa", "capital humano", "concorrência", como também é incapaz compreender por que e como os conceitos de guerra e paz, fascismo e democracia, Estado de direito e Estado policial, norma e exceção, crise e desenvolvimento, em vez de se opor, funcionam juntos e ao mesmo tempo.

Utilizando-nos de Carl Schmitt, podemos explicitar o que a biopolítica faz: transforma a "política em polícia" e, mais notavelmente, explica o que fizeram os "revolucionários de profissão" (Lênin e Mao) e o que deveria ser feito hoje perante a biopolítica – transformar novamente a "polícia em política".

3. Hardt/Negri

Paradoxalmente, para esses marxistas, o ponto fraco não diz respeito ao trabalho. Recém-definido como "cognitivo", autônomo das garras do capital, ele seria senhor de sua cooperação. Revolucionário em si, o trabalho teria a capacidade de exercer uma hegemonia social sobre o trabalho não livre do modo de produção doméstico e sobre o trabalho não livre do modo de produção servil, colonial e, posteriormente, neocolonial.

Negri e Hardt continuam a narração da irresistível progressão do trabalho abstrato que, em seu desdobramento, tudo desintegra e tudo integra. "A unificação tendencial do trabalho abstrato está acontecendo [...]. No nível global, assistimos a uma unificação do trabalho abstrato, ou seja, do trabalho que produz valor". Realizou-se plenamente aquilo que estava no conceito marxiano de capital. A globalização é a imposição generalizada do trabalho abstrato, enquanto ainda hoje a maioria dos trabalhos não entra nessa categoria e os métodos de sua captura não passam pela produção, mas pelo saque, pela expropriação, pela dívida. A história das lutas de classes nos ensina, ao contrário, a perda irreversível da hegemonia do *trabalho abstrato* sobre os movimentos políticos do trabalho não assalariado.

Michael Hardt e Toni Negri estão em busca do ponto de culminação do desenvolvimento do "trabalho abstrato", no qual se situaria também o auge do conflito: "A revolução acontece onde a classe operária é mais forte", escrevem. Mas o século XX e, em sua origem, a Revolução Soviética desmentiram esse velho sonho operaísta. A revolução não aconteceu nos países onde as forças produtivas eram as mais desenvolvidas. Ela se produziu, ao contrário, onde a capacidade de organização e de mobilização dos campesinos, dos proletários, das mulheres e dos operários não dependiam diretamente do grau de desenvolvimento da ciência, da técnica e do trabalho abstrato, mas de uma oposição intransigente ao poder imperialista e da criação de uma máquina política autônoma e independente. Hardt e Negri sonham em ver Lênin ocupar o lugar em que o *"General Intellect"* está majestosamente instaurado, no entanto todas as revoluções do século XX – e elas foram muitas – manifestaram-se obstinadamente onde as forças produtivas estavam "atrasadas" em relação à Europa e onde a classe operária era muito minoritária. Além disso, devemos nos perguntar por que a Revolução Francesa foi, em suma, a última revolução vitoriosa a ocorrer no Ocidente.

O trabalho abstrato, nas revoluções do século XX, não desempenhou um papel determinante. Lutas do trabalho abstrato no Norte e revoluções do trabalho racializado/colonizado no Sul: assim pode ser resumido o século passado.

Transformar a luta de classes numa ontologia do trabalho, como fazem Hardt e Negri, obscurece a realidade das relações de forças e também os locais de rupturas possíveis. Durante a recente pandemia, os pós-operaístas buscaram ver no hospital "uma encarnação do comum: a manifestação de um "repositório ontológico da cooperação dos trabalhadores". No entanto, embora o valor possa ser acumulado, o mesmo não pode ser dito do poder, que tampouco pode constituir um repositório, pois ele está sempre em ação. Seu exercício, fortemente desequilibrado em favor do capital, transformou o hospital e todo o setor de saúde numa mina que os capitalistas pilham sem se preocupar com o perigo de morte que representam para as populações e os profissionais de saúde. O "repositório ontológico" nunca terá qualquer utilidade enquanto não pudermos exercer um contrapoder aqui e agora.

O trabalho cognitivo é a culminação do movimento do trabalho abstrato, cujo poder não conhece derrotas, uma vez que ele jamais será explorado pelos meios de produção. Muito pelo contrário, estes seriam incorporados à sua atividade e, assim, pacificamente e misteriosamente subtraídos do capital. Onde antes necessitava-se de uma revolução ou uma guerra civil para reapropriá-los, bastaria hoje "a ontologia do trabalho" para expropriar os expropriadores?

O capital não é um simples parasita que poderia ser purgado com um êxodo do trabalho. No entanto o único êxodo que pudemos observar é o da máquina Capital-Estado, que decidiu romper qualquer compromisso com as instituições do movimento operário e organizar sua secessão, a única que vemos hoje.

O historicismo e a confiança no progresso, que Hardt e Negri expulsaram pela porta da frente da multidão, voltam pela janela do Império, que contém mais possibilidades de emancipação que as épocas precedentes do capitalismo. O trabalhador cognitivo é politicamente e ontologicamente superior ao trabalhador industrial. Ele tem nas mãos mais possibilidades de liberação que a geração de meus pais, para quem a escola serviu apenas para ensinar a ler e escrever. A história continua, apesar de tudo, numa direção preestabelecida que resiste a todas as derrotas, até mesmo à derrota histórica sofrida após 68.

4. Gilles Deleuze/Félix Guattari

Com o feminismo materialista, podemos afirmar que as mulheres não são "a" minoria de Deleuze e Guattari pela qual todos os devires devem passar, mas uma classe explorada pelo modo de produção doméstico e capitalista, submetida a um assujeitamento no qual a diferença sexual serve para justificar e legitimar a opressão. Também os "não brancos" são uma classe que é objeto do modo de produção servil, racial, neocolonial, e de um assujeitamento cuja diferença de cor justifica e legitima a dominação pelos "brancos". As minorias, em vez de eliminarem as classes, as constituem. A classe operária sempre foi composta das minorias raciais e sexuais que o "trabalho abstrato" escondia.

O devir minoritário de todo o mundo não tem qualquer chance de se produzir sem que se desfaçam os dualismos que geraram as classes (e as minorias que as compõem). O devir revolucionário não pode ser separado da ação visando à abolição das hierarquias de raça, de sexo, de classe, ou seja, a disjunção do devir e da revolução preconizada por Deleuze produz uma *diferenciação* e uma *proliferação* das subjetividades que, em vez de eliminar os dualismos, os confirmam. O capital se alimenta e se adapta perfeitamente às diferenças que não se transformam em oposições, às afirmações que não acompanham negações.

O devir deve revitalizar-se na revolução; e a revolução, no devir. Se "maio de 1968 é um devir revolucionário sem futuro de revolução", então ele só pode se esgotar, se escravizar e se envolver numa linha de morte. E foi isso que aconteceu!

"Um devir-revolucionário permanece indiferente às questões de um futuro e de um passado da revolução; ele passa entre os dois."[16] Mas ele não pode permanecer indiferente ao *presente da revolução*, sob a pena de se reduzir a uma simples "transgressão".

O devir, fora da revolução, é uma presa fácil de ser capturada pelo capital e de ser transformada num motor de seu desenvolvimento.

Descobrir, sob os aparelhos de Estado e "da" classe, a ação *micropolítica*, como fizeram Deleuze e Guattari, "desinstitucionalizar as relações de dominação por uma *microfísica de poderes*", como propõe Michel Foucault a fim de apreender e compreender de que maneira Estado e classes "se formam, se mantêm, se fortalecem e se ampliam", não significa que micropolítica e microfísica escapam à captura capitalista e a seus objetivos: produzir e reproduzir a diferença entre os que têm e os que não têm será, ao contrário, favorecido por essas técnicas "micro".

Essa multiplicidade de relações de poder que não procedem do Estado ou do direito, que vêm de baixo, que atravessam os dominados e os dominantes, está ainda e sempre cristalizada nas classes. Sair dessa situação sem uma ação coletiva que vise à sua abolição parece difícil, como mostram cinquenta anos de dominação neoliberal. A violência que funda as classes, que as acompanha e lhes permite que se reproduzam foi reforçada pelo fechamento de todas as linhas de fuga coletivas.

Félix Guattari jamais opôs a revolução molecular à revolução sociopolítica. Ele sempre as pensou como complementares, pois as duas acabariam caso se privilegiasse uma ou a outra.

---

16   Gilles Deleuze e Félix Guattari, *Mil platôs: Capitalismo e esquizofrenia*, vol. 4. Trad. Suely Rolnik. São Paulo: Editora 34, 1997, p. 96.

Mas, uma vez assumidas a novidade e a necessidade de revolução molecular, é preciso repensar as condições e as modalidades da revolução política.

Deleuze e Guattari afirmam em *Mil platôs* que "os movimentos moleculares não seriam nada se não repassassem pelas organizações molares e não remanejassem seus segmentos, suas distribuições binárias de sexos, de classes", de raça. Mas essas organizações molares indispensáveis aos movimentos moleculares nunca são definidas, principalmente na forma revolucionária.

Eles levantam o tom ("a questão das minorias é antes abater o capitalismo, redefinir o socialismo, constituir uma máquina de guerra capaz de responder à máquina de guerra mundial, com outros meios"), mas não problematizam uma estratégia, uma organização, "armas", modelos de subjetividades, de forma que derrubar o capitalismo continua sendo uma afirmação de princípio.

O argumento que desenvolvem em *O anti-Édipo* e em *Kafka* (posteriormente nuançado, mas aceito por tecnófilos aceleracionistas) – imaginar uma superação do capitalismo levando sua lógica ao limite, ou seja, acelerando os processos de desterritorialização e decodificação – não tem qualquer chance de sucesso. O recomeço das lutas a que assistimos desde 2011 não corresponde a uma aceleração, mas a uma recusa que interrompe, uma revolta que impede, uma insurreição que obstrui, uma interrupção que quebra o *continuum* temporal do Capital e ameaça, por meio da interrupção do curso das coisas, os poderes em vigor.

Sem dúvida, Deleuze e Guattari compreenderam melhor que os teóricos da biopolítica (Foucault, Agamben, Esposito) a natureza e a dinâmica do Capital: trata-se de uma máquina de guerra que busca a valorização do Capital e que não admite qualquer limite exterior que possa perturbar esse processo. Ao longo de todo o século XX, essa máquina não parou de crescer, no entanto sua potência ainda dependia dos Estados. Após 68, ela se libertou relativamente da tutela dos Estados, integrando-os. Hoje são eles que a alimentam, que estão a seu serviço. O processo de acumulação tornou-se efetivamente ilimitado, não encontrando qualquer limite exterior, uma vez que os limites foram transformados em obstáculos a serem superados. Nem o Estado, que acompanhou sua ascensão e, por vezes, regulou sua irracionalidade, nem as lutas de classes, derrotadas pela contrarrevolução, são mais um contrapeso à sua ação. Deleuze e Guattari atualizam a descoberta marxiana do infinito como motor da produção.

O problema dessa leitura é a alternativa que Deleuze e Guattari propõem, as minorias *versus* as classes. No entanto, se nessa teoria, fugir não é escapar, mas expulsar os dualismos das classes, os anos posteriores a 68 expuseram o fracasso dessa estratégia. A fuga do devir, despojada das armas das classes, logo se exauriu. No capitalismo, as diferenças, em vez de "devir", se cristalizam em oposições que são o terreno de confronto de onde saem vencedores ou vencidos. Assim como no marxismo não se pode articular classes e castas, aqui não se pode nem apreender nem articular a relação de classes e minorias que constituem os problemas da revolução hoje.

5. A ecologia de Bruno Latour

A teoria ecológica se caracteriza por uma repressão incondicional das lutas de classes, das divisões e das hierarquias que definem o capitalismo. No entanto são essas relações de dominação e exploração que estão devastando o planeta. As desigualdades de classes são idênticas às desigualdades ecológicas.

Os 10% mais ricos do planeta são responsáveis por 52% das emissões de dióxido de carbono acumuladas. Ao longo desses 25 anos, esses habitantes consumiram um terço (31%)

do orçamento global de carbono ainda disponível – ou seja, a quantidade máxima de dióxido de carbono que pode ser emitida para limitar o aquecimento global a 1,5°C. Por outro lado, os 50% mais pobres são responsáveis por apenas 7% das emissões acumuladas, 4% do orçamento de carbono disponível. A pegada de carbono de um habitante integrante desse 1% mais rico é cem vezes maior que a dos 50% mais pobres. Dentre as multinacionais, 24 empresas são responsáveis por 63% das emissões desses gases.

O mundo, tal como ele é, resulta de decisões, de escolhas feitas por uma classe dominante contra outras classes dominadas, a fim de assegurar seus títulos de propriedade, seus poderes, lucros e rendas.

Se é assim, que outra possibilidade há para a ecologia senão se vincular às lutas de classes já em curso e, mais especificamente, àquelas que romperam com o passado e o imaginário produtivista socialista?

Segundo a narrativa consensual do Antropoceno, toda a humanidade, do presente e do passado, é agente das transformações de nosso planeta, todas as pessoas são os responsáveis. A "humanidade" não seria dividida entre aqueles que determinam o que se deve produzir e consumir e aqueles que obedecem, trabalhando e consumindo.

Bruno Latour, intelectual orgânico da ecologia, finalmente percebeu que a sociedade está dividida. Ele descobriu que há uma guerra em curso e que é preciso ganhá-la para que as negociações de paz possam ser iniciadas. Mas não precisamos nos preocupar! Essa guerra opõe sujeitos políticos inventados, os "humanos" de um lado e os "terrestres" de outro – nada a ver com as guerras reais que acontecem diariamente. A busca obsessiva pela divisão (os humanos e os terrestres são rapidamente substituídos pelos "extratores", que querem explorar os recursos da terra, e os reparadores, que buscam "consertar") está fadada ao fracasso, pois ela não implica as divisões de sexo, raça e classe que são a base da "produção" e, portanto, das catástrofes "ecológicas".

Segundo Carl Schmitt, que inspirou a guerra de Bruno Latour, após a "apropriação da terra" que gera politicamente o território, opera-se a "apropriação industrial", que a gera economicamente. As duas apropriações são inseparáveis. O capitalismo, contrariamente ao que imagina Bruno Latour, sempre teve um cuidado particular com o território, que ele modela e explora há séculos. A cada desterritorialização, a cada saída do território determinado pela acumulação, corresponde uma reterritorialização. O que escapa às antigas dependências deve ser inserido em territórios caracterizados por novos acoplamentos.

As aterrissagens do capitalismo são piores que as decolagens. A primeira territorialização é constituída pelo Estado-nação, o único capaz de garantir a realização da mais-valia e sua fixação na propriedade privada. O sexismo, o trabalho forçado, o racismo e o fascismo desenham outras aterrissagens, traçando territórios domésticos, sexuais, raciais, coloniais, fascistas etc., indispensáveis à produção do valor e a sua apropriação privada.

Somente com a recusa dessas aterrissagens a guerra pode encontrar as forças subjetivas para eliminar o inimigo que Latour é incapaz de nomear, o que faz de sua política uma impossibilidade, pois, como Deleuze e Guattari, "não acreditamos numa filosofia que não seja centrada na análise do capitalismo e de seu desenvolvimento". A política ecológica latouriana não é *obrigatoriamente ligada a uma crítica do grande e malvado capitalismo*". Ela não tem a menor consistência, simplesmente porque não reconhece a existência do capitalismo.

"*Nunca acreditei, nem por um segundo, que nós estivéssemos num 'sistema capitalista'*".[17]

---

17 Bruno Latour, "L'alternative compositionniste. Pour en finir avec

Ao utilizar o conceito de guerra de Carl Schmitt, Bruno Latour negligencia o fato de que a análise de Schmitt mudou após 1945. Latour introduz o conceito de guerra para poder, em seguida, estabelecer a paz, mas a teoria de Schmitt põe fim à distinção entre guerra e paz, civil e militar. Ele considera que os domínios confinados até então ao civil (economia, comunicações, ecologia, políticas públicas etc.) "continuam a guerra por outros meios", gerando guerras "parciais, limitadas, mascaradas, incompletas". Esse terceiro estado das coisas, oscilando entre a guerra e a paz, *não é uma redução da hostilidade, mas, ao contrário, uma extensão do domínio da luta*. A guerra tornada sem limite é uma "guerra total". Hoje, a catástrofe climática faz parte de todos os efeitos dessa guerra total, pois ela possibilita tanto a extinção dos humanos (já virtualmente contida na bomba atômica) como de parte dos outros viventes.

A paz que se poderia firmar com a máquina Capital-Estado é impossível, pois ela só pode ocorrer sob uma condição que não pode ser negociada: um aumento da produtividade semelhante ao dos Trinta Anos Gloriosos. O único resultado possível dessa guerra é a derrota do capitalismo, ou seja, continuar, de outra forma, a luta das revoluções socialistas. Numa busca desesperada por uma política ecológica e seus sujeitos, Bruno Latour teve recentemente que levar esse ponto em consideração: "Nos anos 1960, ainda que já fossem bastante controversas, a gente se orientava pelas questões de classes. É preciso, portanto, reconstituir classes, não mais em função das posições dos indivíduos no processo de produção, que caracterizava as sociedades industriais, mas segundo os territórios de que dependem para atender-lhes as necessidades vitais – é o que eu chamo de 'classes geossociais', cujo interesse é permitir o surgimento dos conflitos de classes l'indiscutable", *Écologie & Politique*, 2010/2, n. 40, pp. 81-93.

necessários para que se organize uma futura linha política. É preciso construir uma consciência de classe geossocial que permita a todos compreender que estão entrando numa luta contra outras classes que estão destruindo suas condições de vida por viverem de maneira insustentável, com seus níveis de consumo de petróleo e recursos naturais, a degradação dos ecossistemas que implica seu modo de vida etc. Isso só acontecerá se for possível nomear o ponto em que estamos em desacordo, ou seja, criar linhas de conflito."

O importante é menos a definição risível do que é "geo" do que o retorno à multiplicidade das classes e dos conflitos. Já é pelo menos um passo em direção ao real, se considerarmos o que veio antes.

As lutas ecológicas somente poderão impor suas divisões aliando-se às lutas de classes, herdeiras de uma tradição secular das rupturas revolucionárias. A "guerra" deve seguir as linhas de fraturas dos conflitos raciais, sexuais e de classe que afetam diretamente os sujeitos e suas condições de vida, pois a crise climática nada mais é que a totalidade dessas explorações e dominações.

Esse imponente edifício conceitual produzido a partir dos anos 1960 revelou-se um castelo de areia perante a iniciativa capitalista: em sua análise do capitalismo e das forças subjetivas em jogo, o pensamento 68 e seus frutos estavam completamente enganados.

Os únicos que permaneceram fiéis às lutas de classes foram os capitalistas e os Estados – e por isso eles foram recompensados. Assim que as condições políticas possibilitaram seu contra-ataque, eles não hesitaram em lançar uma ofensiva contra as classes constituídas pelas lutas e revoluções, frequentemente vitoriosas, do século XX. A derrota da revolução em meados das décadas de 1960 e 1970 – isto é, a quebra os limites até então impostos à ganância da apropriação pelo medo do comunismo e do colapso financeiro – foi a oportunidade de voltar a almejar a acumulação infinita, a produção pela produção.

Os capitalistas menos hipócritas falavam de uma guerra social vencida graças a sua implacável perseguição do inimigo político. Isso significa que, a partir do fim dos anos 1960, forças subjetivas do inimigo conseguiram construir uma nova classe capitalista global capaz de adotar uma estratégia de longo termo, capaz de organizar ofensivas vitoriosas. Sem outro projeto além do reestabelecimento da lei da propriedade, guiado por um indestrutível ódio de classe, essas subjetividades capitalistas se dotaram dos meios institucionais, políticos e militares para impô-la, sem entretanto precisarem se ocupar das distinções entre violência e mudança institucional, restrição física e organização, Estado de exceção e democracia, guerra e normas, polícia e governamentalidade.

VII O SUJEITO IMPREVISTO E OS TEMPOS DA REVOLUÇÃO

| 1. Superando o historicismo: do futuro ao presente | 2. Acontecimento e revolução | 3. O acontecimento 68 | 4. Os tempos do acontecimento | 5. O duplo perigo do pós-acontecimento da revolta | 6. A contrarrevolução |

> A doutrina materialista de que os homens são produto das circunstâncias e da educação, de que homens modificados são, portanto, produto de outras circunstâncias e de uma educação modificada, esquece que as circunstâncias são modificadas precisamente pelos homens e que o próprio educador tem de ser educado. Por isso, ela necessariamente chega ao ponto de dividir a sociedade em duas partes, a primeira das quais está colocada acima da sociedade (por exemplo, em Robert Owen).
> — Karl Marx, Terceira Tese sobre Feuerbach

> A história só é feita por aqueles que se opõem à história.
> — Deleuze & Guattari

> Marx diz: "Eu mostro, por outro lado, como a luta de classes na França criou circunstâncias e uma situação tais que permitiram que um personagem medíocre e grotesco aparecesse como um herói." Você está consciente da distinção? Nem análise econômica, nem expressão das forças econômicas: o marxismo é essencialmente a questão da luta de classes.
> — Cyril Lionel Robert James

As multiplicidades das lutas de classes parecem fazer surgir duas novidades na segunda metade do século XX: o "sujeito imprevisto" e seu tempo, o "presente".

Em minha livre interpretação, os dois conceitos, emprestados de Carla Lonzi, estão estritamente ligados. O sujeito é imprevisto uma primeira vez porque a multiplicidade impede que ele seja designado com antecedência, como foi o caso da classe operária. Uma segunda vez, e mais profundamente, porque o sujeito não preexiste à ação, não é constituído antes da luta. O sujeito é uma "invenção" política que surge no "presente" do acontecimento revolucionário.

A passagem da luta de classes às lutas de classes leva às últimas consequências a crítica da revolução como promessa futura de um movimento já presente e que demanda apenas realizar-se seguindo as etapas do desenvolvimento das forças produtivas.

O marxismo do século xx ainda concebe a revolução como a realização do possível no real, da potência no ato. Ele necessita de um *"sujeito soberano"* (encarnado no partido) para passar do possível ao real e da potência ao ato. Na revolução como realização, o progresso, a história e o desenvolvimento das forças produtivas já contêm o possível que é necessário realizar. Essa maneira de pensar a política é questionada pelas lutas das mulheres, dos colonizados, dos estudantes e das gerações mais jovens de operários. *A revolução não é a realização da história, mas sua interrupção.* Ela tem como pré-requisito a ruptura com os possíveis e os impossíveis do poder.

A revolução como atualização é um processo de individuação, de auto-organização que rejeita toda transcendência, toda exterioridade (do partido). A potência e o possível não preexistem ao ato, pois são criados por ele de maneira que a potência não é uma reserva de ação disponível; sem ato não há nem potência nem possível.

A diferença entre realização e atualização é algo que importa para a ação revolucionária. A realização do possível nada acrescenta ao real, pois ele já está contido na história, no progresso, nas forças produtivas. A atualização, pelo contrário, abre para um processo de invenção política e de variações subjetivas pois o sujeito é imprevisto. Sua "essência" e sua "natureza" são idênticas ao processo de autoconstituição e jamais preexistem a ele. A realização requer a intervenção do sujeito, que, como no leninismo, traz do exterior a consciência e a estratégia à classe. Na atualização, a estratégia e a ação são, colocando de forma redundante, uma práxis imanente.

Na primeira metade do século xx, a revolução já havia se dividido entre realização e atualização. Entre fevereiro e outubro de 1917, a Revolução Soviética constitui um processo de individuação imanente, no qual o próprio partido trabalha no surgimento do sujeito revolucionário e da revolução, fazendo-se instrumento de seu processo de autoconstituição. A época pós-revolucionária, por outro lado, é a realização de um modelo de industrialização ao qual o movimento revolucionário deve se conformar. O processo imanente é rapidamente seguido por um projeto que transcende a dinâmica social e política da revolução como auto-organização.

Nos termos de Marx, os movimentos políticos falharam em criar e organizar a "coincidência da mudança das circunstâncias e a atividade de automudança" dentro de uma prática de uma prática revolucionária imanente.

A revolução não é o *"Grand Soir"*, tampouco um golpe de Estado, como nos ensinaram todas as revoluções do século xx, principalmente as asiáticas. Ela é um processo, mais frequentemente um processo longo (de 1905 a 1917 na Rússia, da fundação do partido comunista em 1921 a 1949 na China e um período ainda mais longo no Vietnã), que opera por *saltos* e *rupturas* nos quais e pelos quais surgem os sujeitos políticos. Esses saltos e rupturas, dos quais as insurreições e as revoltas são os momentos mais marcantes, são pontos de inflexão dentro dos processos revolucionários.

I. Superando o historicismo: do futuro ao presente

A temporalidade do Capital é identificável com o tempo cronológico dos "relógios", o tempo vazio e linear da fábrica, o tempo calculável do trabalho, o tempo acumulável da produção, mas, por outro lado, as revoluções, as guerras e as lutas de classes manifestam uma temporalidade radicalmente heterogênea. O tempo da máquina Capital-Estado é plural – nele se sobrepõem, se opõem e se imbricam o tempo vazio, homogêneo e previsível da produção e o tempo imprevisível, o tempo do acontecimento das lutas de classes.

A reviravolta do tempo da época moderna está ligada, em primeiro lugar, à irrupção da revolução. A Revolução Francesa produz um deslocamento irreversível do tempo, pois a ruptura do acontecimento faz surgir uma temporalidade que escapa à codificação cronológica. Ela é primeiramente a experiência de uma aceleração e de uma condensação do tempo que separa passado, presente e futuro e torna problemático seu encadeamento, ao ponto de, segundo Koselleck, traçar "uma fronteira sangrenta entre o passado e o futuro".[1] A grande Revolução forja a ideia de uma descontinuidade que se torna "o critério decisivo da experiência histórica dos tempos modernos". Ao mesmo tempo que produz uma "separação violenta" entre passado e futuro, ela faz surgir um conceito inédito de história, enquanto a aceleração produz uma nova experiência do tempo: com "o passado esvaindo-se cada vez mais rapidamente" e com o presente "rápido demais e provisório", a fixação se faz no futuro, de tal maneira que a história pode ser apenas uma "história do futuro".

Ao longo de todo o século XIX, esse corte temporal introduzido pela Revolução parece ainda poder ser neutralizado pelo "progresso" e a filosofia da história, ambos reconstituindo continuidades tranquilizadoras. As leituras marxistas, sobretudo as europeias, do Capital e do capitalismo, suturarão essa mesma ruptura temporal estabelecendo uma cadeia de "causalidades" a partir de forças produtivas e relações de produção, traçando "tendências" portadoras de indicações sólidas para a ação política.

[1] Reinhart Koselleck, *L'expérience de l'histoire*. Paris: Points, 2011.

O futuro, que não podemos mais deduzir do passado, já é visível nas "tendências" econômicas contraditórias que atravessam o presente. O futuro já está contido no presente, o comunismo, na produção atual. Deve-se apenas *realizá-lo*. As forças sociais e políticas da classe operária constroem já o mundo de amanhã, agem já na construção do futuro.

Não sendo responsáveis pelas contradições da produção capitalista, mas, pelo contrário, sendo a solução, as forças produtivas, e principalmente o trabalho, incarnam a *tendência* à superação do capitalismo. Para isso, falta-lhes apenas o poder – trata-se agora de conquistá-lo e, uma vez ele obtido, impor as instituições que correspondem ao desenvolvimento dessa força ontológica que "fabrica" o mundo.

As tendências parecem ainda capazes de encadear os eventos e as causalidades segundo um sentido que confere uma inteligibilidade ao que acontece e um objetivo à ação, tudo isso em benefício de um sujeito cujos contornos são já dados, capaz de deduzir o futuro do presente, de "prever", de "antecipar" o futuro e, portanto, de "fazer" a revolução.

Na Primeira Guerra Mundial, começa-se a encarar as contradições nas quais o socialismo se enredou com seus conceitos de história e de tempo. Se, por muito tempo, diz Nietzsche, o sentido e o objetivo eram dados do exterior por uma autoridade sobre-humana. Uma vez finda essa crença, buscamos uma "outra autoridade" capaz de falar absolutamente e de impor sentido e objetivos. Após a autoridade da consciência, da moral e da razão, é à "História", com "seu espírito imanente que tem o objetivo em si", que nos voltamos para continuarmos a evitar que nós mesmos estabeleçamos um objetivo e um sentido.

Em *Guerras e Capital*, escrito com Éric Alliez, nós insistimos longamente na ruptura representada pela Primeira Guerra Mundial. A esse respeito, devemos ainda sublinhar a descontinuidade que esses mesmos eventos representam para a revolução e as subjetividades que a carregam. Walter Benjamin avalia adequadamente as consequências teóricas e políticas que disso resultam, relacionadas justamente à relação entre tempo, revolução e sujeito.

Com a Primeira Guerra Mundial, as mais saudáveis ilusões – o progresso, a filosofia da História, a natureza revolucionária do capitalismo – caem uma por uma, fazendo "cair o curso da experiência" ao tornar necessária uma nova concepção de tempo e de ação.

Benjamin, entretanto, não é abalado por essa perda da experiência, pois, segundo ele, ela torna possível a ruptura do "*continuum*" da história, em outras palavras, o encadeamento cronológico do passado e do presente que se dirige rumo ao futuro, ao mesmo tempo que critica esse encadeamento como o "tempo homogêneo e vazio" do progresso.

É necessário especificar e ampliar as análises de Benjamin sobre o tempo, pois o tempo vazio e homogêneo compreende apenas parte das temporalidades que estão em jogo no conflito capitalista. Primeiramente, o Capital não se limita a impor o tempo da racionalização, pois favorece igualmente a reprodução "anacrônica" do patriarcado e da relação racial. Ele mantém essas temporalidades alheias a seu conceito, pois elas constituem potentes instrumentos de divisão política e de instauração das relações de trabalho. O tempo do Capital não é um tempo que progressivamente se purificaria com o desenvolvimento das forças produtivas para se aproximar continuamente do ideal do tempo contido em seu conceito. Em segundo lugar, o Capital não é apenas produção, mas antes "luta de classes", e o tempo da luta não é "vazio e homogêneo". Trata-se de um tempo cheio, subjetivo, ritmado por descontinuidades, saltos e rupturas.

Em Benjamin, a revolução nunca toma a forma de um processo. Pelo contrário, ela ocorre de maneira fulgurantemente instantânea, como uma ruptura imediata. A maioria das críticas se limita a ligar essa concepção de revolução à tradição messiânica judaica, quando na verdade foi apenas a ruptura subjetiva soviética que permitiu a atualização desse messianismo da tradição religiosa na situação política do século xx.

Do ponto de vista da revolução, o "presente" (*présent* é o termo que o próprio Benjamin utiliza para traduzir para o francês seu conceito de *Jetztzeit*) é muito mais que uma simples passagem de um "antes" a um "depois", mas um ponto crítico de inflexão do tempo, gerador de rupturas e de oportunidades revolucionárias. Esse presente, "concentração extrema do tempo" em que passado, presente e futuro coexistem, é a condição da história, mesmo que a história não o contenha! É por esse "presente" que não lhe pertence que se faz a história, e é sempre por esse mesmo presente que ela pode igualmente ser interrompida e derrotada.

O grande mérito de Benjamin, difícil de se encontrar posteriormente, é politizar a questão do tempo, atribuindo *continuidade* e *descontinuidade* aos opressores e oprimidos, respectivamente.

A história é escrita pelos vencedores. O encadeamento dos fatos, "sem poupar nem mesmo os mortos", afirma *que o que é não poderia ser de outra maneira*. A história poderia seguir apenas o sentido da vitória daqueles que se impuseram, perpetuando assim a continuidade da narrativa histórica, cuja tarefa principal é legitimar os vencedores. A vitória é uma violência *de facto* que a continuidade histórica transforma em *de jure*.

Benjamin se apressa em romper com essas continuidades, expressões de um saber e de uma narrativa de identificação com os vencedores cuja celebração "oculta e dissimula os momentos revolucionários da história".

O problema de que se ocupa Benjamin é conseguir elaborar um conceito de história capaz de dar conta da condição dos oprimidos. Essa nova história deve encadear três conceitos: "a descontinuidade do tempo histórico, a força destrutiva da classe operária e a tradição dos oprimidos."

O caráter destruidor se manifesta pela ruptura da continuidade histórica, fazendo surgir uma outra concepção não apenas do presente mas também do passado, que não deve ser visto como algo fechado para sempre. O passado dos oprimidos, longe de ser "passado", está impregnado de "presentes" cujos possíveis – esses que, por terem sido derrotados, não se atualizaram – persistem.

Para explodir a continuidade reificada da história e sua temporalidade "vazia", o "materialista histórico" utiliza o "material explosivo do presente", que recoloca em jogo o passado e o futuro na arriscada oscilação do presente.

Esse momento de inflexão pode se aninhar em qualquer momento da história, o que não significa que ele seja arbitrário. A ruptura revolucionária é o encontro do *passado* e do *presente* das lutas dos oprimidos, que se chocam numa nova "constelação" permitindo a chegada do "Messias" (a revolução), a irrupção na história do "princípio destruidor" dos vencidos, a ativação dos possíveis não atualizados das lutas passadas na brecha aberta pelo "agora" da ruptura revolucionária.

A vinda do Messias não depende apenas de condições históricas. Ela não está contida na história e não pode ser preparada progressivamente. O Messias não realiza a história, como queria a tradição marxista, mas interrompe-a, corta-a, colocando novamente em movimento a potência do tempo vencida e neutralizada pelo tempo do progresso e da acumulação de capital.

Com uma linguagem totalmente diferente, Benjamin formula o que as revoluções asiáticas já haviam experimentado: que a revolução não depende exclusivamente do desenvolvimento do trabalho, da ciência, da técnica e da classe operária. Ela não se exprime somente como uma consequência das forças produtivas. A esse respeito, Gramsci apreende a novidade do tempo dos bolcheviques afirmando que, embora eles "se alimentem do pensamento marxista" e sejam "revolucionários", eles consideram que o "socialismo é realizável a todo tempo".

2. Acontecimento e revolução

Se pudermos considerar que Benjamin foi o primeiro filósofo a pensar, na tradição marxista, a revolução como uma ruptura do *continuum* histórico a partir do "presente", mais perto de nós, nos anos 1960 e 1970, diferentes teorias do acontecimento floresceram para conceituar esse "presente". O que parece faltar, no entanto, de maneira cruel, é a urgência política que acompanhava a necessidade de repensar, sob a ameaça do nazismo, as condições da revolução a partir do "presente". As reflexões do pensamento 68 são marcadas sobretudo pela criação, ao passo que Benjamin se concentra na relação entre *destruição* e *criação*. O que compunha a grande originalidade de Benjamin parece ter se perdido com a derrota histórica da revolução.

Das teorias do acontecimento, a de Deleuze e Guattari, ao estabelecer simultaneamente continuidades e descontinuidades com a história, nos permite considerar o movimento revolucionário não mais apenas como uma ruptura instantânea, fulgurante, messiânica, mas como um *processo* que compreende o acontecimento insurrecional, a revolta, como seu ponto de inflexão fundamental.

O acontecimento vem da história, surge das condições econômicas, políticas e sociais, ao mesmo tempo que rompe com as causalidades e o determinismo que essas mesmas condições históricas implicam. Separado dessas causalidades e determinações, ele cria novos possíveis (e novas necessidades) inimagináveis e impossíveis antes da ruptura. Esse movimento de saída da história deve retornar a ela para poder mudar a situação. Sem esse retorno à história, os possíveis recém-criados permanecem indeterminados, incapazes de esperar pela consistência necessária a sua afirmação.

Tal como aprendemos com Benjamin, politizemos esses tempos, mas, diferentemente dele, buscando pensar a revolução como um processo.

Essa definição de acontecimento que demos a partir de Deleuze e Guattari é ainda genérica, enquanto *a história* de onde ele surge e para a qual ele deve retornar é a história das lutas de classes. No caso do acontecimento 68, que está longe de ser exclusivamente francês, a história é continuada pela Terceira Guerra Mundial, ou seja, a Guerra Fria e o pacto fordista-keynesiano adotado sob o controle dos Estados Unidos e da União Soviética, as "guerras civis mundiais" que se desenvolvem principalmente no Sul (a guerra anticolonial na Argélia, a "guerra" civil na China, no Vietnã, em Cuba etc.) e as lutas do pós-guerra contra as hierarquias de sexo, raça e classe. A história na qual o acontecimento recai é já a história da contrarrevolução mais ou menos violenta, em curso no pós-68.

A irrupção da descontinuidade significa a ruptura das relações de poder entre as classes. A esse respeito, é inútil retomar uma dupla definição de evento que devemos a Foucault, enquanto, em 1971, ele pensava ainda apreender as relações de poder pela guerra.

O evento é primeiramente "uma relação de forças que se inverte [...], uma dominação que se enfraquece, se distende, se envenena e uma outra que faz sua entrada, mascarada."[2]

O acontecimento se manifesta como uma ruptura dos assujeitamentos (operários, mulheres, colonizados), ou seja, como uma desidentificação, condição de uma nova redistribuição das relações entre forças que se opõem e de um desmantelamento possível das hierarquias. A descontinuidade é real, mas o enfraquecimento de uma dominação e a chegada de novas forças no espaço político são apenas emergências de possíveis. As forças, dotadas de novas potências de ação e de destruição que não existiam antes da ruptura, devem se

2   Michel Foucault, *Microfísica do poder.* Trad. Roberto Machado. Rio de Janeiro: Graal, 1998, p. 28.

organizar numa estratégia para implementar, consolidar, dar consistência aos possíveis que foram criados. Nessas condições, o confronto não obedece a qualquer determinismo, a qualquer filosofia da história, "providência" ou "causa final", mas ao "acaso da luta"[3] e de sua estratégia.

O acaso não é "um simples sorteio", mas o "risco sempre renovado" do combate. Trata-se de um confronto que busca repetir o "acaso" que determinou os vencedores e os vencidos.

O que se torna *possível* é justamente o que até então era *impossível*: colocar novamente na ordem do dia a guerra de conquista que os oprimidos haviam perdido.

3. O acontecimento 68

A ruptura política pode acontecer a qualquer momento, tal como o Messias de Benjamin, mas "sua vinda" deve ser preparada ou, antes, deve-se estar pronto para acolhê-la, para intervir nela, para acompanhá-la, mesmo que ela seja impossível de se prever. Isso não significa que ela seja um "milagre". Tal como ela foi elucidada pelo próprio Benjamin, a chance revolucionária que pode acontecer a qualquer momento "requer ser definida como uma chance específica, ou seja, como uma chance de uma solução nova, frente a uma tarefa igualmente nova".

O acontecimento corta a continuidade da história ao determinar um antes e um depois, um *antes* dominado pelos possíveis e impossíveis dos poderes em vigor e um *depois* no qual irradiam os possíveis e impossíveis dos movimentos revolucionários que dão uma nova potência aos oprimidos.

No pensamento 68, o acontecimento afirma uma multiplicidade (das relações de poder e dos sujeitos conflituais). A relação entre homens e mulheres – que Foucault define em sua

---

3   Ibid.

microfísica do poder como assimilável às relações entre médico e doente e professor e aluno, e que Deleuze e Guattari descrevem como uma minoria subordinada a uma maioria – nada mais é, para as feministas materialistas, que um conflito entre classes.

Aquilo que não tinha qualquer existência política antes da ruptura (a classe das mulheres e as classes no plural) manifesta uma autonomia, uma independência e uma capacidade de se constituir em sujeitos políticos no acontecimento e pelo acontecimento, enquanto as relações que não se enquadravam no "político" se revelam focos de emergência de subjetividades em ruptura ("o pessoal é político", as relações entre humanos e não humanos se politizam também).

As classes não têm qualquer chance de exercer suas potências recém-adquiridas, de atualizar os possíveis e de impor-lhes a necessidade se elas não são capazes de simultaneamente afirmar e negar. A negação faz parte da potência de afirmação, pois esta é sempre imanente a um campo de forças que estão em relação entre si segundo as modalidades de comando e obediência, de dominação e subordinação. A afirmação "pura" é uma abstração, pois a força é sempre confrontada com a existência de outras forças que podem interrompê-la ou destruí-la, de tal maneira que, para se afirmar, ela deve sempre exprimir uma negação que nada tem de dialética. Afirmação e negação compõem uma estratégia que não é exterior ao futuro, à automudança, mas que constitui uma de suas condições. Elas fazem parte do processo de constituição da força.

Nietzsche, o filósofo do sim incondicional à vida, chega a falar de uma dupla negação: "A afirmação nunca seria real nem completa se não se fizesse preceder e suceder pelo negativo. Trata-se, então, de negações, mas de negações como potências de afirmar. Nunca a afirmação afirmaria a si mesma se, inicialmente, a negação não rompesse sua aliança com as forças reativas e não se tornasse potência afirmativa no homem que quer perecer; e, em seguida, se a negação não reunisse, não totalizasse todos os valores reativos para destruí-los de um ponto de vista que afirma."[4]

A derrota política da classe operária não significa o fim dos conflitos de classes, mas sua extensão. O conflito mantém sua radicalidade ao mesmo tempo que se diferencia e prolifera. São os capitalistas e o Estado que lerão, sem nenhuma hesitação, essa multiplicidade com as lentes das classes e da heterogeneidade dos modos de produção, o que lhes permitirá alcançar uma vitória histórica!

As forças capazes de impedir ou destruir a afirmação da multiplicidade são de dois tipos: as forças contrarrevolucionárias da máquina Capital-Estado, que não pode sustentar qualquer afirmação de autonomia e independência dos oprimidos, e as forças de uma classe que pretende impor sua hegemonia sobre as outras classes (o movimento operário).

Todas as revoluções, a partir da Revolução Francesa, afirmam a multiplicidade, a heterogeneidade de sujeitos conflituais (os *sans-culottes*, o feminismo de Olympe de Gouges, a revolução dos escravizados no Haiti) tomados em relações de exploração e de dominação diferentes e em processos de subjetivação díspares, donde a extraordinária importância desses momentos de abertura do tempo político. Muito rapidamente, no entanto, essa multiplicidade se totaliza nas figuras do cidadão e do operário.

Com o acontecimento 68, essa operação de fechamento hegemônico não é mais possível. A hierarquização dos sujeitos políticos segundo a lógica das "contradições principais" e

---

[4] Cf. Gilles Deleuze, *Nietzsche e a filosofia*. Trad. Mariana de Toledo Barbosa e Ovídio de Abreu Filho. São Paulo: n-1 edições, 2018, p. 226. Alguns deleuzianos autodeclarados, como Rosi Braidotti, não tendo entendido as modalidades da afirmação, fazem declarações absurdas e reacionárias tal como esta: "A revolução é um conceito fascista."

das "contradições secundárias", sobre as quais o movimento operário se fundava, não é mais adequada, porque a revolução mundial é uma crítica e uma reconfiguração *dos possíveis e dos impossíveis "socialistas"*.

O acontecimento 68, ao traçar uma descontinuidade com a tradição revolucionária, politiza os *impossíveis* das revoluções dos séculos xix e xx (as relações raciais, sexuais, a força revolucionária do "trabalho gratuito", o sujeito imprevisto, o presente como tempo de ação em sua efetuação etc.). A afirmação da multiplicidade manifesta uma mudança de paradigma radical, uma mudança de universo que marca a passagem de um mundo centrado no homem e sua subjetividade a um outro mundo que opera seu descentramento.

A *multiplicidade afirmada não é unicamente humana*. As relações entre humanos e não humanos que jamais haviam feito parte do político (nem estatal nem revolucionário) se politizam. A descontinuidade introduzida pela ruptura estabelece uma continuidade entre viventes humanos e viventes não humanos, e até mesmo com o inorgânico que destrona a centralidade do "homem" (masculino, branco, europeu, proprietário) em todos os domínios.

O acontecimento introduz uma última novidade: ele mostra que o real não é o que é, mas o que acontece! Maio de 68 não é nem simbólico (Butler, Rancière) nem imaginário, mas a irrupção de um "real puro", dirá Deleuze, a entrada na arena política das forças (humanas e não humanas) que ainda não estão aferradas à submissão às hierarquias, às formalizações, ao simbólico da sociedade capitalista.

4. Os tempos do acontecimento

Para apreender o surgimento e a individuação do sujeito imprevisto, podemos nos apoiar nas dinâmicas temporais do acontecimento.

Furio Jesi, em seu livro sobre a "revolução dos conselhos" na Alemanha após a Primeira Guerra Mundial, distingue o "tempo da revolta" (insurreição) e o "tempo da revolução". A insurreição oscila em um tempo incomum, um tempo comparável ao tempo carnavalesco do desmantelamento das hierarquias, enquanto a revolução permanece sabiamente dentro do "tempo histórico", que seria o projeto consciente "de uma mudança radical", obrigado a avaliar as oportunidades, as estratégias capazes de apreender o "tempo propício" (*kairós*).

No processo revolucionário, pelo contrário, constata-se que não há separação entre essas duas temporalidades (tempo histórico e tempo fora da história), pois a insurreição é um tempo absolutamente necessário que agita e reconfigura os projetos, planos, e previsões elaborados pelos revolucionários antes da ruptura do acontecimento.

O acontecimento 68 é uma bifurcação, um afastamento das leis, das normas e dos valores existentes (tanto capitalistas quanto socialistas). É um estado instável, longe do equilíbrio, que abre um processo inédito ao agitar até o projeto revolucionário, de tal modo que a revolução não é o seguimento de um projeto ou de um plano calculado anteriormente, mas uma experimentação permanente (o que Lênin notavelmente compreendeu entre fevereiro e outubro de 1917). A ação revolucionária não é subordinada à racionalidade do projeto, mas ao acaso das relações de poder, ao tempo aberto da guerra de classes.

A revolução é menos um projeto que uma "arte" estratégica, uma arte das relações de conflito entre as classes. A ruptura reconfigurará aquilo que o "projeto" pré-revolucionário havia fixado de maneira "abstrata". Ela vai lhe dar um corpo e uma alma. É o acontecimento-revolução de 1917 que obriga Lênin a pensar contra ele mesmo: durante a revolução de 1905, o "projeto" previa a necessidade de passar por uma etapa "democrático-burguesa". Com o que acontece em 1917, o "projeto" muda: para se chegar ao socialismo, a revolução se emancipa do caminho por etapas que havia sido previsto.

Furio Jesi opõe o tempo da revolução como tempo da consciência ao tempo da revolta como tempo da ultrapassagem de si. O processo revolucionário, mais uma vez, não opõe tempo da consciência e tempo da ultrapassagem de si, mas articula-os.

O acontecimento político e o momento em que ele ocorre são um ponto de retorno ou de virada que leva milhões de pessoas de uma situação a outra até então inimaginável. O acontecimento não afeta as relações de poder sem antes *afetar as subjetividades* que, momentaneamente desvinculadas de suas atribuições, tomam partido, se posicionam, dizem "não". Essa mudança subjetiva é ao mesmo tempo um ato de resistência e de criação, resistência ao poder e criação de possíveis cujos contornos não estão estabelecidos com clareza.

Os possíveis criados são, antes de mais nada, *sentidos* em vez de *concebidos*, pois a mutação subjetiva se pretende inicialmente não discursiva. Existem inúmeras razões e causas (econômicas, políticas, sociais etc.) para a recusa e a revolta, mas o sentido do ato que as encarna se dá já de saída aos insurgentes, numa modalidade não discursiva e com uma evidência que não é da mesma ordem de algo que poderia ser remontado a suas razões e causas.

A "tomada de consciência", mais que um pressuposto da revolução, decorre do ato de ruptura. Mais que a conscientização de algo que já estava ali, trata-se de uma individuação da subjetividade, algo que a organização política deve ser capaz de favorecer.

O acontecimento político restitui o mundo e a subjetividade aos insurgentes. A primeira coisa que ele confere às subjetividades em revolta, no entanto, é o tempo e sua verdadeira natureza: o mundo, logo que é aberto e dilacerado pelo acontecimento, mostra que não é *o que é*, mas *o que está se fazendo* e *o que está por fazer*.

A interrupção do tempo do Capital mobiliza um presente como duração, enquanto o *passado* das lutas dos oprimidos torna-se novamente um presente vivo. O futuro, por sua vez, não é um depois, mas um componente do agora em processo de feitura.

Essa abertura do tempo, no entanto, não ocorre de maneira genérica, mas por uma multiplicidade de forças que se opõem e que lutam entre si. O presente que está se fazendo é um tempo múltiplo, animado por diferentes classes (e diferentes minorias que as compõem) que, todas, afirmam sua autonomia e independência. O tempo que o acontecimento confere aos insurgentes é apropriado de diferentes maneiras, pois mulheres, operários e racializados têm "passados" que divergem. Da Revolução Francesa, os colonizados privilegiam os jacobinos negros da Revolução Haitiana; as feministas, Olympe de Gouges e os "direitos da mulher"; os operários, os proletários parisienses, os *sans-culottes*. "Agoras" heterogêneos remetem a passados igualmente heterogêneos e constroem genealogias que se destacam da genealogia da classe operária, a única disponível até o pós-guerra.

Quase dez anos após esses acontecimentos, a contrarrevolução se apressaria em afirmar, com o fim da história, o fim da revolução. A derrota dessa última, consumada na virada dos anos 1960 para os anos 1970, decretaria para sempre sua impossibilidade. "Não há alternativa" significa que o mundo está aberto a uma e somente uma possibilidade. Mas a história não acabou, e a revolução é o impossível que pode sempre acontecer. Durante a Revolução Cultural, um jornalista inglês perguntou a Mao o que significava para ele a revolução de 1917. Mao respondeu que não sabia, que era cedo demais para dizer, já que ainda era difícil compreender o sentido da Revolução Francesa, de 1789. Com essa resposta, Mao dá a entender que o acontecimento "Revolução Francesa" não terminou, que ele continua acontecendo.

O fato de a revolução continuar acontecendo é uma questão política não apenas para os oprimidos, mas também para os opressores. O desprezo que as mídias e os políticos reservam à revolução é sinal de que eles percebem, de maneira confusa, que os "presentes" das revoluções persistem. A tentativa neoliberal de apagar qualquer indício das revoluções ao reduzi-las à violência cega, ao terrorismo e ao totalitarismo desenfreado esconde o medo de uma nova atualização.

As revoltas de 2011 e principalmente as de 2019-2020 começam a escapar da armadilha do "fim da revolução" e dão testemunho de que os tempos estão mudando. A afirmação da multiplicidade das lutas de classes heterogêneas, o sujeito imprevisto, sua constituição pela ação, o presente como temporalidade de sua ruptura etc. se confirmam e se definem dentro desses movimentos.

5. O duplo perigo do pós-acontecimento da revolta

Após o acontecimento, a atualização dos possíveis criados abre uma nova sequência de lutas que se choca com a reorganização político-militar da máquina do Capital-Estado, a qual, embora gravemente abalada pela ruptura, está longe de ter sido aniquilada.

A mudança da situação política determinada pelo acontecimento impõe novas táticas e novas estratégias, inconcebíveis antes da ruptura, capazes de se confrontar com o regime de propriedade privada, a divisão de trabalho, as hierarquias de classes (raciais, sexuais), a ação do Estado etc. que persistem apesar da ruptura. As condições de atualização dos possíveis não são idênticas às condições de seu surgimento, pois entre os dois abriu-se um processo de subjetivação que reconfigurou a ação e modificou a relação entre as classes.

É nessa fase que se desintegram os movimentos revolucionários, que a organização do movimento operário assina sua sentença de morte e que o Capital, em vez de ser "esvaziado" pela "fuga" das subjetividades em devir, volta a todo vapor!

A incapacidade de fazer da afirmação da multiplicidade a estratégia do pós-acontecimento, mantendo juntas revolução política e revolução social, foi a principal causa desse fracasso retumbante.

O marxismo, ainda majoritário, permanece encerrado em sua conceituação dos sujeitos políticos derivados da relação capital-trabalho. Os movimentos feministas, em sua grande maioria, não são vividos como uma classe em luta com outras classes, enquanto os processos de libertação no Sul são circunscritos ao perímetro dos espaços nacionais e não têm como alvo a revolução mundial.

As condições da renovação da revolução estão todas presentes, mas essa oportunidade não é aproveitada. Não temos a capacidade de antecipar e de inventar as modalidades de confronto tal como fizeram o marxismo no século XIX e os comunistas, que se aproveitaram magistralmente de uma "oportunidade" surgida da Primeira Guerra Mundial e transformaram a guerra imperialista em guerra de classe. O acontecimento 68 é, desse ponto de vista, uma oportunidade histórica desperdiçada.

Nas táticas e estratégicas do pós-ruptura, escondem-se diversos perigos políticos para os movimentos revolucionários.

O primeiro perigo funda-se na crença de que a abertura do tempo é para sempre, que a ruptura dos assujeitamentos é definitiva, que poderemos implementar processos de subjetivação, a revolução social, a "automudança" sem passar pelo enfrentamento entre classes, ou seja, sem se confrontar com a estratégia e a força do inimigo.

Nas revoluções da primeira metade do século XX, essa última questão se resumia à "tomada do poder" e à ditadura do proletariado. Se a organização contemporânea não pode ser pensada unicamente para esse fim, a questão do inimigo e de sua força não pode ser ignorada, pois ela será fortemente empregada ao longo de toda a década de 1970, alcançando, num tempo recorde, uma vitória histórica.

Foucault representa e resume perfeitamente, em 1978, o primeiro perigo, compartilhado consciente ou inconscientemente por inúmeros movimentos do pós-68. As lutas dessa época são "lutas imediatas", no sentido de que elas não buscam "seguir o grande princípio leninista do inimigo principal ou do elo mais fraco". Tampouco elas esperam a licença ou a salvação "de um momento futuro, que seria a revolução, a libertação, que seria o desaparecimento das classes, a decadência do Estado, a solução dos problemas".[5]

Para as lutas que têm por alvo os "jogos de poder" entre homens e mulheres, senhores e escravos, médicos e doentes etc., "não se trata absolutamente de visar ao poder político ou ao sistema econômico" tal como os "movimentos políticos e revolucionários tradicionais", mas problematizar o estatuto das mulheres e das relações sexuais, a formação, a doença etc.[6]

Essas lutas não têm por objetivo principal as desigualdades e a exploração econômicas, mas antes o "excesso de poder" e de controle sobre o indivíduo e seu corpo, sua vida, saúde e

---

5   Michel Foucault, "A filosofia analítica da política", *Ética, sexualidade, política*. Org. Manoel Barros da Motta. Trad. Elisa Monteiro; Inês Autran Dourado Barbosa. 2. ed. Rio de Janeiro: Forense Universitária, 2006, p. 50 (Ditos e escritos; V).

6   Ibid., p. 48.

subjetividade. Elas afirmam o estatuto do indivíduo e seu "direito à diferença". São lutas contra as "formas de assujeitamento", contra a "submissão da subjetividade", contra a classificação dos "indivíduos em categorias" e sua "transformação em sujeitos".
  Embora esse ponto de vista certamente capte as novidades subjetivas que se expressam em muitos movimentos do pós-68, a estratégia proposta só pode ter um caráter suicida, pois ela opera como se os dualismos das classes tivessem milagrosamente se dissipado no momento da ruptura do acontecimento. Essas lutas (lutas pela diferença, pela alteridade, pela afirmação de uma subjetividade "livre") não se desenvolvem num vácuo de poder.
  Enquanto Foucault escrevia essas páginas, os dualismos, a exploração econômica e a desigualdade, em vez desaparecerem, voltavam com toda a força. Eles não tardariam em se impor com sua brutalidade habitual, fazendo do exercício do poder sobre o corpo, da saúde, da vida e da morte dos indivíduos novas fontes de lucro e de desigualdades de renda e de riqueza.
  A forma política pela qual essas lutas se exprimem seria igualmente nova, posto que são "anárquicas" e se "inscrevem no interior de uma história imediata, que se aceita e se reconhece como perpetuamente aberta". Elas não são revolucionárias, tampouco reformistas, pois operam uma "desestabilização dos mecanismos de poder", uma *"desestabilização aparentemente sem fim"*.[7]
  Essas afirmações simplesmente se transformam em utopias, uma vez que as relações de força mudam conforme a implementação dos monopólios, da financeirização, da globalização e do uso da força que os acompanha. Os mecanismos de exploração serão amplamente estabilizados, ao ponto de os marxistas afirmarem que é mais fácil imaginar o fim do

7   Ibid., pp. 50; 51.

mundo que o fim do capitalismo. A história "indefinidamente aberta" será rapidamente encerrada. Ela será apenas a história do Capital, que ainda acredita, em 1989, ter finalmente chegado ao "fim da história".

A teoria foucaultiana contém oposições que se revelam nefastas são somente para o destino da revolução, mas também o do reformismo e o da democracia, cuja existência depende diretamente da atualidade da primeira. A lição que Foucault aprende na época é que se deve desviar "de todos esses projetos que pretendem ser globais e radicais" e, pelo contrário, privilegiar "as transformações muito precisas" referentes aos "nossos modos de ser e de pensar, às relações de autoridade, às relações de sexos, à maneira pela qual percebemos a loucura ou a doença".[8] Uma vez destruídos os projetos globais e radicais, nossas maneiras de ser e de pensar foram intensamente afetadas. Elas não parecem ter se beneficiado das "transformações parciais", e o espaço do saber e da vida foi ocupado por um conformismo, uma vulgaridade, um egoísmo que tendem continuamente a dar em novas formas de fascismo, racismo e sexismo. A questão da doença foi transformada em indústria da saúde, e a loucura voltou para o lugar de marginalidade e indigência do qual havia saído após um século de revoluções. A oposição entre "transformações parciais" e transformações radicais e globais, revolução política e revolução social não se sustenta, tendo em vista a história dos últimos cinquenta anos. Essa oposição é a causa principal da miséria política e intelectual de nossa atualidade.

Uma vez abandonada a guerra como modelo das relações de poder, Foucault parece adotar uma visão muito idealizada

---

8   Michel Foucault, "O que são as luzes?", *Arqueologia das ciências e história dos sistemas de pensamento*. Org. Manoel Barros da Motta. Trad. Elisa Monteiro. Rio de Janeiro: Forense Universitária, 2000, p. 348 (Ditos e escritos; II).

do exercício e do funcionamento da máquina de duas cabeças do Capital-Estado. Para derrotar o poder, bastaria inventar e praticar outras normas, outras regras e outras formas de vida. Essa estratégia, retomada muitos anos depois por parte do movimento feminista, se revela rapidamente uma ilusão. Conforme instauram-se os monopólios, o exercício do poder se torna unilateral, fechado e repressivo, de forma a simultaneamente integrar a seu funcionamento o Estado de exceção, os novos "fascismos", o sexismo e sobretudo o racismo.

Foucault pensa que a revolução, desde 1789, tem por objetivo essencialmente o poder econômico (e político, acrescentemos), ao mesmo tempo que abre espaço para as novas lutas referentes à loucura, à doença mental, à medicina, à saúde, à morte e às relações entre os sexos. Quando a revolução é derrotada e desaparece da ação política dos oprimidos, esses espaços se fecham com considerável rapidez. A separação entre essas lutas e a revolução, que Foucault parece aceitar e até desejar, é certamente a causa da vitória facilmente conquistada pela máquina Capital-Estado.

Benjamin compreendeu perfeitamente a impossibilidade de uma situação "indefinidamente aberta" e de uma "desestabilização sem fim". "A história nada sabe da má infinitude na imagem dos dois combatentes eternamente lutando. O verdadeiro político só calcula em termos de prazos."[9]

O segundo perigo é o contrário do primeiro. As organizações do movimento operário apenas reproduzem de maneira mortífera uma luta de classes do passado, uma revolução que já foi, e constituem assim um enorme entrave para o desenvolvimento do novo. Abriu-se um abismo entre as organizações do movimento operário ainda majoritários, transfixados no

---

9   Walter Benjamin, *Rua de mão única*. Trad. Rubens Rodrigues Torres Filho; José Carlos Martins Barbosa. São Paulo: Brasiliense, 1987, pp. 45-6.

passado "morto" de uma revolução esgotada, e as forças surgidas da ruptura, portadoras de temas alheios à tradição operária.

A esquerda comunista e social-democrata, em nome de uma classe operária transfixada em seu passado glorioso, se opõe a qualquer invenção de novas práticas de ruptura com o capitalismo. Posteriormente, ela colaborará ativamente com esse último sob sua forma neoliberal, ao simplesmente desaparecer após 1989.

A mumificação da política não toma apenas uma forma reformista, mas também a de uma prática revolucionária reduzida a seu aspecto "militar". A política é limitada a uma luta de classe operária ilusória, a uma tomada de poder caricatural, à ação clandestina, à eliminação física do adversário. O Estado teria um centro, um coração que bastaria atacar militarmente para que ele desabasse. As organizações "combatentes" mimetizam as revoluções anti-imperialistas, mas parecem ignorar totalmente o longo enraizamento da organização política nas massas (campesinas), a revolução como processo, a impossibilidade de reproduzir no Norte as estratégias e as táticas que demonstraram sua eficácia no Sul.

As organizações "militares" são de fato o duplo armado do reformismo comunista e social-democrata. Elas permanecem fundamentalmente "socialistas" e alheias ao que o acontecimento 68 havia aberto. Essas organizações buscam ainda os possíveis das revoluções socialistas, ao passo que 68 afirma, obstinadamente, os impossíveis do socialismo.

O "caráter destruidor" da luta de classes foi apagado dos programas e das práticas de grande parte dos movimentos surgidos em 68, enquanto as formações armadas o consideraram como o único objetivo da revolução e se encerraram numa militarização que não tinha qualquer chance de sucesso perante as estratégias capitalistas. Essas estratégias visavam justamente àquilo que as formações armadas haviam abandonado, as novas subjetividades surgidas da ruptura política.

A primeira opção estratégica não colocava de fato o problema de saber qual sujeito político podia articular a multiplicidade das classes, pois ele estava absorto nas políticas da diferença, da alteridade, da relação consigo. A segunda opção idealizava uma classe operária cuja perda tangível de centralidade apenas intensificava a rigidez ideológica e obrigava os grupos clandestinos a operar escaladas militares.

Nos dois casos, a passagem *da luta* (no singular) *às lutas* de classes é completamente ignorada. A relação entre tempo e sujeito (imprevisto) não encontrou sua forma revolucionária porque os movimentos hesitam, incapazes de antecipar uma solução à questão da multiplicidade política. O "sujeito imprevisto", no entanto, era o signo que apreendia tanto a impossibilidade da revolução, que havia tomado o poder apenas cinquenta anos antes, quanto a possibilidade de novas tarefas políticas a serem cumpridas.

6. A contrarrevolução

O acontecimento 68 é da ordem da ruptura, da criação de bifurcações possíveis, mas ele não afeta apenas os oprimidos. De diferentes maneiras, ele diz respeito também aos opressores. O acontecimento é uma virada, uma mudança subjetiva que afeta as classes em luta dos dois lados da relação, abrindo a possibilidade de uma mudança de estratégia que pode ser explorada também dos dois lados da relação

A máquina de duas cabeças do Capital-Estado reconhece a *nova necessidade* imposta pela revolução mundial. Ela não pode voltar atrás, ela deve aceitar aquilo que as novas subjetivações determinaram, mas separando-as, até mesmo violentamente, das potências revolucionárias adquiridas durante o processo de ruptura e de constituição. Paralelamente, os possíveis criados serão desviados para reorganizar o exercício de poder e da economia instalando uma contrarrevolução que também passará, num primeiro tempo, pela exploração desses possíveis.

Tanto é verdade que o acontecimento e suas mudanças tocam tanto opressores quanto oprimidos que o Capital e o Estado souberam melhor aproveitar a ruptura, eles foram capazes de melhor reconfigurar seus meios e organizações, e por isso saíram vitoriosos do desafio arriscado lançado pelo acontecimento. A política precede o ser no sentido de que a constituição de novas modalidades de acumulação decorre da estratégia política.

O capitalismo e o Estado, uma vez terceirizada a repressão aos partidos comunistas e à social-democracia ao longo de todos os anos 1970, estão na melhor posição para aplicar sua estratégia, com a dose de violência que cada situação que pede: concentração, globalização, financeirização e extensão e reforço dos dualismos de classes, raciais e sexuais. Ela se apresenta tanto como inovação quanto como guerra de classe, reorganização produtiva e institucional, repressão violenta e até mesmo eliminação física dos revolucionários, se necessário.

O que as forças políticas revolucionárias da época não foram capazes de realizar (a atualização dos possíveis deve ser ao mesmo tempo uma nova distribuição do poder, a criação de novas subjetividades e a "destruição" dos inimigos) foi feito pela contrarrevolução.

O pós-68 é um novo começo para a máquina Capital-Estado. Ela se reestrutura com um sucesso que supera mesmo suas expectativas mais otimistas.

O "presente" como tempo de ação e constituição das subjetividades tanto no confronto quanto por meio dele, a flexibilidade e a plasticidade institucional e organizacional que isso implica e a ação como processo foram mais bem compreendidos e negociados pelos inimigos de classe. No pós-68, assistiu-se à individuação de um novo "sujeito" capitalista.

Os capitalistas parecem ter integrado a relação entre sujeito e tempo de maneira que o sujeito político não preexiste à ação, mas se constrói nela. Sua consistência se fabrica no presente da luta política. Nem a nova classe dominante nem sua estratégia existem antes do confronto. A máquina capitalista e suas subjetividades não surgiram todas prontas (como um "projeto") para liderar a contrarrevolução. Num primeiro momento, acuadas pelos movimentos, elas se construíram ao longo das lutas, por meio de táticas e objetivos estratégicos muito simples: reestabelecer os lucros corroídos pelas lutas do século XX, retomar sua renda e eliminar toda forma de contrapoder, investindo integralmente o Estado para favorecer a construção do novo regime de acumulação

A máquina capitalista tinha um único objetivo: retomar a estratégia adotada na longa crise do fim do século XIX (centralização, globalização, financeirização), adaptando-a à nova situação. Ela foi capaz de dominar melhor a parte de acaso e de imprevisível da luta porque era animada por uma forte crença quanto ao inimigo e à maneira de combatê-lo. Guiada por um ódio de classes sem limites, ela fez um uso sistemático da força, dosada segundo a intensidade dos conflitos. O "passado" da velha estratégia, que havia produzido os desastres do século XX e que, por esse motivo, havia sido momentaneamente "abandonado", torna-se novamente um presente ameaçador que não tardará em produzir outras catástrofes, não somente econômicas e políticas, mas também ecológicas, sanitárias etc.

Os anos 1970 se caracterizam por uma multiplicidade de uma diversidade de iniciativas capitalistas que constituem os primeiros marcos de uma estratégia e de uma tática que se concretizam passo a passo, seguindo o curso dos acontecimentos, passando por vitórias e derrotas: 1971, declaração do fim do padrão dólar-ouro; 1973, golpe de Estado e massacre de revolucionários no Chile e em toda a América latina; 1975, crise fiscal de Nova York; 1979, manipulações das taxas de juros pelo Sistema de Reservas (FED) americano. Dois principais desafios seriam lançados a partir da guerra social e das políticas de crédito e dívida: primeiro contra o proletariado mundial, que de diferentes maneiras havia ousado uma "revolução mundial"; segundo, dentro da própria classe dominante, contra as elites keynesianas, reformistas, social-democratas.

Subjetividades e funcionamento da máquina do Capital se constroem ao mesmo tempo. Eles convergem não para uma totalidade, um sistema, um automatismo econômico, mas para uma estabilização sempre relativa às relações entre forças, sempre dependente da intensidade da luta de classes.

7. A despolitização dos tempos

O livro de referência para o pensamento pós-colonial, *Provincializing Europe*, de Dipesh Chakrabarty, é um exemplo fantástico da maneira pela qual, buscando-se escrever uma teoria crítica partindo da experiência do "subalterno", pode-se chegar à produção de uma despolitização profunda e radical, que, aliás, caracteriza parte do pensamento pós-colonial. Esse livro contém diversas fontes desse pensamento. Rompendo com as revoluções anticoloniais, principalmente asiáticas, ele propõe uma teoria das multiplicidades e pluralidades que, sem nunca se transformar em oposições de classes (a exclusão da alternativa revolucionária é um *a priori*), se revelam impotentes, ou mesmo cúmplices, perante a iniciativa do capitalismo e do neocolonialismo do pós-68.

O tema que permeia todo o livro é uma crítica do historicismo europeu e marxista segundo o qual toda sociedade, para se desenvolver, deve percorrer as mesmas etapas que a Europa. O progresso e a saída da pobreza e da superstição ocorreriam sob essa condição. A Europa e o capitalismo europeu traçariam o único caminho possível para preencher as lacunas e atrasos que oprimem as sociedades coloniais. Dessa forma, só haveria uma única história, um único sentido: o do progresso e do desenvolvimento das forças produtivas do capitalismo de origem europeia. O tempo da acumulação se tornaria o padrão de referência com o qual se avaliariam as temporalidades não capitalistas, cuja sobrevivência, mesmo e principalmente nas colônias, seria considerada como um "anacronismo".

A questão central desenvolvida pelo autor é, portanto, a questão do tempo, abordada por meio de uma confrontação com os conceitos marxistas. Segundo Chakrabarty, duas Histórias se cruzam no desenvolvimento do Capital. A História 1 é a história do tempo "homogêneo e vazio" da acumulação, ritmado pelo tempo do relógio, símbolo do tempo da produção capitalista. A História 2 é a história das temporalidades plurais e heterogêneas das comunidades dos "subalternos", irredutíveis ao tempo cronológico dos relógios, cuja existência precederia a do Capital.

As Histórias 1 e 2 se caracterizam por passados, presentes e futuros radicalmente diferentes. O passado do Capital é o da expropriação de uma classe por outra, na qual o trabalhador, despossuído dos meios de produção e dos recursos para viver, é o resultado. O mesmo trabalhador, no entanto, não é redutível a essa "abstração", pois incarna outros tipos de passado (passados da História 2), que ele traz consigo mesmo quando é obrigado a cruzar os portões da fábrica. Esses passados se inserem em parte nos "hábitos corporais da pessoa", nas práticas coletivas conscientes ou inconscientes, nos gostos e costumes "pré-capitalistas" da comunidade à qual ela pertence, que não se conformam "automaticamente à lógica do Capital".

O presente da produção reduz o trabalhador ao "estado de mero trabalho vivo [...], um feixe de músculos, nervos e consciência, mas privado de memória" além daquela que é necessária às tarefas a serem cumpridas. E isso enquanto o presente do trabalhador inclui a memória consciente ou inconsciente dos passados de sua comunidade que permitem "implementar outras maneiras de ser no mundo".

O presente da História 1 é a repetição instantânea do mesmo, tempo mesurável e acumulável, tempo da totalização e da unificação. O presente da História 2 é plural e múltiplo, um tempo que resiste e interrompe incessantemente a totalização e a unificação visadas pelo Capital.

O Futuro do Capital é um futuro que será a realização por vir da "história universal e necessária postulada pela lógica do Capital". O Futuro dos subalternos é constituído de uma pluralidade de futuros "vividos" já inseridos nas formas de vida dos "subalternos", o que impede o encerramento do presente no "um" do progresso ou do desenvolvimento das forças produtivas. Esses futuros vividos fragmentam incessantemente o tempo vazio do valor, pois ocultam "as diversas maneiras que o ser humano encontra de estar no mundo".

As Histórias 1 e 2 parecem possuir, ontologicamente, temporalidades heterogêneas. Essa dupla ontologia – do Capital e da comunidade – se pretende o fundamento de uma oposição (o "um" *versus* o "múltiplo", a homogeneidade *versus* a diferença). Na realidade, ela opera uma pacificação que torna anacrônica não apenas as revoluções passadas, mas também as revoluções por vir.

Esse ponto de vista é estritamente "economista", apesar das muitas referências filosóficas do livro, pois ele considera o Capital exclusivamente como "produção". Pelo contrário, o Capital não é redutível ao tempo abstrato do valor. Ele é relação entre forças e, consequentemente, seu tempo é, antes, o tempo estratégico de uma luta, um tempo vivo, imprevisível, continuamente confrontado ao "acaso" do confronto.

O ato de apropriação e de imposição violenta de uma classe sobre a outra, que distribuiu os poderes entre opressores e oprimidos, parece, em Chakrabarty, ter acontecido de uma vez por todas. O tempo do acontecimento da guerra das classes teria sido substituído pelo tempo vazio e homogêneo da produção. Muito pelo contrário, a reprodução da divisão entre quem manda e quem obedece requer uma constante reprodução das relações de força estabelecidas pela vitória de uns e a derrota de outros. A violência que funda e a violência que conserva são contemporâneas.

O mesmo pode ser dito do tempo da História 2, que não é redutível ao tempo "vivido" de uma comunidade. É o presente da luta contra o Capital e o imperialismo que pode valorizar os passados da comunidade, ao reatualizá-los e transformá-los em vantagens políticas. O tempo da comunidade não deve ser reduzido a um tempo antropológico, caso contrário ele desaparecerá. Ele deve ser o tempo de um combate, de uma estratégia de resistência e de ataque, pois os subalternos são explorados e dominados em consequência da guerra de conquista que eles perderam.

A potência dos tempos depende de algo que nunca é nomeado no livro: a interrupção do tempo do Capital pelas lutas de classes. É preciso, então, devolver a História 1 e a História 2 às relações de classe que as constituem, em outras palavras, é preciso politizar os tempos.

Para Chakrabarty, a multiplicidade e a heterogeneidade dos tempos da comunidade já são dadas como um "tempo outro", como um tempo antagonista, um tempo de ruptura. Os trabalhadores "subalternos" vivem num mundo não secularizado, ainda encantado pelo politeísmo dos deuses, do qual fazem parte também os deuses do trabalho. Eles trazem em si um "fora" do tempo da acumulação.

Duas ontologias se encaram, sem nunca desencadear hostilidades, num infinito maldoso que jamais pode se tornar político. As relações de poder, pelo contrário, conhecem inevitavelmente os tempos da vitória e da derrota. Estas, aliás, embora sempre provisórias, não são menos reais, pois marcam, de maneira indelével, o curso da História e os corpos dos vencidos (como os colonizados aprenderam da pior maneira possível). A totalização e a unificação são sempre relativas a um conflito político, à luta de classes.

É sempre a luta que interrompe o tempo vazio e homogêneo da totalização, jamais a *diferença*. As diferenças de Chakrabarty nunca ameaçam os poderes. Pode-se até dizer o contrário, pois o Capital favorece diferenças "negativas" – como o racismo e o sexismo, cuja legitimidade se funda em diferenças "biológicas" – e incita a produção de diferenças "positivas" necessárias ao consumo e à produção. O que ameaça o Capital é a transformação das diferenças em oposições.

A vida dos subalternos não é repleta apenas de passados, presentes e futuros vividos, múltiplos e plurais, mas antes de tudo é repleta do trauma da guerra de conquista, da violência das derrotas, da humilhação dos assujeitamentos que perduram, de outras maneiras, no neocolonialismo. A multiplicidade e a pluralidade dos tempos, dos ritmos e das memórias são tomadas no tempo do Estado de exceção, e não do tempo vazio e homogêneo da produção. Os tempos ancestrais se misturam aos tempos atuais da exploração e da dominação, mas sua composição ainda não tem força para explodir o tempo do Capital.

Os possíveis da ruptura não estão contidos nos passados, presentes e futuros da comunidade, e devem ser criados por uma descontinuidade política. Somente o presente da ruptura pode pôr em jogo os passados sepultados pela derrota. Somente esse presente pode reconfigurar o passado, o presente e o futuro da comunidade, tornando-se o berço da criação de novos possíveis. Do contrário, o passado, o presente e o futuro permaneceriam tempos antropológicos, cujo único destino seria ser esmagado pelas temporalidades do Capital.

Os saberes, as formas de vida, as tradições, as temporalidades dos "subalternos" se reproduziram ao longo de séculos sob o jugo da dominação imperialista. De acordo com o pensamento de Chakrabarty, eles podem ter impedido a totalização, mas certamente não impediram a exploração e a dominação desenfreada. Embora as revoltas e insubordinações tenham se multiplicado contra a ocupação, seria preciso esperar até os séculos XIX e XX para que a organização política dos "colonizados" abrisse enfim a possibilidade de uma descontinuidade decisiva com o colonialismo.

No Vietnã, as formas de vida, os saberes e a propriedade campesina se tornam novas possibilidades quando é declarada a guerra contra o colonialismo.

Foi só depois da fundação do partido comunista, quando começaram as guerrilhas contra a ocupação, que os passados das comunidades se tornaram trunfos políticos. A luta de libertação, ao abrir-se para um "fora" e um outro "tempo", torna possível aquilo que era considerado até então impossível, ou seja, a vitória sobre o imperialismo, sobre a exploração e a dominação colonial, transformando a apatia da subjetividade colonizada em força ativa, capaz de, em pouco tempo, acabar sucessivamente com dois imperialismos.

Frantz Fanon destaca as perigosas ilusões que subsistem na redução dos colonizados e de suas formas de vida a uma ontologia capaz de conter em si um "tempo outro" e um "fora" do poder (a "negritude"), pois esse fora e esse tempo outro não existem, é preciso criá-los por meio da descontinuidade da revolta.

A expropriação econômica da colonização anda de mãos dadas com "a pilhagem dos esquemas culturais", o que, no entanto, não significa "a morte da cultura autóctone". Muito pelo contrário, nota Fanon, "o objetivo procurado é mais uma agonia continuada do que um desaparecimento total da cultura preexistente. Essa cultura, outrora viva e aberta ao futuro, fecha-se aprisionada no estatuto colonial, estrangulada pela canga da opressão". Ela se mumifica e, ao se mumificar, produz uma "mumificação do pensamento individual", donde "a apatia tão universalmente apontada dos povos coloniais".[10]

A valorização dos passados dos povos africanos visada pela negritude é uma atitude compreensível mas ambígua. O colonialismo "se orienta para o passado do povo oprimido, deforma-o, desfigura-o, aniquila-o", enquanto a negritude descobre que "o passado não era de vergonha mas de dignidade, de glória e de solenidade".[11] Mas não é buscando redescobrir o passado que ele será novamente colocado em jogo, pois isso só será possível a partir de uma ruptura: "Cedo ou tarde, porém, o intelectual colonizado compreenderá que não se dá testemunho da nação a partir da cultura, mas que se pode evidenciá-la no combate que o povo conduz contra as forças de ocupação."[12]

"O homem colonizado que escreve para seu povo deve, quando utiliza o passado, fazê-lo com o propósito de abrir o futuro, convidar à ação, [...] é necessário colaborar muscularmente."[13]

Fanon nega que os tempos do Capital e os tempos dos subalternos corram paralelamente, pois a guerra de conquista introduz uma assimetria entre colonos e colonizados que só poderá ser reequilibrada com a declaração de guerra do FNL em 1954 contra o ocupante francês. A guerra anti-imperialista, ao determinar uma descontinuidade que marca o antes e o depois, poderá estabelecer a "igualdade" dos sujeitos combatentes.

---

10   Frantz Fanon, "Racísmo e cultura", *Em defesa da Revolução Africana*. Trad. Isabel Pascoal. Lisboa: Livraria Sá da Costa, 1980, pp. 37; 38.
11   Frantz Fanon, *Os condenados da Terra*. Trad. José Laurênio de Melo. Rio de Janeiro: Civilização Brasileira, 1968, p. 175.
12   Ibid., p. 185.
13   Ibid., p. 193.

"Antes da rebelião, há a vida, o movimento, a existência do colono e, do outro lado, a agonia contínua do colonizado. Antes da rebelião, há a verdade do colono e o nada do colonizado. Após 1954, o europeu constatou que outra vida foi posta em movimento, paralelamente à sua."[14]

A subjetividade do colonizado será por muito tempo afetada pelo novembro de 1954. A declaração de guerra contra a ocupação colonial modificaria para sempre a relação entre tempo e subjetividade, uma vez que, abrindo-se para um "fora" e um outro "tempo", ela cria as condições para a construção de novas formas políticas e de novas formas de vida.

"Essa prova de força não remodela apenas a consciência que o homem tem de si mesmo, a ideia que ele tem dos antigos dominadores e do mundo [...]. Essa luta de diferentes níveis renova os símbolos, as crenças, a emotividade do povo."[15]

Com 1954 abre-se uma possibilidade de mudança totalmente nova, cuja consistência não dependerá, mais uma vez, de uma ontologia do tempo, mas das relações entre forças e de suas estratégias.

É fato comprovado que as mulheres, os escravizados e os operários vivem temporalidades heterogêneas (o tempo simultaneamente "anacrônico" e moderno do trabalho doméstico, do patriarcado, do trabalho servil, escravagista), mas só o acontecimento da ruptura os constituirá em sujeitos políticos capazes de organizar uma reapropriação e uma redistribuição do tempo.

Chakrabarty apaga a temporalidade da revolução e das lutas de classes que, na Ásia, alcançaram os maiores sucessos contra o colonialismo e o imperialismo!

---

14   Frantz Fanon, "L'an V de la révolution algérienne", Œuvres. Paris: La Découverte, 2011
15   Ibid.

O Capital nunca é totalização, não pelos motivos apresentados pelo historiador indiano, mas porque ele é estratégia. Chakrabarty sintetiza admiravelmente o miserável espírito da época, substituindo *Marx e as lutas de classes* por *Marx e as diferenças*.

Os teóricos dos *postcolonial studies* acreditam ser os herdeiros das lutas de libertação nacional e das revoluções anti-imperialistas (seu ponto de partida é a interrogação dos motivos do fracasso das revoluções), mas eles nunca pensam nas novas condições dessas lutas, como se a derrota tivesse encerrado para sempre suas possibilidades. Abstendo-se de se aventurar na complexidade das posições desse pensamento, há um aspecto que não deixa de surpreender: seu ponto de vista é muito distante do dos colonizados do século xx que eles afirmam ser. A crítica que fazem da Europa, do eurocentrismo, das categorias elaboradas pelo pensamento europeu, embora correta em si, não corresponde à maneira com a qual os colonizados, as mulheres e os escravizados se relacionavam com o "centro" do capitalismo.

Os colonizados conseguiram, sem dificuldade, saltar o "abismo subjetivo" que a teoria pós-colonial abriu entre o Ocidente e o Oriente. A Europa é, sem dúvida, o berço da conquista colonial, a origem da violência absoluta exercida sobre as populações colonizadas, mas ela é também o lugar em que foi inventada a revolução. A Revolução Francesa carrega consigo uma vontade "burguesa" de manter a escravidão, de subordinar as mulheres e de avassalar quem não é proprietário, mas nem os escravizados de São Domingos, nem Olympe de Gouges, com a Declaração dos Direitos da Mulher, nem os *sans-culottes* perderam a oportunidade de se revoltar ou até mesmo de realizar uma verdadeira revolução (Haiti), atribuindo-lhe as bases das lutas por vir. Quando a revolução se torna proletária e a Europa começa a produzir teorias anticapitalistas (principalmente o marxismo) e modalidades de organização "revolucionárias", os semicolonizados e os colonizados não se perguntam se as categorias do Capital e da subjetividade explorada e dominada, elaboradas na Europa, correspondem a sua realidade: em vez disso, fazem uso delas.

Foi um revolucionário asiático que conduziu, com ferramentas teóricas forjadas na Europa mas adaptadas à situação russa, a primeira revolução proletária vitoriosa, abrindo as portas para a revolução no Oriente e depois no Sul do mundo. Mao e Ho Chi Minh destacam ambos a importância, para o processo revolucionário que conduziram nas colônias e semicolônias, de um saber "europeu" (o marxismo) capaz de redistribuir os "saberes" dos nativos e de lhes permitir que, em troca, esses saberes o transformem profundamente.

Os colonizados, de maneira bastante seletiva, tomam da Europa o que melhor lhes convém, ou seja, a crítica do capitalismo, modo de dominação mundial que se articula, é claro, diferentemente no Oriente e no Ocidente.

A revolução, ao voltar-se para o Leste e depois para o Sul, se transforma ao criticar o historicismo marxista, ao romper com sua teoria dos estágios, ao reconfigurar a teoria do sujeito revolucionário pelo envolvimento do campesinato, ao rever a teoria do partido (Fanon), da classe (Cabral), a relação entre estrutura e superestrutura, ao "distender o marxismo", ao inventar uma nova função para a "cultura" etc., mas também ao manter-se sempre fiel ao projeto de superação do capitalismo.

A ideia de que as teorias revolucionárias europeias não poderiam convir com a subjetividade dos "subalternos" porque esta estaria enraizada na comunidade oriental teria deixado estarrecidos os revolucionários vietnamitas, chineses ou africanos. Estes, aliás, parecem ter acertado, pois, graças à reelaboração das ferramentas teóricas vindas da Europa, conseguiram conduzir revoluções que os capitalistas e os imperialistas (e até mesmo os marxistas europeus) julgavam ser impossíveis.

Embora a questão de como "provincializar a Europa" seja uma interrogação estratégica para essas teorias, esse problema há muito já não é mais relevante, visto que a própria Europa – desde a Primeira Guerra Mundial e de maneira dupla – se encarregou de levar a cabo esse processo, ao perder tanto a capacidade de ser o centro do capitalismo quanto de ser o berço da revolução. Enquanto a perspectiva pós-colonial de hoje recai, mais ou menos radicalmente, na posição de "vítima", a dos colonizados de outrora levou à subjetivação revolucionária.

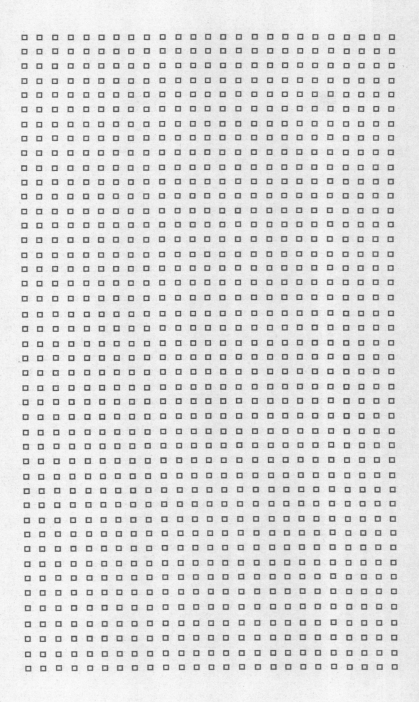

VIII LUTAS DE CLASSES E DE MINORIAS, CATÁSTROFE, REVOLUÇÃO MUNDIAL

| 1. A nova natureza do conflito > 1.1. Classes e minorias > 1.2. Negação e afirmação > 1.3. A subjetivação política do Coletivo Combahee River > 1.4. O sujeito imprevisto > 1.5. Agenciamento coletivo de enunciação versus performativo | 2. A catástrofe > 2.1. Natura naturans | 3. A revolução mundial > 3.1. O "trabalho gratuito" na revolução por vir > 3.2. A insurreição! > 3.3. É continuando a revolta que se aprende > 3.4. As últimas insurreições |

> *E o ditador está entre nós, erguendo sua horrível cabeça, cuspindo seu veneno, pequeno ainda, enrolado como uma lagarta sobre uma folha, mas no coração da Inglaterra. E não é a mulher que tem que respirar esse veneno e combater esse inseto, secretamente e sem armas, em seu escritório, combatendo os fascistas e os nazistas tanto quanto aqueles que o combatem com armas, sob os holofotes da atenção pública? Não deveríamos ajudá-la a esmagá-lo em nosso próprio país antes de pedir a ela que nos ajude a esmagá-lo lá fora?*
> — Virginia Woolf

Resta-nos analisar três últimas condições: o conflito, a catástrofe e a dimensão mundial de uma possível ruptura revolucionária.

Primeira condição: a natureza do conflito mudou, pois não se trata mais apenas do confronto entre Capital e trabalho, mas de uma multiplicidade de lutas de classes e minorias que as compõem. A articulação desses conflitos muda a dinâmica dessas lutas, no plural.

Segunda condição: o capitalismo é afetado não apenas por crises, mas também por catásfrofes ecológicas, sanitárias, industriais e políticas. Isso é consequência de uma mutação operada a partir da Primeira Guerra Mundial: sob as condições da guerra industrial, todo ato de produção é também um ato de destruição; produção e destruição são reversíveis. Ao mesmo tempo que constroem o mundo, a máquina capitalista, o trabalho e o consumo o destroem radicalmente.

Terceira condição: a revolução mundial foi derrotada na virada dos anos 1960 e 1970, mas continua sendo a única saída possível do capitalismo. Os dois ciclos de lutas e de insurreições de 2011 e 2019-2020 revivem a revolução e demonstram mais uma vez as diferenças estratégicas entre o Norte e o Sul.

1. A nova natureza do conflito

Como articular as diferentes lutas de classes e agenciar a multiplicidade dos conflitos gerados pelos dualismos de classe, raça e sexo?

A interseccionalidade se afirmou como a referência para pensar a organização desse conflito múltiplo, mas talvez haja certos mal-entendidos quanto a essa nova proposta, pois ela se refere mais à discriminação que aos conflitos. A interseccionalidade é "uma metáfora" que Kimberlé Crenshaw desenvolveu para dar conta das diferentes discriminações que se cruzam na vida das mulheres negras. Ela foi pensada no quadro da atividade judiciária. Os juízes americanos consideravam as discriminações raciais e de gênero como separadas e mutuamente exclusivas, de modo que só se podia ser objeto de discriminação racial ou de gênero, nunca as duas ao mesmo tempo. A discriminação circulava por duas vias separadas que nunca "se cruzavam". A perspectiva da interseccionalidade busca dar visibilidade e "conter (*to contain*)" as múltiplas discriminações e seus cruzamentos.

Essa perspectiva pode ser pertinente, útil e operacional no quadro de um processo, mas dificilmente funciona para definir as relações de poder e os conflitos que nascem dos dualismos de classe, raça e sexo.

Elsa Dorlin propõe uma primeira crítica: "A interseccionalidade é uma ferramenta de análise que estabiliza relações em posições fixas, que setoriza as mobilizações, exatamente da mesma maneira que o discurso dominante naturaliza e encerra os sujeitos em identidades alterizadas sempre já dadas."[1]

A interseccionalidade corre o risco de reproduzir uma "renaturalização dos sujeitos políticos, ou seja, sua objetivação

---

[1] Elsa Dorlin, *Sexe, race, classe*. Paris: Puf, 2009.

como assujeitados (as mulheres, os negros, os trabalhadores). A tendência a posicionar e fixar as identidades em linhas e intersecções, às custas de um pensamento da historicidade das relações de poder e dos processos de subjetivação política, surge como um *estratagema da razão dominante*".

Danièle Kergoat, inspirando-se no feminismo materialista, não se limita a uma simples descrição das discriminações de classe, raça e sexo. Elas são um dos resultados de uma multiplicidade de "relações sociais" que são ao mesmo tempo consubstanciais ("elas formam um nó que não pode ser desatado") e coextensivos ("ao se redistribuir, as relações sociais de classe, gênero e raça se reproduzem e coproduzem mutuamente").[2]

Ao comentar Elsa Dorlin, Kergoat afirma a necessidade de introduzir nesse debate o imperativo do feminismo materialista: as relações de poder de sexo, raça e classe são também "relações de produção" nas quais as diferentes modalidades de exploração a que estão submetidos os oprimidos desempenham um importante papel político. Essas relações devem ser historicizadas, pois elas "ao mesmo tempo têm uma estruturação que lhes garante certa permanência e sofrem transformações que correspondem a períodos históricos e a acontecimentos". Em vez de a estabilidade, o foco deve ser o conflito, a maneira como "os dominados reinterpretam, subvertem o sentido e as categorias: tal abordagem proíbe a reificação das ditas categorias".

Marie Moïse nota que o ponto fraco da teoria da interseccionalidade é o fato de que ela não consegue desenhar os contornos da dinâmica geral da máquina de exploração e de dominação. "Apesar de seu objetivo original, o da superação das categorias mutuamente exclusivas", a interseccionalidade não consegue construir um novo conceito. "Nesse sentido, há

---

2   Danièle Kergoat, *Se battre, disent-elles...*. Paris: La dispute, 2012.

uma insuficiência na compreensão do funcionamento estrutural do sistema de opressão, ou seja, a relação entre os processos de acumulação capitalista, a divisão sexual e racial do trabalho, suas transformações no plano histórico."[3]

A interseccionalidade fixa os "oprimidos" numa "posição" que resulta de um cruzamento de linhas de discriminação. O problema é que a posição não designa um ponto, mas um dualismo, uma relação ou, melhor dizendo, um conjunto de dualismos ou de relações antagônicas (capitalista e trabalhador, homens e mulheres, brancos e não brancos), de modo que o lugar a que se é designado (trabalhador, mulher, não branco) é sempre de conflito. A classificação é, portanto, o resultado de um conflito mais ou menos violento e dinâmico por natureza. A classificação define menos uma "posição" que um campo de luta.

A relação de poder não é redutível a uma mera discriminação, pois ela é simultaneamente *apropriação* e *norma*, apropriação pela força e assujeitamento daqueles que foram apropriados pelas normas. A "posição" manifesta a continuidade entre a violência que funda e a violência que conserva, mas também a possibilidade de uma violência que ameaça a máquina de apropriação e de normação e normalização.

Para pensar a articulação das diferentes lutas de classes, me parece muito mais importante uma declaração publicada por um coletivo de mulheres negras e lésbicas (Coletivo Combahee River)[4] alguns anos antes do texto de Kimberlé Crenshaw.

Diferentemente da abordagem jurídico-institucional da interseccionalidade, esse texto é o protótipo de um posicionamento militante e revolucionário. Essas mulheres não foram

---

[3] Marie Moïse, "Il femminismo nero", in *Introduzione ai Femminismi*. Roma: DeriveApprodi, 2019.
[4] *How we get free: Black feminism and Combahee River Collective*, organizado por Keeanga-Yamahtta Taylor.

obrigadas a pensar e a escrever em razão de necessidades jurídicas, a fim de dar consistência e argumentos à defesa das mulheres negras num tribunal, mas por uma questão de "vida ou morte", pois encontram-se severamente afetadas por uma multiplicidade de relações de dominação e de opressão. Essa "declaração" é tanto existencial (elas tinham a impressão de estarem enlouquecendo conforme a apreensão das opressões de que eram objeto) quanto política (elas afirmam a necessidade de lutar contra todas as opressões ao mesmo tempo).

O texto afirma claramente que o objetivo de suas lutas não é uma simples discriminação, mas todo um "sistema" de opressões e explorações imbricadas umas nas outras: três relações de poder e três modos de produção específicos que não se somam, pois são "simultâneos" e se integram num funcionamento que perfaz uma "máquina". *Trata-se menos de se opor a discriminações e mais de atacar os modos de produção das discriminações e o assujeitamento.*

"A definição mais geral de nossa política atual pode ser resumida da seguinte maneira: somos ativamente engajadas na luta contra a opressão racista, sexual, heterossexual e de classe, e nos designamos a tarefa particular de desenvolver uma análise e uma prática integradas, baseadas no fato de que os principais sistemas de opressão estão imbricados [*the major systems of oppression are interlocking*]. A síntese dessas opressões cria as condições nas quais vivemos. Como mulheres negras, vemos o feminismo negro como o movimento político lógico para combater as opressões múltiplas e simultâneas enfrentadas por todas as mulheres de cor".

A análise dessa imbricação é a expressão de um ponto de vista *partisan*, que se posiciona sobre o mundo e sua organização política. É o ponto de vista das mulheres negras e lésbicas que "não foram vítimas passivas nem cúmplices voluntárias da própria dominação" (Patricia Hill Collins). A condição de minoria das minorias as leva a "perceber a realidade material segundo uma perspectiva diferente dos outros grupos sociais", assim como sua experiência permite "interpretar essa realidade de outra maneira".

Na experiência dessas mulheres, não há espaço para a "servidão voluntária". Elas têm muita clareza de como funcionam as relações de poder. bell hooks nota que as mulheres negras desde sempre tiveram consciência da opressão e das relações de poder que a determinam (essa consciência acompanha a escravidão desde o primeiro dia em que negros foram apropriados por brancos). O que faltava não era a consciência da própria condição, mas das relações de força entre classes que dificultavam a organização e a oposição coletiva.

Tal como a classe operária em Marx, elas vivem completamente desprovidas dos "privilégios" de classe, de raça e de sexo sobre os quais os outros "grupos sociais" (trabalhadores, homens negros, mulheres brancas) podem se apoiar para agir e pensar. Todo e qualquer acesso aos recursos e ao poder lhes é impedido.

Sob esse ponto de vista *partisan*, elas articulam uma "política da identidade" que não deve ser confundida com o sentido atual desse conceito, principalmente na direita. O que elas entendiam por política de identidade abarcava uma realidade totalmente diferente, como explica Barbara Smith ao falar em 2017 de sua experiência no coletivo: "O que nós dizíamos era que tínhamos direito de existir na condição de pessoas que não eram apenas mulheres, que não eram apenas negras, que não eram apenas lésbicas, que não eram apenas da classe operária, trabalhadoras. Éramos pessoas que incorporavam todas essas identidades e tínhamos o direito de construir e definir uma teoria e uma prática política baseadas nessa realidade. Era isso que identidade política significava para nós."

Essa política da identidade é na verdade uma crítica em ato de toda identidade – uma política na qual a identidade não pode ser encerrada ou estabilizada especificamente e de maneira definitiva. A construção da identidade será antes a do projeto político, de uma subjetivação não identitária que a própria multiplicidade das condições em jogo torna não totalizável.

Elas se recusam a hierarquizar as dominações e as lutas tal como havia feito o movimento operário. "Pensamos que a política sexual, sob o patriarcado, tem um papel tão importante na vida das mulheres negras quanto as políticas de classe e de raça."

Se a princípio elas haviam se reunido para lutar contra o racismo e o sexismo, elas logo estenderam o ataque "à sexualidade e à opressão econômica capitalista", sem jamais separar uma opressão da outra, uma luta da outra. Se o capital funciona integrando lutas e opressões, então a revolução deve fazer o mesmo.

Esse coletivo pratica a técnica da autoconsciência, mas de maneira completamente diferente do feminismo "burguês" de Carla Lonzi, que preconiza a saída ou a retirada dos conflitos do espaço público. Na condição de proletárias, elas se utilizam de um tempo que elas não têm para discutir, refletir e escrever. Essa relação "consigo", espaço-tempo de solidariedade, de construção subjetiva indispensável para seu posicionamento, busca constituir uma capacidade de conhecer, interpretar e intervir na realidade de opressão das diferentes classes (contanto apenas com suas próprias forças, segundo um outro leitmotiv da tradição revolucionária). É somente a partir de um posicionamento autônomo que o "todo" da exploração e da dominação pode ser reconstruído, pois as mulheres negras lésbicas, para organizar a própria libertação, são obrigadas a levar em consideração todas as relações de poder, diferentemente do operário, do homem negro e da mulher branca. "Em nossas sessões de conscientização [*consciousness-raising sessions*], por exemplo, fomos além das revelações que as mulheres brancas tiveram, e de diversas maneiras, pois abordamos tanto as implicações de raça e classe quanto as de sexo."

Essas mulheres vêm da experiência política (luta contra a Guerra do Vietnã, pelos direitos civis, lutas na Universidade etc.) e continuam a militar por conta própria. Elas rejeitam qualquer forma de separatismo, afirmando a autonomia e a independência necessárias das diferentes lutas de classes e das diferentes minorias dentro das classes. O separatismo lésbico "não é nem uma análise nem uma estratégia política viável para nós".

O separatismo lésbico seria contraditório com a estratégia do coletivo, que é lutar contra todas as opressões, pois assim se correria o risco de fazer da opressão de gênero o único objeto da luta, negando dessa maneira "todas as fontes da opressão das mulheres além da sexual, como as de classe e raça".

1.1. Classes e minorias

A declaração do Coletivo Combahee River é um avanço importante tanto para o marxismo quanto para as teorias da multiplicidade e das diferenças exprimidas pelo Pensamento 68. A elaboração da declaração do coletivo é paralela à construção das tentativas europeias para encontrar uma alternativa "à" *luta de classes* Capital-trabalho.

Deleuze e Guattari elaboram uma teoria das minorias que afirma o "devir minoritário de todo o mundo" separando-o das classes e da revolução, ao passo que para o Coletivo Combahee River as minorias não são exclusivas das classes. Esse ponto é particularmente importante e problemático. As feministas lésbicas do coletivo são certamente uma minoria, e até mesmo uma minoria de minoria, mas pensam e vivem suas relações existenciais, sexuais e políticas minoritárias dentro das *classes* e de seus *dualismos*.

As mulheres desse coletivo não descartam os dualismos de classe que caracterizam as realidades "econômicas", sexuais e raciais – diferentemente de Deleuze e Guattari, que se apressam em fazê-lo –, mas agem transversalmente por meio deles. Ao mesmo tempo que as feministas lésbicas criticam as oposições que as marginalizam, elas sabem que a luta contra o capitalismo, o patriarcado, a heterossexualidade e o racismo deve necessariamente passar pelas lutas geradas por esses dualismos, pois, ao contrário do que coloca a narrativa de certa sociologia complacente com o poder em vigor, estes não se tornaram líquidos.

A afirmação, pelas lutas do pós-guerra, da multiplicidade molar das classes vai em par com a afirmação da multiplicidade molecular. Essa dupla multiplicidade, que se tornou a condição da produção e reprodução tanto do poder quanto da revolução, é impossível de ser nomeada pelas teorias contemporâneas. A sociedade teria sido tornada "radicalmente heterogênea" (Hardt e Negri) pela ação das singularidades genericamente definidas, caracterizada por uma "proliferação das diferenças" (Laclau) igualmente genéricas, ao passo que a máquina Estado-capital consegue sempre polarizar essa multiplicidade, convertê-la em estratificação, em segmentos, em dualismos de classe, chamando essa política pelo seu nome: lutas de classes. Os movimentos políticos, por outro lado, não conseguem transformar essa multiplicidade qualificada (minorias e classes) em processo revolucionário pois a organização deste último requer uma reformulação do conceito marxiano de classe e do conceito de minoria (as mulheres, os racializados etc.). As classes estão contaminadas pelas modalidades de constituição e de funcionamento das minorias (elas devem se livrar da tendência a tornarem-se um modelo majoritário e hegemônico), enquanto essas últimas devem manter traços característicos da classe operária (sobretudo a radicalidade política, a capacidade de construir relações de força, de impor rupturas, de fazer guerra contra a máquina Estado-Capital, mesmo ela que seja "complementar" – no sentido de que pode ser conduzida sob a condição de criar algo além desse confronto). A ação política deve sustentar-se entre as características das classes e as das minorias, de tal modo que se poderia definir o sujeito imprevisto como um agenciamento de classe e minoria. Nem mesmo os operários são hoje uma classe no sentido marxista do termo, mas devem praticar uma estratégia política que inclua tanto ação molar (classe) quanto molecular (minorias). O mesmo vale para a classe das mulheres, porque ela é composta de uma multiplicidade de diferenças (ou de minorias): mulheres burguesas e proletárias, mulheres brancas e de cor, mulheres heterossexuais e lésbicas etc. Os negros, os árabes, os hispânicos e os indígenas têm ainda outras singularidades e se dividem em homens e mulheres, ricos e pobres, que se opõem e compõem a classe dos racializados. Essas multiplicidades não se distribuem segundo a relação maioria/minoria, mas segundo hierarquias e funções de classe

As classes contemporâneas afetadas pelas políticas e a organização das minorias não podem pretender tornar-se sujeitos revolucionários universais, tampouco constituir *uma subjetivação hegemônica* (*a revolução dos operários*, *a revolução das mulheres* e *a revolução dos racializados* são impossíveis). Os assujeitamentos, tal como as subjetivações, por serem múltiplos, neutralizam qualquer tentativa de construção de um sujeito majoritário. O declínio do partido e das modalidades de organização centralizadoras (e finalmente identitárias) do movimento operário está ligado à emergência dessas classes e minorias, que o marxismo considerava apenas como "contradições secundárias" subordinadas "à" luta (no singular) Capital-trabalho.

Os dualismos entre homem e mulher e entre brancos e não brancos impedem a reprodução de uma *simplificação* comparável ao confronto "final" entre capitalismos e operários, capaz de levar a hostilidade ao extremo (dualismo de poder). Essa simplificação não é mais realizável por uma única classe nas formas teorizadas pelo marxismo.

As classes, pela heterogeneidade de seus componentes, são organizações moventes de contornos instáveis, o que constitui ao mesmo tempo sua força e sua fraqueza. Apesar da relativa instabilidade, as divisões entre capital e trabalhadores, homens e mulheres e entre brancos e racializados são os focos a partir dos quais se dão as rupturas, as subjetivações, as organizações mais significativas, como se pode constatar nos ciclos de lutas que ocorreram por todo o planeta desde 2011.

As minorias e as classes não podem romper dualismos ("econômicos", de raça e de sexo) sem forjar alianças e coalisões com outras minorias e outras classes. A imbricação da opressão deve se converter na imbricação política da ruptura revolucionária, pois nem as mulheres, nem os racializados, nem os operários podem pensar em desenraizar seu modo de exploração e de dominação deixando os outros intactos.

1.2. Negação e afirmação

Os movimentos revolucionários contemporâneos assumem características tanto das classes quanto das minorias. Reunir comportamentos e estratégias aparentemente contraditórios (classes e minorias, afirmação e negação, destruição e criação) é o desafio do presente.

A multiplicidade molecular não conhece oposições agudas ou contradições, ao passo que a multiplicidade molar é estruturada pelo negativo em oposições "grosseiras" que, assim definidas por Deleuze por não terem as "nuances" da "diferença", constituem "oposições reais"[5] não dialéticas. A capacidade das máquinas de poder de impor continuamente explorações e dominações demanda a invenção de uma nova negatividade como momento necessário da afirmação, uma nova potência de negação não dialética. Não há criação sem destruição mais ou menos violenta da relação (essa que institui os termos de dominante e dominado, explorador e explorado). Não há linha de fuga sem a ruptura política dos dualismos (homem e mulher etc.). Não há conversão de micropolítica em macropolítica sem *oposições reais*.

O desaparecimento da revolução nas teorias políticas pós-68 é contemporâneo do florescimento dos conceitos e ação política exclusivamente afirmativa, criativa, produtiva, positiva. O trabalhador cognitivo, sujeito da revolução, concebido hoje por Negri como encarnação da ontologia espinosista, seria capaz de uma ação que não conhece o negativo. "Pressentindo o pior, Marx replicou que o homem que não possui outra propriedade que a sua força de trabalho está condenado a ser 'o escravo de outros homens, que se tornaram... proprietários.'"[6]

Essa objeção de Walter Benjamin à social-democracia alemã é ainda válida. O trabalhador contemporâneo, em vez de

---

5   Deleuze critica as oposições dialéticas hegelianas, mas parece ignorar as "grandezas negativas" kantianas. Segundo Kant, na "oposição real", ao contrário da "oposição lógica", que implica a contradição, todas as forças são positivas (uma força não é o contrário da outra, como na dialética hegeliana e marxista). A dívida, exemplo do próprio Kant, é uma "grandeza negativa" que tem uma ação absolutamente positiva. Marx, no terceiro livro do *Capital*, a define também como uma "grandeza negativa" que o banqueiro faz funcionar como uma mercadoria (comprada e vendida como qualquer outra mercadoria), e portanto como uma força positiva. O capitalismo contemporâneo é todo construído sobre a ação dessas grandezas negativas que nada têm de dialéticas. Os conflitos das classes dizem respeito a forças absolutamente positivas que se opõem.

6   Walter Benjamin, "Sobre o conceito da história", *Magia e técnica, arte e política: Ensaios sobre literatura e história da cultura* (Obras escolhidas, vol. 1). Trad. Sergio Paulo Rouanet. São Paulo: Brasiliense, 1987, p. 227.

ter alcançado autonomia e independência do capital, continua preso no negativo de uma exploração que se reapropriou, com juros e correção, de tudo que foi obrigada a conceder sob a ameaça das revoluções.

O processo de liberação, seu "fazer-se" processual e a invenção dos modos de vida e das subjetividades retomaram a dinâmica afirmativa a partir das rupturas insurrecionais, das mobilizações que empregam a força, dos levantes que atacam de frente as máquinas de poder (da África do Norte à América do Sul).

Ao pressupor uma *dupla negação não dialética*, uma negação que precede a afirmação e uma negação que a segue, a política de afirmação do Coletivo Combahee River é, a esse respeito, exemplar. A multiplicidade das relações de poder "imbricadas" umas nas outras é apreendida de um ponto de vista que, primeiramente, diz "não" ao movimento antirracista, ao movimento feminista e ao movimento socialista e seus modos de fazer política, de se organizar. Em cada uma de suas organizações, as signatárias da declaração se sentem isoladas, marginalizadas. Mesmo assim, elas dizem não ao sexismo dos homens negros, mas não deixam de ser solidárias na luta contra o racismo; dizem não ao racismo das feministas brancas, mas não deixam de ser feministas; e, não deixando de ser socialistas, elas criticam as práticas do movimento operário, que as marginaliza da mesma maneira que são "marginalizadas na força de trabalho" pelos capitalistas.

Essa negação é a primeira condição de sua afirmação. Elas transformam aquilo que as "diferencia" de outros oprimidos em "oposições" e se afirmam ao se opor, retirando toda a autonomia da negação e subordinando-a à afirmação. A condição para a coordenação e a união política é "reconhecer essas divisões" que atravessam as classes e as minorias (um operário subordinado à organização do trabalho pode exercer um poder sobre uma mulher, uma mulher branca sofre do poder dos homens brancos, mas certamente goza de privilégios sobre os homens e mulheres negras etc.) e "tomar as medidas necessárias para sua eliminação", diz bell hooks, também feminista negra e lésbica. Para se ter consciência dos mecanismos de dominação e combatê-los, é indispensável compreender a existência das divisões que atravessam o proletariado.

É preciso saber reconhecer "o inimigo interior" e confrontá-lo. Essa definição da necessidade de se medir no negativo vem de bell hooks, que traz uma problematização quanto à "sororidade" com as mulheres brancas dentro do movimento feminista. Essa definição de "inimigo" pode e deve ser estendida às outras relações de poder.

A afirmação necessita de uma segunda negação para que a afirmação possa se desdobrar e ganhar consistência. A declaração expressa a necessidade de destruir o capitalismo e todas as relações de exploração e de dominação que ele veicula. Depois de reconhecer as oposições e divisões entre os dominados e de romper com os assujeitamentos, é preciso, a partir desse reconhecimento e dessa ruptura, construir uma aliança com aquilo que se criticou. As oposições que definem os diferentes inimigos internos devem se converter numa coalisão contra o inimigo exterior e comum. "Temos consciência de que a libertação de todos os oprimidos requer a destruição dos sistemas político-econômicos capitalistas e imperialistas, assim como do patriarcado."

Para tanto, os movimentos políticos contemporâneos devem necessariamente atualizar e repetir as experiências das classes revolucionárias dos séculos XIX e XX.

1.3. A subjetivação política do Coletivo Combahee River

A experiência do Coletivo Combahee River pode nos fornecer alguns ensinamentos, sobretudo quanto ao processo de subjetivação política. O processo de subjetivação desse coletivo se dá primeiramente por uma ruptura que cria as condições para experimentar técnicas que interrogam as relações entre mulheres (a "autoconsciência", que é menos uma tomada de consciência que uma experimentação de maneiras de sentir, viver e agir). Essa experiência não pode se encerrar em si mesma, como acredita Carla Lonzi.[7] Para que se dê essa transformação, a "relação consigo" elaborada no coletivo é bastante insuficiente, uma vez que as militantes são ao mesmo tempo mulheres, lésbicas, negras e proletárias. O processo de transformação de si não pode ser levado a termo sem que as relações raciais e as relações de exploração econômicas sejam afetadas por mudanças semelhantes.

O processo de subjetivação não pode se definir somente como "relação consigo". Ele deve também ser uma ação estratégica, pois se desenvolve em meio a um mar de conflitos, de relações de comando e obediência, de dominação e de exploração. A transformação tanto de suas próprias subjetividades quanto a dos outros explorados e dominados não poderá acontecer sem um confronto/aliança entre classes e minorias numa luta radical contra o inimigo comum. A afirmação dos "bens comuns", que parece ser a única política possível e concebível hoje, pressupõe o estabelecimento de uma relação de forças com o inimigo comum e sua derrota, caso contrário o "comum" continuará sendo apenas uma boa intenção.

A ética da relação consigo deve se articular com as guerras de classes. As práticas de liberdade (a autoconsciência e a criação de novas possibilidades de vida) são inseparáveis das lutas de libertação (revolução). Devir e revolução estão intimamente ligados.

[7] O feminismo italiano da diferença radicaliza a posição de Lonzi: "Trabalhamos exclusivamente pela liberdade feminina, que é a única coisa que pode constituir um objetivo comum a todas as mulheres e, portanto, a razão de uma política das mulheres", escreve Luisa Muraro. Um programa como o do Coletivo Combahee River é inconcebível sob essa perspectiva. Esse feminismo do simbólico nunca poderá elaborar uma teoria do racismo ou uma teoria geral da exploração tal como fez o feminismo materialista.

O domínio da experimentação do Coletivo Combahee River e do feminismo em geral é tanto o da vida quotidiana, da micropolítica (ou da microfísica do poder), quanto o da luta macropolítica revolucionária – o que significa também uma estratégia conjunta, mas não de identificação, de "classe" e de "minoria".

A divisão entre vida privada e espaço político público é desestruturada por uma politização das relações "pessoais", normalmente relegadas a uma dimensão pré-política. A "estatização do biológico" operada pela biopolítica é remodelada por uma ação que não apenas reivindica direitos, mas discute os papéis e funções impostos à classe das mulheres. A crítica da vida cotidiana, que era ainda uma abstração entre os situacionistas, mina a hegemonia da classe dos homens e o exercício de poder do Estado. A produção de novas possibilidades de vida provém da indeterminação e da atmosfera mística, ascética, "clandestina" com a qual a filosofia contemporânea a envolve.[8]

1.4. O sujeito imprevisto

As classes e as minorias não podem ser o fruto dos processos de subjetivação, uma vez que elas podem, no máximo, desestruturar as máquinas dualistas do poder, mas não visar superá-las.

---

[8] Em 1984, Foucault ainda não havia incluído os movimentos feministas na análise da "vida militante, compreendendo o niilismo, o anarquismo, o terrorismo, o socialismo e o comunismo". No entanto, a força desses movimentos reside na junção, operada rigorosamente, da ação política e das "formas de vida" em ruptura com as convenções, os hábitos, os valores da sociedade. Giorgio Agamben, como sempre, exaspera os limites foucaultianos ao desejar uma ética dobrada sobre ela mesma, capaz de prescindir dos conflitos. A potência de destituição é a possibilidade "de uma zona da ética totalmente subtraída às relações estratégicas, de um Ingovernável que se situa além tanto dos estados de dominação quanto das relações de poder" (*O uso dos corpos*, Homo Sacer IV, 2. Trad. Selvino J. Assmann. São Paulo: Boitempo, 2017, p. 133). Mesmo que um filósofo consiga chegar a pensar uma ética sem conflito político, é mais difícil compreender os "militantes" que querem fundar uma política sobre essa despolitização radical.

Elas são marcos, momentos de um processo de organização que, utilizando-nos da terminologia de Lonzi, chamamos de "sujeito imprevisto", pois ele não preexiste a sua ação. A possível "unificação" das classes e das minorias numa luta contra o inimigo exterior nada tem de necessário; ela não se baseia, diferentemente da luta contra os assujeitamentos, numa "comunidade" de interesses, de pertencimentos, de condições socioeconômicas.

O "sujeito imprevisto" indica novas dinâmicas ao processo revolucionário: não se trata de reencontrar "nossa identidade perdida", tampouco de libertar uma suposta natureza aprisionada nas malhas do poder por essas mesmas malhas do poder.[9]

No confronto contra a máquina de guerra Capital-Estado, as classes e as minorias devem exibir a determinação, a força ofensiva destruidora das dominações e explorações que foi da classe operária, e construir sua própria máquina de guerra passando necessariamente pela negação.

O *novo problema é articular minorias e classes em vez de separá-las, construindo lutas ao mesmo tempo de classes e de minorias* – um problema que parece caracterizar as insurgências que pontuam o planeta desde 2011.

Nos últimos cinquenta anos, os movimentos políticos produziram alguns avanços e enormes recuos. Nessas experiências, parece faltar a obsessão dos antigos revolucionários, nomeadamente a destruição da máquina capitalista e estatal e os instrumentos para a sua realização (organização, uso da

---

9 "Giramos aí em torno de uma frase de Marx: o homem produz o homem. Como entendê-la? Para mim, o que deve ser produzido não é o homem [...]; temos de produzir alguma coisa que ainda não existe e que não podemos saber o que será. Quanto à palavra 'produzir', [...] é bem a destruição do que somos e a criação de uma coisa totalmente outra, de total inovação." Michel Foucault, "Conversa com Michel Foucault" (1980), *Repensar a política*. Trad. Ana Lúcia Paranhos Pessoa. Rio de Janeiro: Forense Universitária: 2010, p. 325 (Ditos e escritos; VI). No entanto o "nós" que deve levar à destruição e à criação permanece indeterminado, como sempre, em Foucault.

força, tomada de poder etc.), como se a revolução política não fizesse parte dos objetivos das lutas. Essa ausência determina uma fraqueza constitutiva desses movimentos.

O processo de subjetivação política não é exclusivamente pacífico, tampouco unilateralmente "positivo". Félix Guattari[10] define esse processo como uma "guerra de subjetividade". Na tradição do movimento operário, ela tinha um objetivo principal: impor a hegemonia de uma hipótese política e subjetiva no seio do proletariado para combater e derrotar o inimigo exterior. Os meios e as modalidades da organização e do ataque contra a máquina Capital-Estado constituíam a estratégia a ser imposta.

As guerras de subjetividade contemporâneas parecem ter um objetivo um tanto precário, pois elas consistem em lutas contra os privilégios "econômicos" e de poder dentro do proletariado. As posições majoritárias no seio dos movimentos parecem ter como objetivo principal o *reconhecimento* e a *integração* das minorias (o que o feminismo de Lonzi definia como "concessão" dos dominantes aos dominados, uma vez que isso não implica qualquer afirmação autônoma destes), a conquista de "direitos" (a igualdade civil e política é "o que se oferece aos colonizados no plano das leis", ainda segundo Lonzi), a construção de formas de vida e de "artes do viver" – acompanhada da ilusão de que se poderia fazer tudo isso sem atacar a máquina que produz as dominações e as explorações.

10   "Não é possível compreender a história do movimento operário se recusarmos enxergar que certas instituições do movimento operário produziram novos tipos de subjetividade [...]. Certo tipo de operário da Comuna se tornou de tal modo 'mutante' que não houve outra solução para a burguesia além de exterminá-lo. [...] A história nos propõe verdadeiras guerras de subjetividade. [...] Por exemplo, Lênin se questionou explicitamente quanto à invenção de um novo modo de subjetividade militante que se diferenciasse da subjetividade social-democrática integrada ao capitalismo." Félix Guattari, *Pratique de l'institutionnel et politique* (com Jean Oury e François Tosquelles). Paris: Matrice, 2001.

Com as categorias de bell hooks, é possível dizer que os movimentos políticos do pós-68 implementaram práticas e dispositivos novos e eficazes para lutar contra os "inimigos internos" (que têm a particularidade de serem ao mesmo tempo aliados potenciais e necessários) e parecem ter abandonado a problematização da derrota dos "inimigos externos" e a destruição das relações de poder que eles impõem.

Os movimentos adquiriram uma visão menos mítica e mais realista das subjetivações revolucionárias. As subjetividades que lutam contra o capitalismo, o racismo e o sexismo são revolucionárias sob certos aspectos e reacionárias sob outros. Essas subjetividades fazem parte ao mesmo tempo do problema e de sua solução. Elas revelaram o funcionamento do poder que se reproduz passando igualmente pelos dominados (mas de uma maneira que foge à indeterminação pela qual Foucault descreve a "microfísica do poder"; Deleuze e Guattari, a "micropolítica"; e Negri, as singularidades da Multidão). Elas construíram, sem nunca teorizá-lo de verdade, praticamente todo um novo conceito de classe e de lutas de classes atravessadas pelas minorias, mas parecem continuar a opor classes e minorias.

Os movimentos que animam as lutas no Sul global estão atualmente modificando essa constatação. O movimento feminista sulamericano, principalmente, articula política de minorias e políticas de classe de maneira bastante original, e o movimento zapatista, cuja experiência não soube ou não pode se alastrar, construiu uma máquina de guerra capaz de mobilizar tal experiência contra o Estado, tendo como único objetivo a guerra. Embora as insurgências dos dois ciclos de lutas de 2011 e 2019-2020 tenham exprimido espontaneamente a nova natureza desse conflito simultaneamente molar e molecular, elas apenas criaram as condições de uma revolução possível, da constituição de um sujeito imprevisto.

Um amigo chileno disse certa vez: "A revolta ativou uma grande potência crítica. Seu caráter foi fundamentalmente político. Basicamente, uma produção desejante." Da mesma maneira, os agentes da contrarrevolução colombiana definiram as revoltas que abalaram o país como uma "revolução molecular dissipativa".

O inventor do conceito tinha plena consciência dos limites da ação política exclusivamente centrada na micropolítica. Até suas últimas entrevistas, Guattari tentava unir as duas revoluções (micro e macro), incluindo até mesmo – e esse é um fato notável – o Sul global, que, destinado a nelas desempenhar um papel estratégico, jamais reencontrou a radicalidade política que tinha nos anos 1960.

"Eu espero, num sonho utópico, que meios de recomposição da subjetividade nos cheguem do Sul, que conservou focos de heterogênese subjetiva muito mais intensos [...]. Talvez de lá nos cheguem também recomposições mais ideológicas, mais militantes, para infletir as relações de força, para transformar as relações internacionais, para criar outras vias de resolução e não somente conflitos econômicos."[11]

Precisamos dar novamente um conteúdo de ruptura revolucionária a essas "recomposições mais ideológicas, mais militantes", pois à medida que nos afastamos de 1968, o "corte leninista" que Guattari havia problematizado se transforma em "corte estético" (novo paradigma estético) e o processo revolucionário, em processo criativo, incapazes de se opor à iniciativa da máquina de guerra Estado-Capital.

A revolução por vir será uma continuidade e uma ruptura com a tradição dos séculos XIX e XX. A nova natureza dos conflitos e a articulação entre minorias e classes trazem à tona os

---

11   Félix Guattari, *Qu'est-ce que l'écosophie*. Paris: Lignes/Imec, 2013, p. 460.

limites de uma revolução exclusivamente política – simultaneamente necessária e insuficiente, indispensável e parcial.

A revolução não poderá mais ser global, como pretendiam os socialistas, no sentido de que a libertação dos trabalhadores libertaria todos os dominados, porque a emergência dos movimentos das mulheres nos ensinou que, para elas, como para outras minorias, os problemas não começam nem acabam com o capitalismo. O modo de produção doméstico não beneficia apenas o capital, mas também os homens (como classe). Da mesma maneira, o modo de produção neocolonial (a colonialidade do poder) tampouco beneficia somente o Capital, mas também os brancos (como classe). Opressão e exploração não são exclusivamente capitalistas. O mesmo poderia ser dito quanto às questões ecológicas: embora elas certamente tenham origem no capitalismo, e este continue sendo a causa desses problemas, o fim deste não solucionará automaticamente os desastres acumulados pela máquina capitalista.

A "revolução" anticapitalista é necessária porque a força dessa máquina reside em sua capacidade de fazer funcionarem juntas relações de poder heterogêneas, mas atacar o capitalismo não esgota todas as modalidades de exploração e de dominação, por isso é necessário manter e desenvolver formas de organização autônomas simultaneamente convergentes e divergentes à "revolução contra o capital".

O problema que levou ao fracasso da "revolução mundial", ou seja, a multiplicidade das lutas de classes, é perfeitamente tematizado pelo Coletivo Combahee River. Essa "consciência" das novas condições da ruptura surgiu no fim do ciclo das revoluções do século XX, quando a contrarrevolução já estava em curso e, nos Estados Unidos, os movimentos foram fortemente reprimidos a partir do fim dos anos 1960 (como os assassinatos de dirigentes e militantes, sobretudo dos movimentos negros).

Essas análises não serão retomadas e desenvolvidas pelos movimentos feministas da terceira onda. As lutas de classes desaparecerão sob um construtivismo das sexualidades, uma proliferação das minorias e das diferenças que deseja romper com o dualismo a partir unicamente de sua própria opressão singular e específica.

1.5. Agenciamento coletivo de enunciação versus performativo

Encontramos as guerras da subjetividade e seu lado negativo na crítica do performativo do Foucault tardio. O movimento feminista produziu conceitos notáveis, mas também impasses teóricos. O programa político de Judith Butler, repensar o performativo para se apropriar da "promessa política de emancipação" que ele esconderia, é mais que problemático. Por outro lado, a potência da enunciação coletiva das feministas do Coletivo Combahee River pode ser medida pelo critério do conceito foucaultiano de *parresía* ("exprimir sua opinião numa ordem de coisas que interessam a cidade").[12]

A ruptura política determinada por aquele que, vindo do interior das batalhas que atravessam nossas sociedades, tal como o coletivo mencionado, se ergue e toma a palavra para "dizer-a-verdade" (ele "dá sua opinião, diz o que pensa, ele próprio de certo modo assina embaixo da verdade que enuncia")[13] constitui "uma forma de enunciação exatamente inversa"[14] do performativo.

O performativo exclui de saída o negativo, o conflito, a guerra, a hostilidade implicada pela *parresía*. "Dizer-a-verdade", como

---

12   Michel Foucault, *A Coragem da Verdade*. Trad. Eduardo Brandão. São Paulo: WMF Martins Fontes, 2011, p. 31.
13   Ibid., pp. 11-12.
14   Michel Foucault, *O Governo de Si e dos Outros*. Trad. Eduardo Brandão. São Paulo: WMF Martins Fontes, 2010, p. 59.

faz o Coletivo Combahee River quando diz que há relações de subordinação e hierarquias entre os oprimidos, é, segundo Foucault, assumir "os riscos da hostilidade, da guerra, do ódio e da morte", assumir "o risco de entrar em guerra com os outros". A enunciação de uma verdade instaura "o risco de ferir o outro, de irritá-lo, de deixá-lo com raiva e de suscitar de sua parte algumas condutas que podem ir até a mais extrema violência".[15]

A declaração do Coletivo Combahee River é uma ruptura em relação às significações dominantes, um "acontecimento irruptivo" que cria uma "fratura" ao criar novos possíveis e um novo "campo de perigos". O performativo, pelo contrário, está sempre mais ou menos estritamente institucionalizado de modo que tanto suas "condições" quanto seus "efeitos" são constitutivos da ordem do discurso dominante. A partir dele, é impossível produzir qualquer ruptura na designação dos papéis e na distribuição dos direitos à palavra. Não há invenção e transformação do sujeito no performativo.[16]

O Coletivo Combahee River é um agenciamento coletivo de enunciação, a outra face do agenciamento dos corpos, que se engaja numa batalha política correndo o risco do negativo por sua própria afirmação.

O performativo codifica as enunciações, os enunciados e seus efeitos, institucionalizando locutores e ouvintes, seus respectivos papéis ou status e o espaço público de sua ação. Os "sujeitos" que se manifestam no performativo, em vez de assumir o risco de dizer-a-verdade comprometendo-se "pessoalmente", lançam sua fala e sua subjetividade em moldes subjetivos previstos pelas condições da ordem do discurso.

15 Michel Foucault, *A Coragem da Verdade*, op. cit., pp. 24; 25; 12.
16 A *parresía* cria uma situação imprevisível. Ela "não produz um efeito codificado, ela abre um risco indeterminado" (*O Governo de Si e dos Outros*, p. 60). Inversamente, as condições e os efeitos da enunciação performativa são repetições de efeitos previsíveis.

O "estatuto do sujeito" é indispensável para a efetuação de um enunciado performativo, mas, se eu batizo alguém, por exemplo, a única coisa necessária é a "função do padre", e pouco importa se eu creio ou não em Deus. O que faz das palavras "me desculpe" um performativo é o fato de eu o dizer, se estou sendo sincero ou não é totalmente irrelevante. Em outras palavras, o "ritual" performativo implica e envolve unicamente o sujeito, ao passo que o dizer-a-verdade estabelece um "pacto do sujeito que fala consigo mesmo" e um pacto com os outros, aqueles a quem a enunciação se dirige. "Ele diz que pensa efetivamente essa verdade, e nisso se liga" tanto ao conteúdo do enunciado quanto ao próprio ato de enunciação e aos outros que solicita, assumindo todos os riscos e todas as consequências desse dizer. Essa fala é o próprio espaço da constituição de si e dos outros, de sua relação. A enunciação da *parresía* afeta antes o sujeito enunciador, produzindo uma transformação de seu estado. "Essa retroação, que faz que o acontecimento do enunciado afete o modo de ser do sujeito [...], pois bem, é isso, a meu ver, que caracteriza um outro tipo de fatos de discurso totalmente diferentes dos da pragmática."[17]

2. A catástrofe

Os conflitos de classes e a infinita acumulação monetária são as causas primeiras das crises do capitalismo. Conhecemos a natureza dessas crises ou, pelo menos, sabemos nos orientar entre seus efeitos. Conflitos e crises estão tanto na origem da dinâmica do capitalismo quanto na das rupturas revolucionárias.

Há um século, surgiu algo novo que não se refere diretamente nem à crise nem ao conflito: a catástrofe. O capitalismo secreta catástrofes ecológicas, sanitárias, climáticas, industriais,

---

17 Michel Foucault, *O Governo de Si e dos Outros*, op. cit., p. 66.

políticas (os velhos e novos fascismos e o colonialismo) que têm uma radicalidade totalmente diferente das crises e conflitos históricos do capitalismo.

As teorias do Antropoceno e do Capitaloceno fixaram diferentes datas em que as condições de vida no planeta começaram a se degradar: a conquista da América, a invenção da máquina a vapor, a grande aceleração a partir do fim da Segunda Guerra Mundial etc. Mas o que parece ser realmente decisivo é apreender o momento em que o conceito de destruição contido no conceito de capital se realiza plenamente, transformando-se em potência de autodestruição.

Durante a Primeira Guerra Mundial manifesta-se o desdobramento completo da natureza catastrófica, destrutiva e autodestrutiva, do capitalismo, que não foi suficientemente pensado porque há uma recusa em se pensar a guerra ("é perigoso", disseram os pós-operaístas após a publicação de *Guerras e capital!*).[18] A Primeira Guerra Mundial é a ocasião da constituição de uma máquina que integra de maneira simbiótica o Capital, o Estado, a sociedade, a ciência, a técnica

---

18 [...]Enquanto os pós-operaístas se estarrecem com o conceito de guerra, a mobilização neoliberal se baseia na "mobilização total" organizada pela Primeira Guerra Mundial. Para Ernst Jünger, trata-se menos de uma "ação armada" que de um "gigantesco processo de trabalho". A guerra amplia à sociedade uma organização da produção que dizia respeito a apenas um número bastante restrito de empresas. "Os Estados se transformaram em gigantescas usinas capazes de produzir exércitos em cadeia para enviá-los, dia e noite, ao front, onde um processo sangrento de consumo completamente mecanizado desempenhava o papel do consumidor [...]. Ao lado dos exércitos que lutam nos campos de batalha, surgem exércitos de um novo tipo, o exército do transporte, da logística, o exército da indústria de armas, o exército do trabalho." Toda forma de atividade, "até mesmo a de um trabalhador doméstico na máquina de costura", é destinada à economia de guerra e participa da mobilização total. Após 1914, nenhum conceito de trabalho, incluindo o *General Intellect*, pode prescindir da guerra (e a mobilização total), a qual, portanto, deve ser incorporada ao conceito de Capital, apesar de Marx e os marxistas.

e o trabalho na destruição. A guerra manifesta a enorme produtividade dessa máquina integrada. Keynes dizia que somente a guerra podia verificar a pertinência de seu sistema econômico, pois ela teria levado aos limites as capacidades produtivas. Keynes, no entanto, não parece se dar conta do que enuncia, pois essa enorme *produtividade se destina à destruição*. Com a Primeira Guerra Mundial, produção e destruição coincidem perfeitamente, *toda aceleração da produtividade é aceleração da capacidade de destruição. Toda inovação técnica e científica é inovação para a destruição*.

O esforço "produtivo" para a guerra mobiliza o trabalho da sociedade como um todo, enquanto o Estado se encarrega diretamente da organização da ciência e da técnica impondo-lhes uma organização do trabalho que levará à bomba atômica em Hiroshima e Nagasaki. Nessa ocasião, afirma-se o domínio da *burocracia armada* (o Pentágono e o exército americano) sobre a "liberdade" e a "autonomia" da ciência, que perdurará até nossos dias.

O marxismo, sempre obcecado com a produção, não foi capaz de analisar as rupturas operadas pelas guerras, quando na verdade a produção atinge seu máximo justamente na produção bélica, produção para a destruição, quando Estado, Capital, ciência e trabalho (social) se unem para aniquilar.

O capitalismo não é um modo de produção sem ser ao mesmo tempo um modo de destruição e de autodestruição.

O lado destruidor que o Capital manifesta a cada crise é o sintoma de uma autodestruição que o espreita e que se espalha, ameaçando transformar-se em catástrofe quando a máquina (Capital-Estado-ciência-trabalho) passa a funcionar a pleno vapor.

A destruição é uma condição da produção, ao passo que o consumo deve reduzir a mercadoria a nada o mais rápido possível. O Capital, antes de criar mercadorias, deve criar necessidades, mas ambas devem se renovar (se destruir) cada vez mais rapidamente. A aniquilação das mercadorias, isto é, a ação de transformá-las em "nada", deve ser continuamente abreviada para permitir a reprodução acelerada do Capital (a publicidade e a moda produzem incessantemente novidades que as empurram de modo cada vez mais rápido em direção ao próprio fim). Uma aniquilação completa, no entanto, nunca acontece, pois sempre resta alguma coisa: nosso mundo não é apenas uma imensa acumulação de mercadorias, mas também de resíduos. A obsolescência programada de todas as mercadorias não é uma fraude, mas a consequência imediata dessa lógica. O capitalismo é um niilismo integral que manifesta toda a sua potência destrutiva e autodestrutiva nas crises.

A cada crise o capitalismo é forçado a destruir não apenas as mercadorias, por meio do consumo, mas todas as forças produtivas por ele mesmo suscitadas, para então produzir outras de desempenho ainda melhor que, por sua vez, deverão ser destruídas para produzir outras novamente ainda melhores, e assim por diante... Ao infinito? Não! Quando o ritmo da sucessão de produção-destruição e produção ampliada-destruição ampliada é acelerado, chega-se à identidade e à reversibilidade dos dois termos. A crise contínua em que a máquina está emperrada há cinquenta anos corresponde à identidade de produção/destruição que anima em seu cerne a ameaça de todas as catástrofes em curso e por vir. Em vez de celebrar Schumpeter e a fórmula por ele criada, é preciso considerar que o mecanismo da destruição criadora resulta na autodestruição da humanidade (e de parte das outras espécies). Com a catástrofe, a destruição, de relativa, torna-se absoluta.

Os homens são mortais individualmente, mas, com o capitalismo, a humanidade, única civilização a introduzir essa novidade absoluta, se torna mortal. Günther Anders disse essas palavras a respeito da violência concentrada da bomba atômica, mas essa afirmação é hoje ainda mais válida a respeito da "violência difusa" do aquecimento global, da poluição etc. O progresso é um progresso rumo ao desastre da extinção, agora possível.

O mundo que nos é dado pelo Capital é um mundo cansado, doente, infectado. Um futuro sombrio encobre uma subjetividade ela mesma esgotada, resignada, que percebe a autodestruição do capitalismo como a possibilidade mais próxima, mais real.

Trata-se do fim definitivo da ideia de progresso, mas sobretudo do fim da oposição marxiana entre forças produtivas e relações de produção. Será que essa oposição, "válida" antes da Primeira Guerra Mundial, ainda teria sentido hoje?

As guerras totais e a aceleração conjunta da ação do Capital, do Estado, da ciência/técnica e do trabalho tornaram inoperante a oposição marxiana, pois as *forças produtivas* são também *forças destrutivas*. No século XIX, o trabalho e sua cooperação, a ciência e a técnica pareciam constituir uma potência de criação aprisionada pelos modos de produção. Era necessário libertá-las do domínio desses modos de produção para que as forças produtivas pudessem desenvolver suas potências limitadas pelo lucro, pela propriedade privada, pelas hierarquias de classes.

Com as guerras totais, surge algo inconcebível tanto por Hegel quanto por Marx. Na economia de guerra, todo ato de trabalho, em vez de ser, como na *Fenomenologia do Espírito*, transformação do mundo e formação da consciência, se manifesta como destruição do mundo e desestruturação da subjetividade.

Após as guerras mundiais, é legítimo perguntar-se se o conceito de "trabalho" não é muito diferente do conceito de trabalho criado pelo idealismo alemão, retomado e transformado por Marx.

De maneira ainda mais profunda, são questionados os conceitos de identidade do ser e de potência, do ser e da produção, do ser e da construção do mundo – conceitos legados pela filosofia desde o Renascimento. A potência se revela também potência de destruição absoluta.

Depois de Benjamin, Günther Anders, outro judeu profundamente afetado pelas guerras totais e a exterminação nazista, deduz os limites do conceito de trabalho da economia política e do marxismo. Essas duas teorias têm uma visão diferente mas enantiomórfica do trabalho, fator de produção para uma, fonte "viva" de criação para a outra.

A origem das catástrofes não deve ser procurada no comportamento da humanidade (Antropoceno), ela se esconde na *indiferença* do produtor àquilo que ele produz e na *indiferença* do consumidor àquilo que ele consome. Esse conceito de *indiferença*, já presente na análise marxiana do Capital, assume uma importância decisiva a partir das guerras industriais.

Para qualquer empreendedor, é absolutamente "indiferente" produzir automóveis, iogurte, eventos esportivos, imóveis ou a saúde da população. Essa indiferença quanto ao conteúdo e às finalidades da produção ("indiferença ao produto") repercute no trabalho que, como "capital variável", é uma componente do Capital. A empresa capitalista estabelece uma separação estanque entre *produção* e *produto*: "O estatuto moral do produto (o estatuto do gás tóxico ou da bomba nuclear) em nada prejudica a moralidade do trabalhador que participa na produção." É psicologicamente inconcebível "que o produto em cuja fabricação se trabalha, por repugnante que seja, possa contaminar o trabalho em si". O trabalho, tal como o dinheiro, que é sua condição, "não tem cheiro". "Nenhum trabalho pode ser moralmente desacreditado por sua finalidade."

As finalidades da produção não devem envolver de maneira alguma o trabalhador, pois o trabalho – e "essa é uma das características mais funestas de nossa época" – deve ser considerado "moralmente neutro [...]. Qualquer que seja o trabalho que se faça, o produto desse trabalho está sempre além do bem e do mal".[19]

A catástrofe (ecológica, sanitária, política) manifesta os limites desse conceito de trabalho.

A mesma indiferença caracteriza o consumidor que deve se limitar a comprar as mercadorias sem se perguntar quanto às modalidades de fabricação do produto que está comprando (exploração de operários, de crianças, processos poluentes de fabricação etc.) ou quanto às consequências que a fabricação e o consumo de tais produtos geram no planeta (desmatamento, destruição de ecossistemas etc.). O consumo também "não tem cheiro", pois, tal como o trabalho, ele na verdade serve apenas para produzir dinheiro.

O niilismo é essa própria dupla indiferença! As categorias econômicas mais banais se caracterizam pela indiferença. O "crescimento" é um exemplo pragmático, mas o "desenvolvimento" e o cálculo do "PIB" são outros, e assim por diante.

Se, quando Anders escreveu, a amoralidade do trabalho dizia respeito à participação em determinadas produções – a participação na fabricação de armas ou em processos poluentes (ou, pior ainda, na produção química ligada à exterminação dos judeus) –, hoje *toda produção e toda mercadoria consumida* participam de uma maneira ou de outra da "destruição" do planeta. Praticamente toda e qualquer produção e todo e qualquer consumo alimentam a catástrofe. Nas condições do capitalismo contemporâneo, a aceleração da produção e do consumo significa o aumento da possibilidade (e agora da realidade) da extinção.

Os proponentes da grande aceleração dos Trinta Anos Gloriosos fixam uma data em que se origina o desastre, mas nada

---

19   Günther Anders, *L'Obsolescence de l'homme*. Paris: Éditions de l'Encyclopédie des nuisances, 2002, p. 322.

dizem dos "sujeitos" que o fabricaram. A responsabilidade é sempre remetida à ação da humanidade em geral.

No pós-guerra, a lógica da indiferença foi abertamente assumida pelos sindicados e pelo movimento operário. Para o Capital, a indiferença quanto ao produto exprime sua natureza, mas o caso é totalmente diferente para os trabalhadores e suas organizações. Assumir os princípios que regulam o funcionamento do inimigo político é a expressão de uma profunda derrota política. Aceita-se a indiferença ao produto em troca de um emprego, de uma participação nos ganhos de produtividade e de uma melhoria das condições de trabalho. Os sindicados e o movimento operário fizeram o "juramento secreto" de "não ver ou não saber o que [seu trabalho] fazia", de "não levar em consideração sua finalidade".

O movimento operário aceitou a lógica da indiferença que existe no coração da "produção pela produção" em troca de emprego, de salário, de renda – e morreu disso, deixando-nos como legado um cenário de devastação.

A indiferença não é uma característica psicológica, mas estrutural da subjetividade capitalista ocidental. A indiferença que se manifesta hoje quanto ao destino reservado ao planeta é exatamente a mesma reservada aos imigrantes, pobres e oprimidos. Indiferença sempre pronta a converter-se em ódio racial, as duas são faces da mesma moeda.

Os limites da ecologia política residem na dificuldade em se definir o funcionamento do capitalismo e na impossibilidade de se nomearem os sujeitos que animam sua luta. No capitalismo, os indivíduos são tanto "cúmplices" a contragosto da destruição, uma vez que a produzem quando trabalham e consomem, quanto vítimas da exploração e da dominação, uma vez que são forçados a produzir a catástrofe. A única alternativa é romper esses laços de subordinação que objetivamente nos tornam cúmplices de tal processo e abandonar a cena dessas relações de trabalho e de consumo, ou, em outras palavras, levar a cabo a recusa do trabalho e do consumo.

A luta "ecológica" deve assumir a forma da recusa e da ruptura, pois o que é dado é a dupla natureza do trabalho contemporâneo: *o trabalho como potência de criação e o trabalho como força de destruição absoluta*. Hoje o trabalho como "capital variável", ou seja, como componente do capital, é um indecidível entre produção ou destruição, uma vez que ele é as duas coisas ao mesmo tempo. Apenas a ruptura política pode romper esse indecidível, recusando simultaneamente a produção e a destruição.

Hans-Jürgen Krahl tece algumas considerações sobre o trabalho como força revolucionária de destruição (da relação de capital) que podem ser estendidas à época da reversibilidade da produção e da destruição.

Assim como Tronti, Krahl retoma o conceito marxiano de trabalho abstrato como *"nicht Kapital"* ("O verdadeiro não capital é o próprio trabalho"), mas, diferentemente do filósofo do partido comunista italiano, ele politiza o conceito radicalmente. A autonomia de classe não deriva da potência que ela emprega na produção, mas de sua capacidade de destruição da relação de capital. Krahl se utiliza de um conceito de "negação" que nada deve à dialética. Ele faz da capacidade subjetiva de destruição da relação de poder capitalista a condição de afirmação da autonomia e da independência das classes.

"Dentro do conceito de trabalho é necessário desenvolver uma mediação entre momentos que produzem capital e momentos que destroem capital (mediação subjetiva)".[20]

20 Hans-Jürgen Krahl, *Costituzione e lotta di classe*. Milano: Jaca Book, 1971, p. 420.

Sem levar em consideração as classes políticas que destroem o capital, permanecemos prisioneiros de uma concepção produtivista da classe, tradição que se estende até as teorias contemporâneas do trabalho cognitivo. Marx desenvolve uma interpretação "economista" do conceito de trabalho que reflete negativamente no conceito de classe revolucionária. A análise da "produção do capital" limita a classe política ao trabalho abstrato, enquanto a "destruição" vai muito além desse limite.

"Se nós implementássemos a dimensão da 'negação' no conceito de trabalho que destrói o capital, todos aqueles que colaboram com a 'produção ética' pertenceriam à classe revolucionária."

Todos aqueles que colaboram com a destruição do capital pertencem não à classe operária, mas à classe revolucionária – o que parece uma orientação política muito boa em relação às teorias éticas contemporâneas.[21] A produção de subjetividade não pode se encerrar numa relação consigo ou na fabricação de formas de vida, deixando de se abrir à dupla negação sem a qual a afirmação de si é marginalizada ou integrada ao funcionamento do capital e do poder.

Mas esse ponto de vista, embora redescubra a função destrutiva da classe, continua limitada ao recorte "da" luta de classes. Gilles Deleuze, numa entrevista de 1988, ao responder a uma pergunta sobre Maio de 68, declara que o movimento descobriu, ou melhor, afirmou a multiplicidade de humanos e não humanos implicada na univocidade do ser.[22] Por univocidade

21 "Mesmo uma produtividade reificada", ou seja, comandada e governada pelo Capital como essa da qual padecemos, "contém momentos de autorrealização", em outras palavras, a possibilidade de desenvolver formas de autonomia e de independência política, mas o "parâmetro" dessa última "é dado por sua organização de classe" (H.J. Krahl).

22 A univocidade do ser não significa que há um único e mesmo ser. "O Ser se diz num único sentido de tudo aquilo de que ele se diz, mas aquilo de que ele se diz difere: ele se diz da própria diferença." Gilles Deleuze,

deve-se entender que todos os seres, por justamente serem diferentes uns dos outros, são iguais. Entre o homem, o animal e a planta há uma continuidade porque, sendo radicalmente diferentes, são radicalmente iguais. Diferença ilimitada e igualdade sem limites: 68 afirma que as hierarquias entre os humanos (homens, mulheres, racializados) e entre humanos e não humanos (os animais, as plantas, tudo aquilo que é vivo, até mesmo as máquinas) são dispositivos de poder que devem ser criticados e desmantelados.

A igualdade não é a jurídico-política que Lonzi recusava como concessão dos dominantes, tampouco a igualdade "humana, demasiado humana" de Rancière, ainda ancorada no antropomorfismo da política do século XIX. A variedade dos movimentos políticos (feminismo, antirracismo, ecologismo, antiespecismo etc.) que floresceram no pós-guerra, sobretudo a partir da ruptura dos anos 1960, tem origem na afirmação política da univocidade do ser. A multiplicidade de humanos e não humanos expressa pela univocidade do ser é uma verdadeira alternativa aos pontos fracos das teorias ecológicas.

2.1. *Natura naturans*

A hierarquização dos seres a partir do homem é a condição para tornar a natureza explorável pelo Capital. Para sair do produtivismo cuja vítima é a natureza, devemos concebê-la diferentemente, a partir da teoria da "univocidade do ser". A natureza está incluída na produção capitalista por meio de sua exclusão, que a separa do homem e da sociedade. Ela se torna assim inerte, simples reserva de recursos a serem explorados, depósito de rejeitos desses mesmos recursos explorados. Suas

Diferença e repetição. Trad. Luiz Orlandi e Roberto Machado. São Paulo: Paz & Terra, 2018.

leis são de ferro, o que é uma outra maneira de dizer sua inércia, sua força de inabalável repetição.

Marx, nas primeiríssimas linhas da *Crítica do Programa de Gotha*, dá um passo rumo à superação da separação do homem e da natureza: "O trabalho *não é a fonte* de toda riqueza. A *natureza* é a fonte dos valores de uso (e é em tais valores que consiste propriamente a riqueza material!), tanto quanto o é o trabalho, que é apenas a exteriorização de uma força natural, da força de trabalho humana."[23]

Essa continuidade esboçada por Marx é um terreno fértil para possíveis desenvolvimentos que apenas as filosofias da natureza contemporâneas podem realizar. O homem é uma *força natural* no sentido de que sua criatividade provém da criatividade da natureza que está em ação, é ato em ato, é causalidade imanente que se implementa como processo de individuação, ou seja, como diferenciação, variação, devir. O possível e a potência não são dados previamente, mas são imanentes à ação da natureza que, ao se fazer, os cria e os especifica. A práxis, antes de ser do homem (Marx), é práxis da natureza. Ela é práxis do homem *porque* é antes práxis da natureza.

Gilbert Simondon aponta e amplia a continuidade da natureza no homem na gênese da técnica, descrita como um processo natural, em vez de artificial. A ação da natureza, do homem e da técnica remete a um mesmo modo de agir transversal aos diferentes seres, e que podemos estender até a ação política.

A questão da técnica ocupou um lugar central no debate filosófico do século xx. Reduzida a uma reificação da atividade do homem, ela se exterioriza em órgãos artificiais que acabam se revoltando contra o mestre que os criou. As filosofias que

---

[23] Karl Marx, *Crítica do Programa de Gotha*. Trad. Rubens Enderle. São Paulo: Boitempo, 2012.

leem a técnica como alienação (Heidegger, Anders e boa parte do marxismo) são na realidade antropologias filosóficas no centro das quais há um homem e sua natureza, que são uma exceção (somente o homem tem um mundo, somente o homem tem uma linguagem, somente o homem sabe que deve morrer). A técnica, como no mito de Prometeu, seria uma compensação de sua falta, de sua insuficiência, de sua pobreza de instintos. O homem, diferente do animal, é desprovido da programação inata dos comportamentos. A natureza humana é indeterminada, mas essa indeterminação faz dela uma pura potencialidade, uma pura potência capaz de qualquer realização, da qual a linguagem é a expressão suprema. O mundo da maior parte das filosofias do século xx é ainda o mundo do homem (o Antropoceno também é paradoxalmente um humanismo), enquanto os movimentos dos anos 1960 se instalam além desse mundo.

Em Simondon, o *homem* não é o criador da técnica, uma vez que homem e técnica são os resultados de um único e mesmo processo de individuação. Homem e técnica são os termos de uma relação que os determina por meio de seu processo de individuação. A técnica é uma "operação em curso" que recorre ao fundo pré-individual da natureza.

"Poderíamos dizer que há natureza humana no ser técnico, no sentido em que poderíamos usar a palavra natureza para designar o que resta no homem de original, de anterior até mesmo à humanidade constituída; o homem inventa empregando seu próprio suporte natural, esse *ápeiron* [ilimitado, infinito] que permanece ligado a cada ser individual."[24]

No processo de individuação técnica, na invenção "não é o indivíduo que inventa, é o sujeito, mais vasto que o indivíduo, mais rico que ele e que comporta, além da individualidade do

---

24 Gilbert Simondon, *Do modo de existência dos objetos técnicos*. Trad. Vera Ribeiro. Rio de Janeiro: Contraponto, 2020, p. 360.

ser individuado, certa carga de natureza, de ser não individuado",[25] o que Simondon chama de transindividual e pré-individual.

A biologia contemporânea confirma esse ponto de vista. O neurobiologista Franco Varela distingue dois tipos de máquina: as máquinas institucionais, sociais etc., definidas como "alopoiéticas" porque produzem coisas que não são elas mesmas, e as máquinas viventes, definidas como "autopoiéticas", porque geram e especificam sua própria organização e seus limites.

Embora Varela reserve a definição de autopoiese apenas aos viventes, Guattari amplia essa capacidade de auto-organização também às máquinas técnicas, dado que homem e técnica são inseparáveis, em consonância com a afirmação de Simondon segundo a qual há algo de *vivente* no objeto técnico.

A máquina Capital-Estado captura essa potência imanente, essa "carga de natureza, de ser não individuado" que continua no homem e na técnica, reduzindo-a a trabalho, produção, ou seja, a uma atividade predeterminada e finalizada, cujo objetivo é exterior a sua ação (alopoiético).

O Capital captura e explora o *trabalho vivente*, "encerrado na corporeidade vivente", diz Marx, introduzindo o conceito de vivente muito antes da biopolítica, sem com isso reduzi-lo ao biológico. Para se opor a essa exploração, reivindicar a força produtiva do trabalho vivente expropriada não é suficiente, pois esse trabalho permanece um termo da relação capitalista em que a relação tem precedência sobre os termos. Como demonstraram as épocas pós-revolucionárias do século XX, partir do trabalho, mesmo que "liberto", resulta na reconstrução

---

[25] Ibid., pp. 360-1. Simondon dá uma definição não naturalista da natureza como "realidade do possível". A natureza é indeterminada porque é carregada de potenciais, mas nem por isso ela é indiferenciada. Simondon é um crítico radical de toda antropologia filosófica, uma vez que o homem não é o ser da falta. Há criação não porque o homem é deficiente, mas porque ele traz consigo o pré-individual, "reserva de ser ainda não polarizado, disponível, em espera".

da relação de capital. Para funcionar, a crítica do capitalismo deve levar à realização da "recusa do trabalho" e redescobrir a "natureza" como práxis. O trabalho só pode persistir como momento interno à práxis e subordinado a ela, pois no trabalho a finalidade não é imanente a sua atividade.

O trabalho se torna práxis (capacidade autônoma de gerar sua própria organização revolucionária) somente quando os trabalhadores recusam a função de "capital variável" e implementam a vontade de destruição da relação Capital-trabalho e, portanto, de destruição de si como componente do Capital.

Mas isso ainda não é suficiente, pois é preciso também que o trabalho vivente perca sua excepcionalidade (tanto produtiva, a única capaz de gerar a mais valia, quanto política, a única capaz de fazer a revolução), enquanto marxista, de excepcionalidade do homem. A univocidade do ser diz respeito ao trabalho, para que a multiplicidade possa se afirmar contra a excepcionalidade do trabalho operário, produtivo, assalariado.

Esse suporte natural pré-individual, *ápeiron* que permanece ligado a todo ser individual, é também o motor da gênese da ação política. Seu funcionamento a partir de uma causalidade imanente pode ser encontrado no movimento feminista, tal como explicita a seguinte citação de Lonzi, que vimos anteriormente:

"O problema feminino é em si meio e fim das mutações substanciais da humanidade. Ele não precisa de futuro [...]. Não existe objetivo, existe presente. Somos o passado obscuro do mundo, nós realizamos o presente."

O objetivo não existe porque ele é imanente à ação, é secretado por ela, tal como a potência que, não preexistindo à ação, provém da ruptura.

A ação política desses movimentos desfaz a prioridade da tradição revolucionária, cuja urgência era responder à pergunta "o que fazer?". Em vez disso, ela responde à pergunta "como fazer?", como construir e implementar sua autonomia, que o leninismo havia subordinado radicalmente à ação finalizada, à tomada do poder e, em seguida, à industrialização.

Mas mesmo na ação imanente a questão da estratégia persiste, e a pergunta quanto a "o que fazer" não deve ser deixada de lado, embora deva permanecer subordinada à ação política imanente. A práxis implica que o todo não é dado. O todo é aberto porque é algo que está se fazendo, em devir. Mas isso que está fazendo a si mesmo são as lutas entre as forças que animam a sociedade capitalista, pois tal sociedade é dividida e antagônica.

Entre a ação que está se fazendo e a ação realizada, entre o que está acontecendo e o que é atualizado, há a estratégia, há o conflito entre forças. A organização não pode se fechar no "como fazer", do contrário será deixada de lado ou marginalizada.

A filosofia da natureza não elaborou qualquer teoria do conflito, como se a ação transversal da "natureza" pudesse se dar sem obstáculos, sem se chocar com outras forças. Na sociedade e na política as *diferenças não se diferenciam, mas se polarizam e se opõem* radicalmente. A filosofia da natureza parece ignorar que o *como fazer* necessita de uma dupla negação (Nietzsche) como condição da afirmação.

A igualdade ontológica afirmada pela univocidade do ser não é algo politicamente já dado, mas algo que só pode se atualizar no seio das lutas de classes contemporâneas. Ela deve ser imposta a uma máquina Capital-Estado que, pelo contrário, se reestrutura, se reorganiza, se reforça por meio de uma proliferação das hierarquias (diferenças) entre humanos e entre os humanos e não humanos.

O que se impôs após 68 foi uma desigualdade sem limites. As diferenças não exprimem a continuidade igualitária da natureza e dos humanos e dos humanos e não humanos, mas descontinuidades hierárquicas de todo tipo (racismo, sexismo, exploração, especismo etc.). Desde a derrota da revolução, a desigualdade parece reger o mundo de maneira irreversível.

Para afirmar sua igualdade "metafísica", as diferenças devem se transformar em oposições destruidoras de todas as hierarquias estabelecidas pela máquina capitalista, do contrário poderão se transformar em desigualdades. O capital captura e converte em produção a natureza ainda não individuada, seja no trabalho, na técnica, na subjetividade. Ele opera assim uma destruição da práxis, da capacidade de agir de todo ser, reduzindo essa potência imanente à ação finalizada e predeterminada do trabalho.

A luta "ecológica" não pode se limitar a uma defesa do meio ambiente ou da natureza tal como ela é normalmente compreendida pelo movimento ecológico, pois a natureza assim entendida é separada do homem e da sociedade. O processo revolucionário deve ter como objetivo a libertação da potência "natural" idêntica ao ato, que não é uma especificidade do homem, mas de todos os seres, sem exceção.

Para isso, o processo revolucionário deve afirmar a natureza como práxis e ser capaz de agenciar tanto o "como fazer" quanto o "o que fazer", o devir revolucionário e a revolução, a revolução social e a revolução política.

A alternativa é mais dramaticamente radical que no pós-guerra, pois se antes "socialismo e barbárie" diziam respeito apenas a humanos, hoje isso é questão de vida ou morte para grande parte dos viventes e não viventes. A superação do capitalismo não é apenas uma questão de justiça, de saída da pré-história e de afirmação do reino da liberdade (Marx), mas, de maneira mais prosaica, uma necessidade vital.

3. A revolução mundial

A ação política nasce e se desenvolve localmente, mas, no capitalismo, conflitos políticos de certa escala só se desdobram em relações de força que acontecem no nível global.

Limitar a revolução a um único país implica necessariamente o conflito e o confronto com o capitalismo globalizado, sua economia, finanças, exércitos e Estados. Desse confronto ou se sai derrotado, como no caso da URSS, ou, como no da China, aceita-se o conflito, mas no campo imposto pelo inimigo: a industrialização forçada, a exploração dos operários e sobretudo de campesinos, o deslocamento de populações, o crescimento tecnológico voltado para a produtividade, a financeirização predatória, o imperialismo destinado a assegurar recursos materiais e humanos e a centralização estatal reforçada e completamente integrada ao desenvolvimento da produção são os desafios aos quais o "socialismo" deve responder, referindo-se a um "depois" jamais definido, a realização da revolução.

Há ainda um outro motivo pelo qual é necessário considerar a dimensão mundial como estratégica. No século XX, o centro de gravidade da revolução deslocou-se do Norte para o Sul, dos operários aos povos oprimidos. Somente então a revolução alcançou um sucesso sem tamanho e, em contato com situações de exploração e de dominação imperialistas, sofreu as transformações mais profundas e inovadoras.

O despertar das lutas no Sul durante os ciclos de lutas e insurgências de 2011 e 2021 tem um significado bastante particular, pois as rupturas que se anunciam parecem conseguir se reconectar com o passado revolucionário. De todo modo, no século XXI, tal como no século XX, o Sul do mundo guarda trunfos subjetivos estratégicos para qualquer iniciativa de ruptura política com o capitalismo.

No entanto, definir uma estratégia para a revolução mundial parece uma tarefa ainda mais difícil hoje. Tal como aquela que a precedeu, a globalização atual é um movimento tanto de homogeneização quanto de diferenciação: a "colonização interna" espalhou-se por todo o planeta, mas a situação continua diferente no Norte e no Sul. Com ela, instalaram-se zonas de Sul no Norte, mas as condições de precariedade, de empobrecimento, de emprego sub-remunerado, de trabalho gratuito etc. permanecem heterogêneas no centro e nas periferias. O "desenvolvimento" implantou Nortes no Sul (os países "emergentes", BRIC), mas ele integra apenas parte da população, de modo que a grande maioria da população do Sul global vive na miséria. O rentismo imperialista com que, apesar de tudo, ainda lucram os proletários do Norte continua a constituir uma divisão aparentemente intransponível entre o proletariado do centro e o proletariado da periferia. A força de integração da máquina capitalista pelo emprego, pelo Welfare e pelo consumo não tem a mesma potência no Norte e no Sul.

Com as continuidades e descontinuidades entre os dois proletariados, cortados e agenciados pela "Hidra capitalista", como podem funcionar juntas as lutas de classes e de minorias descritas na primeira parte do capítulo com a multiplicidade proletária do Sul, ao mesmo tempo tão parecidas e tão diferentes? Nem mesmo os responsáveis pelo desastre ecológico são distribuídos igualmente entre centro e periferia, no entanto não há outra possibilidade além de se considerar um "processo" de ruptura capaz de atravessar os dois territórios.

Desde o ciclo de lutas de 2011, a possibilidade da "revolução" surgiu novamente no Sul do mundo, manifestando, como no século XX, um descompasso com o Norte. No Sul global, como confirmam as mobilizações de 2019-2020, o nível de confronto é certamente mais radical e mais inovador. E, no entanto, tal como no século XX, a condição da revolução deve romper a *polarização mundial* entre centro e periferia para ter alguma chance de ser bem-sucedida.

As lutas de 2011-2020, principalmente a "Primavera Árabe", trazem diversos ensinamentos e experimentações. O título de um livro de Asef Bayat, *Revolutions without revolutionaries*,[26] "revoluções sem revolucionários", de que nos utilizaremos, já indica o problema: uma cisão entre os efeitos que podemos qualificar de revolucionários dos movimentos políticos surgidos na África do Norte, capazes de derrubar "regimes autocráticos", e a ausência de uma estratégia revolucionária e de "subjetividades revolucionárias" capazes de conceber e de executar tal estratégia.

Bayat compara a Revolução Iraniana do fim dos anos 1970, da qual participou como militante (última revolução organizada e concebida segundo o modelo "leninista", independentemente do que pense Michel Foucault), com a "revolução egípcia do fim de 2010 e começo de 2011" e, de maneira mais ampla, em todo o Oriente Médio.

3.1. O "trabalho gratuito" na revolução por vir

A multiplicidade das classes e subjetividades, seus estados de precarização, vulnerabilidade e empobrecimento, cujo desenvolvimento se constata no Norte do Mundo, é comparável à do Sul. Esse cenário não é uma novidade, dado que precariedade, vulnerabilidade e pobreza já caracterizavam as situações coloniais. Isso, no entanto, mudou primeiramente com as revoluções anticoloniais e, posteriormente, com as políticas neoliberais de "ajuste estrutural" comandadas pelo Banco Mundial e impostas pela financeirização das economias. Apesar das transformações que se seguiram à época das guerras de libertação e anti-imperialistas, a multiplicidade do trabalho gratuito, informal e precário continua, sob outras formas, a desempenhar uma função econômica e política fundamental.

---

26 Asef Bayat, *Revolution without Revolutionaries: Making sense of the Arab Spring*. Stanford University Press, 2017.

Em Fanon, a multiplicidade da condição proletária se conjugava da seguinte maneira: os campesinos, o lumpemproletariado, as mulheres e uma minoria de funcionários, operários e artesãos. O espaço da ação política era constituído pelo campo, pois nos países colonizados "apenas o campesinato é revolucionário".

Hoje, esse lumpemproletariado se ampliou e se modificou profundamente, e os campesinos de Fanon tornaram-se agentes e "vítimas" de uma migração interna do campo para as cidades do Oriente Médio que resultou num enorme processo de urbanização. O teatro da ação política não é mais o campo, mas o espaço urbano, reconfigurado pela lógica do mercado: a retirada parcial mas significativa do Estado e dos serviços públicos (com a consequente diminuição do emprego público) corresponde ao influxo massivo de capital privado na gestão das cidades.

A situação geral desse proletariado (vendedores de rua, trabalhadores de pequenos serviços informais, empregadas domésticas, meninos de rua, sem-teto, jovens desempregados, torcedores de futebol etc.) que povoa os grandes espaços urbanos e periurbanos das cidades do Oriente Médio pode ser descrita por um processo de precarização, de flexibilidade e de empobrecimento.

Samir Amin lê esses processos como uma consequência de um "lumpendesenvolvimento" imposto pelo centro às periferias que multiplicou o emprego informal. A precariedade e a necessidade de se fazer diversas atividades ao mesmo tempo obrigam milhões de proletários a se desdobrar para simplesmente sobreviver. As políticas neoliberais, em vez de fazer os mais pobres saírem da miséria, produziram um rebaixamento da classe média. Entre esses "novos pobres", parte pôde gozar de uma boa formação e de estudo superior. Essa classe média empobrecida desempenhará um importante papel ao lado dos "pobres" nas insurreições de 2011-2019.

A classe operária propriamente dita é uma minoria que perdeu toda a sua hegemonia política, mas que será importante na "preparação" das mobilizações da Primavera Árabe por uma série de greves bastante duras, principalmente no Egito.

Os migrantes descritos por Bayat, destinem-se eles à Europa ou ao interior da África (as migrações internas são muito maiores que as para o exterior), têm exatamente as mesmas características que esses proletários urbanos. Quando eles chegam às cidades, sejam do Norte ou do Sul, eles buscam trabalho, formam famílias, constroem comunidades e se envolvem em lutas por cidadania e direitos. As reações das elites locais são iguais às da "opinião pública" europeia. No Egito, essas elites lamentam a invasão dos campesinos do Sul do país, assim como em Istambul elas se sentem ameaçadas pelo êxodo dos "black Turks", os migrantes rurais pobres da Anatólia.

A migração de campesinos pode ser comparada a um processo de inclusão pela exclusão no espaço urbano que aumentará consideravelmente "o trabalho socialmente necessário não remunerado" ou mal remunerado, o outro lado – sistematicamente esquecido, escondido, não reconhecido e entretanto indispensável – do "trabalho socialmente necessário" (trabalho abstrato) do Norte do planeta.

Ao contrário da tese de David Harvey segundo a qual os pobres estão estruturalmente presos pela governança neoliberal do espaço urbano, Bayat descreve a função "ativa" desses campesinos pobres que migraram para as cidades, os proletários, jovens, precarizados e mulheres que ali vivem. Harvey vê apenas a expropriação operada pelo capital sem se dar os meios para compreender a coexistência dos diferentes "modos de produção" e das subjetividades heterogêneas. Os "pobres" (com a rica articulação interna que descrevemos muito rapidamente) tentam diariamente derrubar a exploração e a dominação ao construírem mini-redes em que se mesclam a ajuda mútua e a organização coletiva da vida e da sobrevivência. Essas redes informais estão na origem dos processos de "identidade", de reconhecimento e de afiliação dentro do espaço urbano (mesmos comportamentos, mesmos modos de se vestir, mesmos cortes de cabelo, mesmos cafés que frequentam) que ampliam a solidariedade além do círculo familiar.

Os novos "condenados da terra" constantemente se envolvem em lutas "*in* and *about* the urban space". Nas sociedades árabes em que os regimes autoritários impedem a formação de uma "esfera pública", os proletários utilizam a rua para esse fim. Ela se torna o lugar fundamental de vida e de expressão do descontentamento (Asef fala de "*street politics*" e de "*political street*"). Mais de 46% dos habitantes dessas grandes cidades vivem nesse tipo de "universo" – nesse espaço urbano que, de fora, pode parecer caótico, os pobres constroem seus níveis de organização, suas "normas" e "formas de vida".

Na falta de uma liderança forte, de uma ideologia articulada ou de uma organização estruturada, esses esforços dispersos representam a mobilização individual, cotidiana e existencial pela sobrevivência que, frequentemente, se transforma em ação coletiva quando suas "pequenas conquistas são ameaçadas".

Essas micro-redes não são "políticas", mas podem ser ativadas como nas mobilizações de 2011. No Egito, os proletários precarizados e empobrecidos constituem o que Asef Bayat chama de "não movimentos" ("ação dos atores" que não são organizados coletivamente: entre as redes de "não movimentos" e os movimentos políticos se estabelece uma relação próxima, principalmente nos momentos de insurgência).

Nessas regiões, o controle do território ainda não é tão invasivo como no Norte. Tal como na época das revoluções asiáticas, o exercício do poder não pode ser totalizante nesses territórios e nas cidades do Sul. Bayat fala de "free zone" ou espaços relativamente "livres": vastas *socioscapes* informais continuam a existir e a persistir onde normas alternativas à do Estado podem ser instituídas e comportamentos "autônomos", ilegais e até mesmo criminosos do ponto de vista do Estado podem acontecer.

3.2. A insurreição!

É essa multiplicidade recolonizada, precarizada, imigrada, empobrecida, dispersa no espaço urbano que se subjetivou nas insurreições de 2011 e 2019-2020. Ela está longe de ser redutível ao "lumpemproletariado" e à visão negativa que até mesmo Fanon, seguindo Marx, propagava ("essa massa faminta e desclassificada, inconsciente e ignorante"), uma vez que ela constitui a outra face da exploração do trabalho abstrato. A multiplicidade e a heterogeneidade desses novos "pobres" continuam a exprimir uma força, um nível de mobilização, uma inventividade e uma subjetividade em ruptura que o "trabalho abstrato" do Norte não parece ser capaz de produzir e assumir.

As diferenças que o autor aponta entre a revolução do século XX e a que começa a se delinear no século XXI podem ser muito úteis, mesmo que seja muito cedo para se chegar a um julgamento definitivo. Podemos tentar extrair dessas análises algumas características gerais para questionar uma política revolucionária por vir.

Deve-se primeiramente notar que, muito naturalmente, durante o levante não serão as usinas nem as universidades que serão ocupadas, mas as praças. As *street politics* se transformam logicamente em *square politics*.

A multiplicidade proletária do "trabalho gratuito", informal e precário parece exercer uma hegemonia política que, a partir da realidade urbana metropolitana, se estabelece não só nos países árabes, mas em escala mundial.

Segundo Bayat, as insurreições de 2011 em todo o Oriente Médio não manifestaram tanto a "revolução enquanto mudança" de um regime que inaugura uma nova ordem sociopolítica, segundo as modalidades clássicas da ruptura revolucionária, mas sim a "revolução enquanto movimento", como se o "processo" de mobilização fosse ele mesmo o resultado visado. *A revolução como processo imanente, que responde à pergunta "como fazer?", em vez de "o que fazer?", mostra toda a sua potência e todos os seus limites.*

Os acontecimentos insurrecionais demonstraram uma grande capacidade de mobilização, uma invenção de táticas e técnicas de contestação muito eficazes, mas uma fraca capacidade "estratégica" de pensar e organizar a destituição dos regimes neoliberais que garantiram a tradução das políticas de ajuste estrutural do Banco Mundial no Sul global.

Desse ponto de vista, a mudança foi mínima: Mubarak foi deposto no Egito, mas o regime político-militar que o apoiava continuou e rapidamente retomou a iniciativa, desencadeando uma violenta contrarrevolução (*"Half revolution, no revolution"*).

As elites e suas redes continuaram a funcionar durante os acontecimentos revolucionários, comportando-se como se nada ou quase nada estivesse acontecendo. Os regimes políticos que se seguiram à queda de Mubarak e Ben Ali conseguiram dar continuidade, e por vezes até mesmo intensificar, as políticas neoliberais implementadas desde os anos 1980, como se todos – elites, insurgentes e militantes – considerassem natural e inevitável a economia de "mercado".

As revoluções do século XX foram anti-imperialistas, anticapitalistas, socialistas e animadas por programas de emancipação (mudança de organização do trabalho e do regime de propriedade, crítica do Estado, experimentações de auto-organização etc.), enquanto os protestos de 2011 pareciam mais centrados no respeito aos Direitos do Homem, nos processos de participação democrática, na reivindicação da dignidade humana, da liberdade de expressão, do emprego. Essas reivindicações provinham logicamente da separação do domínio da economia e do domínio da política operada por vários protagonistas da revolução.

A revolução como "movimento" também parece caracterizar as "revoluções" nos países do Leste europeu. Grandes mobilizações, capazes de grande inventividade, resultam mais frequentemente na instauração do par economia de mercado e democracia liberal – ou, mais frequentemente, "autoritária".

Bayat define o paradoxo das lutas na África do Norte da seguinte maneira: mobilizações de caráter revolucionário aliadas a uma trajetória que poderia ser definida como reformista, quando o reformismo não é mais praticável porque o neoliberalismo se constituiu precisamente contra todo tipo de reformismo. O autor propõe um neologismo para dar conta dessa situação um tanto contraditória: "refolução", revolução e reformas, um desejo revolucionário de ruptura e dos resultados reformistas que levaram rapidamente ao reestabelecimento da ordem antiga. "Refoluções" porque essas revoluções não podem ser simplesmente classificadas nem como reforma nem como revolução.

3.3. É continuando a revolta que se aprende

A Primavera Árabe não foi alimentada por um trabalho preliminar de produção conceitual, de elaboração de ideias, pela invenção de novas teorias políticas. Nada de comparável com as revoluções precedentes, principalmente a Revolução Iraniana, diz Bayat. A Revolução Iraniana foi precedida por um debate mais que animado entre marxistas e islamistas, com uma produção de textos, análises, livros e traduções nos meios universitários que rapidamente se espalharam pela sociedade como um todo. As estratégias revolucionárias se ancoravam solidamente nas duas correntes "ideológicas" do marxismo e do islamismo.

Podemos prescindir (e de que forma) da afirmação de Lênin de que "não há revolução sem teoria revolucionária"? A vingança da doutrina liberal contra o socialismo e o keynesianismo parece confirmar o que diz o revolucionário soviético. A teoria "liberal", que se tornou hegemônica a partir dos anos 1970, acompanhando cada rodada das políticas neoliberais, foi precedida por uma produção intelectual, iniciada em meados dos anos 1940 e continuada pela Sociedade Mont Pèlerin no pós-guerra, reunindo futuros ordoliberais e futuros neoliberais (como Friedrich Hayek, Karl Popper, Ludwig von Mises e Milton Friedman). A partir dos anos 1970, uma enorme propaganda e todo um trabalho nas universidades, nas "mídias" etc. permitiram que o liberalismo se instaurasse.

Desprovidos de qualquer enquadre conceitual (ausência que, em certas condições, é preferível à reprodução de clichês teóricos ultrapassados), os animadores das revoltas pareciam incapazes de considerar alternativas aos dispositivos de poder em vigor. Exatamente como nos movimentos dos anos 1960 e 1970 no Norte, ninguém dentre os militantes considerou elaborar uma perspectiva revolucionária para a região: "Percebemos que a revolução estava acontecendo por conta própria à nossa volta."

A rapidez estonteante com a qual se produziram as rupturas políticas que *pareciam* surgir do nada e sumir em seguida (as insurreições precedentes eram a virada política ou o resultado de um processo revolucionário por muito tempo preparado e aguardado) pode ter impedido o surgimento e a consolidação das forças capazes de dar continuidade à revolução.

Uma organização da "força" não foi combinada à construção das relações de força que a insurreição determinava, o que não significa um privilégio concedido à violência, mas a utilização e a gestão do "hard power" para infletir o curso de acontecimentos a uma direção favorável à revolução, evitando assim recair na categoria de "profetas desarmados".

A tradição revolucionária adotou diferentes estratégias: tomar o poder e utilizar o Estado para tentar dirigir o movimento e a mudança, como na tradição leninista, ou derrubar a máquina de Estado pela auto-organização, como na experiência da Comuna de Paris. Por enquanto, a própria revolta parece ser a única modalidade de ação comunicável e reprodutível.

A recusa em "tomar o poder" não produziu como alternativa processos autônomos de organização.

Dez anos após esse primeiro ciclo de levantes, outras técnicas e outras estratégias foram implementadas na mobilização de 2019-2020 para tentar superar esses limites. Não se trata mais do caráter repetido na insurreição, mas da continuidade dos movimentos na duração, a repetição quase obsessiva da ação política no tempo que parece a opção escolhida para confrontar o poder do Estado e do Capital. Na Argélia, por um ano, todas as sextas-feiras os argelinos mobilizaram uma grande força política. Na França, os Coletes Amarelos se encontravam todo sábado, desafiando um contingente policial cada vez mais numeroso e violento.

No entanto essas novas experimentações se depararam com a pandemia de COVID e não puderam seguir em frente. Por enquanto, elas estão em *stand by*. Recentemente, em Belarus, a mobilização se deu assim, encabeçada pelas mulheres.

As insurreições não produziram um líder carismático, de nível nacional, o que não significa uma ausência completa de "direção", mas, pelo contrário, uma proliferação de "líderes" locais. Sem uma organização estruturada, sem centralização, sem liderança nacional, as mobilizações produziram uma coordenação considerável das ações, demonstrando uma organização difusa, informal e territorial, mas que revelou seus limites nas reviravoltas da insurreição.

A desconfiança e o descrédito de que gozava a "política" desencorajaram os militantes a seguir com propostas quanto à organização. Aqueles que já estavam organizados antes da insurreição, a saber, os torcedores de futebol, desempenharam um papel fundamental nos confrontos com a polícia e o exército e na gestão da "praça". A necessidade de organização não acabou, e é essa falta que se faz sentir nos momentos cruciais da revolta.

3.4. As últimas insurreições

Como Bayat tenta explicar essas mudanças quanto às técnicas e estratégias revolucionárias do século xx?

As insurreições de 2011 irrompem após trinta anos de uma dominação neoliberal que operou uma profunda transformação "ideológica", sobretudo no Sul, onde a revolução se enraizou ao longo de todo o século xx. As três principais ideologias que animavam a ação revolucionária na região – o nacionalismo anticolonial, o marxismo e o islamismo – fracassaram. Com o declínio dessas "ideologias", a revolução foi deslegitimada.

Sob essas condições, a contrarrevolução pôde rapidamente retomar sua governança, mas não sem que a ruptura revolucionária tenha sido sedimentada em tipos de "novas subjetividades", cuja ação e efeitos se produzirão por um longo período. A "conversão" da subjetividade é o resultado mais precioso, pois ela pode alimentar outras rupturas, ainda mais radicais – o que não demorou muito para acontecer. Dez anos após essa primeira onda de insurreições, uma *segunda onda* atravessou o Sul do mundo, momentaneamente paralisado pela COVID.

De maneira ainda mais acentuada que em 2011, as insurreições de 2019 e 2020 em todo o Sul parecem evocar a revolução confiscada pelos poderes em vigor, embora seu conteúdo e suas modalidades de organização continuem um tanto indeterminados. Na Argélia, no Chile, no Iraque etc. o presente da revolta reivindica o passado das revoluções, tornando-as novamente vivas e disponíveis para a ação política. Trata-se de um sinal importante da descontinuidade com o neoliberalismo, que, ao buscar liquidar definitivamente aquilo que o ameaçava, passou a ameaçar ele mesmo todas as mediações de um outro tempo.

As características das rupturas políticas surgidas nos anos 1960 (a multiplicidade das lutas de classes, as minorias que as compunham, o sujeito político imprevisto, a temporalidade revolucionária do "presente", a horizontalidade democrática da organização etc.) parecem bem-adaptadas à composição social e política do Sul. Embora não desenvolva essa ideia, Bayat reconhece essa nova temporalidade da ação, expressa por tais movimentos (*"the future in the present"*), que recorta as transformações políticas produzidas pelas lutas no Norte.

Embora em 2011 as insurreições na África do Norte tenham rapidamente se comunicado com os movimentos políticos no Norte do mundo (Occupy Wall Street, Indignados etc.), em 2019 essa continuidade entre Norte e Sul foi interrompida. Apenas o movimento dos Coletes Amarelos, na França, parece ecoar as mobilizações do Sul, apesar de o nível de participação não ter a extensão alcançada na Argélia, Chile, Iraque, Sudão.

Entre 2011 e 2019, as ondas de choque das insurreições continuaram a se propagar no Sul global, apesar do suposto "fracasso" da Primavera Árabe. A insurreição chilena, cujo objetivo era pôr fim ao neoliberalismo e o Estado fascista e autoritário no mesmíssimo local em que ele nasceu, é certamente uma continuação dessas experiências de rupturas.

Na América Latina, uma composição classe que exerce "trabalho necessário gratuito ou barato", próxima sociologicamente da multiplicidade proletária da África do Norte, se expressa politicamente a partir da crise da dívida da Argentina de 2001. Dentro dessa politização geral dos colonizados do interior, as lutas das diferentes classes expressam sua autonomia e independência, principalmente os movimentos de mulheres, cujas formas de mobilização e reivindicações inovam profundamente a tradição feminista. A experiência das *"Ni una a menos"* busca requalificar reivindicações e modalidades de mobilização dos movimentos feministas em termos de lutas de classes, algo que o feminismo materialista francês teve dificuldades em realizar. Mais uma vez vindo do Sul, esses conteúdos e modalidades de organização rapidamente se transmitiram para o mundo.

A "colonização interna" – que, diferentemente da colonização histórica, insere as divisões entre centro e periferia, trabalho abstrato e trabalho gratuito em todos os países – constitui, apesar das diferenças que perduram, uma estratégia capitalista transversal a todo o mercado mundial. Ao agenciar e integrar modos de produção, dispositivos de poder e técnicas de assujeitamento heterogêneas, ela é também o terreno transversal a partir do qual as lutas de classes e das minorias podem se comunicar no âmbito da globalização.

Desse ponto de vista, os Estados Unidos são exemplares. Os protestos e levantes pelo assassinato de George Floyd demonstraram que a "colonização interna" não afeta apenas os negros, como desde sempre, mas também grande maioria dos brancos. As dominações de raça, sexo e classe não são mais divisões sobre as quais a máquina Capital-Estado pode basear seu poder, mas domínios de circulação de lutas. Trata-se de uma novidade importante, condição necessária mas insuficiente das revoluções por vir.

Fato é que sem dúvida devemos nos preocupar menos com os resultados imediatos das lutas contemporâneas que com a implementação das condições para que o processo revolucionário possa novamente ser experimentado e atualizado.

É daqui que se deve começar de novo, pois a revolução é a última chance da humanidade. A máquina Capital-Estado não é apenas responsável pela exploração e a dominação das classes e minorias, mas também pela destruição das condições de vida da espécie humana e de muitas outras. Em alguns séculos, essa máquina de produzir progresso terá aniquilado tudo aquilo que a "natureza" levou milhões de anos para construir. A novidade do último século, após as grandes acelerações que o caracterizaram, não é a exploração da vida, a introdução da vida na política, mas a sua destruição programada. O capitalismo clássico descrito por Marx parece estar no fim, mas a máquina capitalista certamente não morrerá de morte natural.

Tudo aquilo que o mundo é se deve às revoluções, tanto para o bem quanto para o mal. O ano de 1789 pôs fim ao Antigo Regime, "o escravo" (o burguês) se tornou "senhor", dirá Hegel. A obsessão de ordoliberais, neoliberais, conservadores, reacionários e também de democratas e progressistas não é a afirmação da burguesia, mas a irrupção das "massas" que acompanharam a Revolução Francesa (o proletariado branco dos "*sans-culottes*", a Revolução Haitiana, a Declaração dos Direitos da Mulher de Olympe de Gouges) e que decretaram, de maneira irreversível, sua centralidade na ação política.

A Restauração de 1814 se rompe já em 1848, com as guerras civis europeias pacificadas apenas pelas guerras totais, o fascismo e o nazismo. A revolução de 1917 transforma a guerra civil europeia em guerra civil mundial, que os colonizados, por sua vez, transformam em revoluções vitoriosas. A Revolução Soviética não é só o momento da queda dos Impérios europeus, tampouco é apenas a atualização do impossível (a primeira revolução proletária vitoriosa), mas abre caminho para a queda dos Impérios coloniais e da divisão entre centro e periferia.

O deslocamento para o Leste da revolução é de importância central para nosso presente. Hobsbawm apontava que o Welfare na Europa é um efeito da Revolução Soviética. O deslocamento dos centros de poder capitalistas contemporâneos para a Ásia é uma consequência direta da revolução chinesa (e das revoluções asiáticas). Aqui a máquina revolucionária se transformou num "capitalismo político" formidável que apenas os marxistas poderiam construir, mas somente uma ruptura à altura das revoluções que marcaram o século XX poderá obstruir e derrubar o caminho destrutivo e autodestrutivo percorrido pela produção do lucro em escala mundial.

O triunfo da máquina Capital-Estado condena a si mesma ao naufrágio, pois desde então ela implementa a identidade da produção com a destruição sem encontrar nenhum limite. Marx, no Manifesto, considerou não apenas a possibilidade de uma vitória de uma classe sobre a outra, mas também a implosão de todas as classes em luta. O desastre contemporâneo, exemplificado pelo que chamamos de "crise ecológica", tem raízes na vitória da classe dos capitalistas, mas, sem a retomada da atividade revolucionária, o que nos ameaça é justamente a queda da humanidade.

O tríptico classe, raça e sexo (ao qual devemos adicionar a ecologia) corre o risco de ser banalizado em programas universitários, de se transformar numa nova mercadoria cultural ou de se perder em reivindicações inofensivas (o comum, o *care*, a relação consigo, a proteção da "natureza" etc.), passando assim por um perigo duplo. Primeiro, o perigo da separação das lutas de classes raciais e sexuais das lutas de classes "econômicas", transformando as primeiras em combates "liberais" (reconhecimento, igualdade, direitos etc.) que o Estado e as empresas estão prontos para acolher em suas políticas da diferença. Segundo, o perigo da separação das lutas de classes da revolução.

De certa maneira, chegamos às críticas que Krahl dirige a Marx: não ter pensado a articulação da crítica "objetiva" da economia política (organização do trabalho, função da técnica, exploração etc.) a uma teoria dos tempos e modalidades da formação de uma subjetividade revolucionária no momento das crises, das rupturas da ordem econômico-política, das revoltas. Uma vez terminada a espontaneidade da revolução após a Comuna de Paris, Marx jamais retoma essa questão. A situação contemporânea faz surgirem as mesmas limitações.

Proliferam trabalhos que descrevem os processos de exploração econômica e de dominação política das mulheres, dos racializados, dos trabalhadores e da "natureza" que parecem conseguir no máximo delinear uma cartografia, ainda que bastante sofisticada, das "vítimas", sem projetá-las numa subjetivação imprevista capaz considerar a questão da urgência da abolição do capitalismo e das classes. É a travessia desse limiar que precisamos inventar.

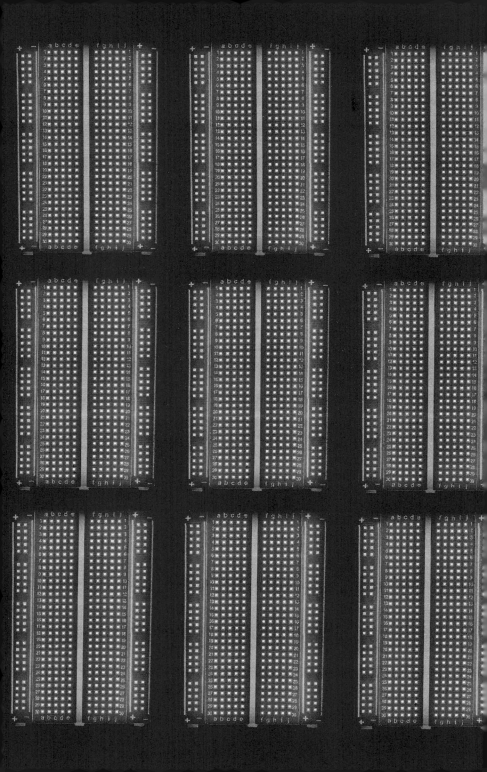

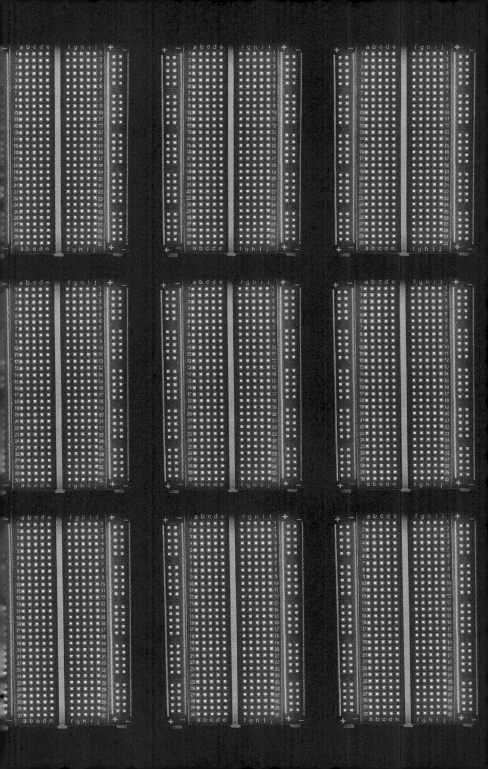

Dados Internacionais de Catalogação na Publicação (CIP)
de acordo com ISBD

L432i	Lazzarato, Maurizio
	O intolerável do presente, a urgência da revolução: minorias e classes / Maurizio Lazzarato ; traduzido por Pedro Taam, Flavio Taam. - São Paulo : N-1 edições, 2022. 352 p. : il. ; 14cm x 21cm.
	Inclui índice. ISBN: 978-65-86941-92-0
2022-630	1. Ciências políticas. Revolução. 3. Classes. 4. Minorias. I. Taam, Pedro. II. Taam, Flavio. III. Título.
	CDD 320
	CDU 32

Elaborado por Odílio Hilario Moreira Junior - CRB-8/9949

Índice para catálogo sistemático:
1. Ciências políticas 320
2. Ciências políticas 32

n-1
edições

O livro como imagem do mundo é de toda
maneira uma ideia insípida. Na verdade
não basta dizer Viva o múltiplo, grito de
resto difícil de emitir. Nenhuma habilidade
tipográfica, lexical ou mesmo sintática
será suficiente para fazê-lo ouvir. É preciso
fazer o múltiplo, não acrescentando sempre
uma dimensão superior, mas, ao contrário,
da maneira mais simples, com força de
sobriedade, no nível das dimensões de que
se dispõe, sempre n-1 (é somente assim
que o uno faz parte do múltiplo, estando
sempre subtraído dele). Subtrair o único da
multiplicidade a ser constituída; escrever a n-1.

GILLES DELEUZE E FÉLIX GUATTARI

18 19 20 21 22 23 24 25 26 27 28 29

A
B
C
D
E
F
G
H
I
J
K
L
M
N
O
P
Q
R
S
T
U
V
W

18 19 20 21 22 · 23 24 25 26 27 28 29

n-1edicoes.org

O projeto gráfico deste livro se baseou na plataforma de prototipagem eletrônica de hardware livre e de placa única Arduino, criada em 2005.

Os inventores dessa tecnologia se apropriaram do nome do bar homônimo que frequentavam, na cidade de Ivrea, na Itália.

Eles revolucionaram a prototipagem de hardware, que se configurou praticamente como um novo instrumento experimental na música eletrônica, pela variedade de combinações quase infinita que propiciou.

Há um paralelo entre essa variação e o processo de constituição da Autonomia italiana, da qual Maurizio Lazzarato participou ativamente, engendrada a partir da livre experimentação .

Por isso, o Arduino é reverenciado no design e na organização visual do presente livro, contextualmente relacionado à sua placa de prototipagem